「採算に乗る事業」の仕組みづくり

金森 亨 著
KANAMORI, Tohru

「誰に」「何を」「どうやって」，
そして「いくら」

中央経済社

はじめに

事業を立ち上げて採算に乗せるには戦略が必要ですが，その戦略は誰よりもまず経営者自らが納得できるものでなければいけません。そのとおり実行すれば思いどおりに事が進む気がして勇気が湧いてきた。そう思える戦略があれば，矛先も鋭くなりどんどん先を切り開くことができます。本書ではそんな事業化戦略の立て方を解説していきます。

バブル崩壊以降，大規模な金融危機を経て徐々に経済は回復しているとはいえ，経済が活発に動いていると実感できる場面は少ない状況が続いています。成長が期待できる分野で新しい事業が数多く起こらなければ，いつまでたってもこの状況は変わりません。

幸い，各方面で事業化を後押しする態勢が整い，応援できる環境となりつつあります。例えば，金融面ではかつてないほど金利が低く，資金量が豊富です。また，地域金融機関も積極的に関わって事業化を支援する各種ファンドも数多く組まれています。

それだけではありません。立ち上げる事業を評価する仕組みの普及も進められています。事業性評価です。これは，今までのように担保に頼ったり，過度な財務分析に依存することなく，事業の仕組みそのものを評価しようという金融行政面での取り組みです。この考え方の導入は非常に画期的で，革命的ですらあります。これによって，まだ実績もない，これから立ち上げる事業をその仕組みで評価しようというわけですから。

しかし，これらの後押しをうまく活用するためには，活用する側にも相応の準備が必要です。これらを受け入れて活かすことができるように検討するための枠組みが求められます。そのためには，近年話題になっている無形資産の役割やビジネスモデル構築の新たな手法などを盛り込む必要があると考えます。

本書で解説する事業化戦略の立案方法は，以上のことを念頭に置き，いくつかの工夫を施しています。多少聞き慣れない言葉も出てくるかもしれませんが，全体の枠組みはシンプルに，「誰に」「何を」「どうやって」「いくら」売るかという４つの要素で構成しています。この枠組みを使えば，事業化を後押しする支援に応じ，経営者が自分自身で納得できる戦略ができるはずです。

実は，シンプルな枠組みとすることには，わかりやすいということ以外の意味があります。事業の個性を損なわないようにするという意味です。

事業化は人の思いそのものです。思いの数だけ事業があるから，現に国内には三百数十万もの事業が生きているのです。それぞれが個性を持っています。強みがあり弱みもあり，尖った部分があるから生きているのだと思います。逆に尖った部分を丸くしてしまうと，存在価値を失って生きていかれなくなるのではないでしょうか。

事業化の検討枠組みも，その尖った部分を大事に育てるものでなければいけません。そのためには，かちっとした型にはめず，要点だけに絞って緩くし，検討の自由度を確保しておく必要があります。

思いがあり，アイディアも持っている方は大勢いらっしゃいます。そういった方々が事業化に二の足を踏んでいる場面を目の当たりにするにつけ，残念でなりません。本書で解説する検討枠組みが新たな一歩を踏み出すきっかけになるなら幸いです。

本書を出版するあたり，編集・校正に適切な助言をいただいた株式会社中央経済社の坂部秀治様には大変お世話になりました。紙上をお借りして厚く御礼申し上げます。

2020年４月

金森　亨

（追記）

本書を書き終えたところで，新型コロナウイルス感染拡大が発生しました。事業化どころではないとの心配もあるでしょう。しかし，環境が変わる今こそ，よい事業を真剣に考えるべきだと筆者は考えます。

CONTENTS

—第0章—

事業化と採算管理の重要性

せっかく有望な事業のアイディアを思いついても，最初の一歩がなかなか踏み出せずスタートアップできないでいる姿を多く見かけます。アイディアを事業として立ち上げてしっかり採算に乗せる方法に不安があるからではないでしょうか。

本書では，事業を形にして確実に採算に乗せる方法を紹介します。方法が明らかになって不安を取り除くことができれば，成長可能性のある多くの事業が起こって，全体の経済も活気付くでしょう。

実際，この分野に期待する声は多く，応用範囲も単にスタートアップにとどまりません。例えば，昨今しきりに対策が議論されている中小企業の後継者問題です。今のままでは将来がないと考える後継者が，成長できる事業に磨き上げようとするとき，事業化と採算の確かな方法があれば事業承継もスムーズに進むはずです。また，政府が政策として推進している産業の新陳代謝は新規の事業化を抜きに語ることができません。

一方，産業政策や金融政策の面から事業化を後押しする環境も整ってきています。

このように，事業化というテーマについては近年特に関心が寄せられています。本章ではまず，これらの事情を理解しておきましょう。

第１節では事業化と採算管理の方法が期待される場面について，第２節ではそれを後押しする環境についてみていきます。それらをみていくと，自ずと事業化と採算管理の方法の重要性が明らかになってくるでしょう。第３節では本書の構成を図表で確認します。

第１節　期待される３つの場面

この節のポイント

- 企業経営の現場では，無から立ち上げる純粋な事業化のほか，事業化と採算管理の方法を必要とする以下の場面が増えている。
- 事業承継と磨き上げ：事業の多角化や新規事業開拓などにより，承継したい事業の魅力を増して事業承継を促進する。
- 事業再生：延命策によって生き残ってきたが，今後も本当の意味で存続するために抜本的な再生を果たしたい。
- 新規事業と採算維持：順調な企業も，将来の成長のために資金を活かして新規事業を開拓したい。

アイディアを事業化して採算に乗せる方法が使えるのは，何もないところから新規に事業を立ち上げる場合だけに限りません。ほかにも似たケースで応用できる場面があります。３つ紹介しましょう。

1　事業承継と磨き上げ

経済が活発に動いていくためには，成長力の衰えた産業から成長が期待できる産業へのシフトが図られなければなりません。廃業する事業者がいれば，それ以上に創業する事業者が求められます。産業の新陳代謝が必要なのです。しかし，図表０－１にあるように，近年では倒産件数が減少している一方で休廃業が増加しています。

（1）休廃業の背景にあるもの

休廃業の背景には何があるのでしょうか。東京商工リサーチが2016年にアンケート形式で行ったとして『2017年版中小企業白書』に紹介された調査によれば，廃業を考えている理由として，一番多いのは37.3％を占める「業績が厳し

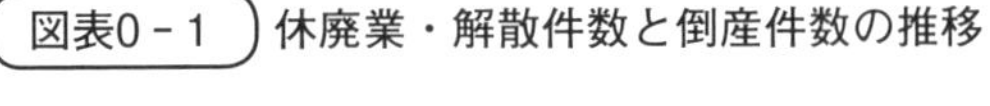
図表0－1　休廃業・解散件数と倒産件数の推移

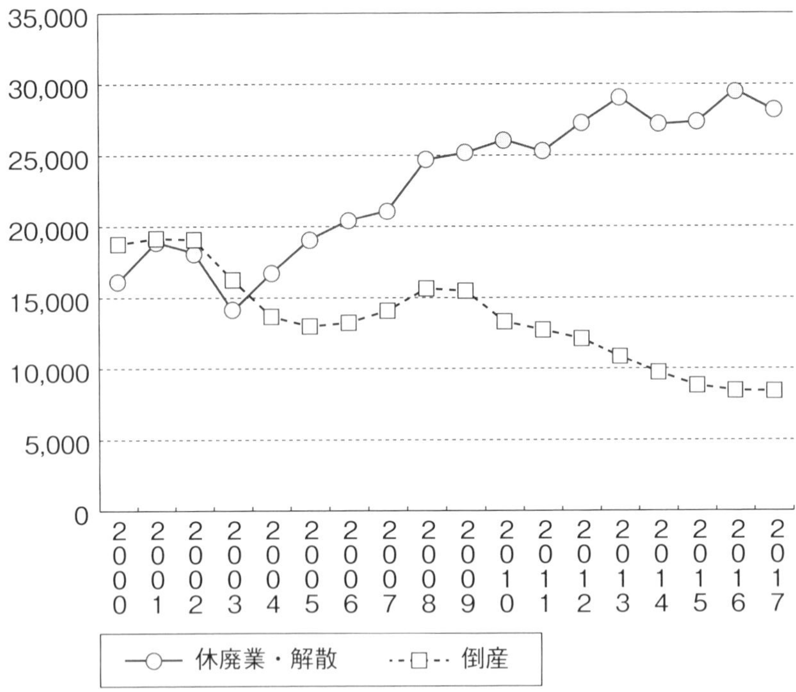

『2018年版中小企業白書』をもとに作成

い」ですが，「後継者を確保できない」が33.3％，「もともと自分の代限りでやめるつもりだった」が30.7％などとなっています。また，『2018年版中小企業白書』に紹介された「休廃業・解散企業の売上高経常利益率」（図表0－2参照）によれば，2013～2015年に休廃業・解散をした企業のうち，50.5％は廃業年または前年の売上高経常利益率が黒字であったとのことです。

この実態から次のような声が聞こえてきそうです。

「黒字なのに，なぜ廃業しなければならないのか。日本の企業数はどんどん減少している。これを放置すれば，今後さらに廃業が増えて企業数が減り，日本経済が立ち行かなくなるではないか。経営者家族の中に後継者がいないのであれば，社内から有能な社員を抜擢し，それでも駄目なら，M&Aの手法を使

図表０－２　休廃業・解散企業の売上高経常利益率

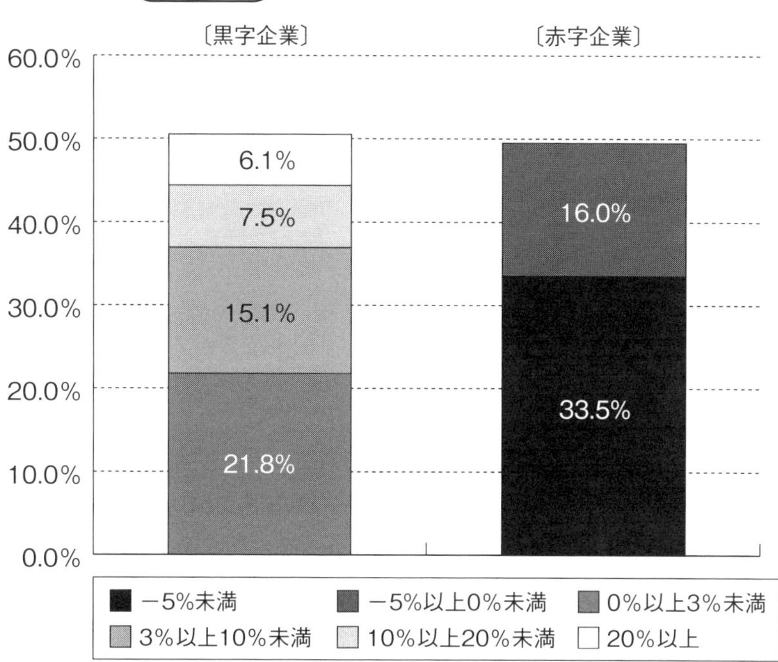

『2017年版小企業白書』をもとに作成

うなどして，少なくとも黒字企業の廃業は出さないようにしようではないか」

（２）事業承継できない本当の理由

しかし，事業を引き継ぐ者がいればいいという簡単なことではありません。中には，息子がいるのに廃業するという経営者もいます。こんな話を耳にしたことがあります。

「息子はいるが，こんな会社を継がせられない。苦労するだけだ」

「おやじの会社は先細りだ。引き継いでもしょうがない」

廃業件数が多い背景としては，後継者がいないからというより，その事業に将来性がないから，つまり，今は黒字だがいずれ淘汰されるべき事業であると経営者自身が判断しているから，というのが本当のところではないでしょうか。

代々引き継いできた製造技術や職人技，研究熱心な意欲があっても，それを活かす社会ではなくなっていると１人で悲観し，社会もそれを放置するのであれば，それこそ日本経済の損失です。

（3） 事業化と採算管理の応用

だから，それらを活かすための将来像を，引き継いでくれる人のために作ってあげる必要があります。そこに夢があれば，家族でも第三者でも我こそが引き継いでいこうという後継者が自然と現れるはずです。逆に，将来像がなければ，M&Aによって無理に第三者に引き継がせても，その後の継続は怪しいものです。

事業承継問題は後継者の有無が問題の本質ではなく，事業を再び活発化できるか否かが重要なのです。

したがって，この問題の解決には，企業を引き継ぐ必要が生じたこの機会を捉え，既存の技術力や強みを活かして創業当時と同じ意気込みをもって新たな事業や再活性化に取り組む「磨き上げ」や「第二創業」への取り組みが欠かせません。そのためには，新たな事業や再活性化のアイディアを事業案として具体化し，きちんと採算に乗せるよう算段する必要があります。そこに活かせるのが，事業化と採算管理の方法です。

2　事業再生

1990年代後半から2000年代はじめにかけてのことです。いわゆる不動産バブルに踊り，キャピタルゲイン狙いの取引に憂き身をやつして本業をおろそかにした多くの企業が，その崩壊で我に返り，本来業務に回帰しようとしたとき，頼りになるはずの金融機関は疲弊しきっていました。

その金融機関が不良債権の処理を開始すると，不良と判定された借入金は整理回収機構に移管されたり，貸し手金融機関の経営が窮境に陥る場合は長く続いた取引関係をリセットするかのように承継銀行に移されました。場合によっては融資の売買市場（loan secondary market）を経て，融資そのものが，事業に活かす資金であるどころか，単なる鞘取り稼ぎの道具にまで貶められる状況となりました。

（1）金融円滑化法による延命

なんとか事業を立て直して返済原資を捻出しようと努力を重ね，ようやく先が見え始めたときに，2008年，またもや一部の金融が暴走してシステム崩壊を招くリーマン・ショックに見舞われました。何度も危機を切り抜けてきた企業は，再び危機を迎えたのです。

幸い，このときは「中小企業者等に対する金融の円滑化を図るための臨時措置に関する法律」（いわゆる「中小企業金融円滑化法」）が施行され，借入金の返済猶予や条件変更など資金繰りを支援する措置が施された結果，多くの中小企業が破綻を免れることができました。

ただ，免れたといっても資金繰り破綻の憂き目に遭わずに済んだというだけであり，必ずしも事業の立て直しができたわけではありません。課題を残したまま延命治療を受けただけです。そのため，時限立法であるこの措置が２度の延長を経て2013年に終了する頃になると，そのことが表面化して多くの企業が倒産に追い込まれるのではないかと心配されました。

（2）終わっていない事業再生

しかし，その心配は杞憂に終わり，実際には倒産が相次ぐ事態には至りませんでした。なぜなら，中小企業金融円滑化法の終了に合わせ，金融庁が各金融機関に対して引き続き貸付条件の変更などの相談には前向きに対処するように指導したからです。

図表０－３を見てわかるように，リーマン・ショック後の貸付条件変更件数は徐々に減少してはいるものの，直近の平成29年４月から平成30年３月でもまだ相当に高い水準です。資金繰り支援の緊急措置がいまだに続いているのです。資金繰りが事足りてしまうと，事業の立て直しという根本治療への意欲が減退

図表0－3　中小企業向け貸付の条件変更申込などの件数推移

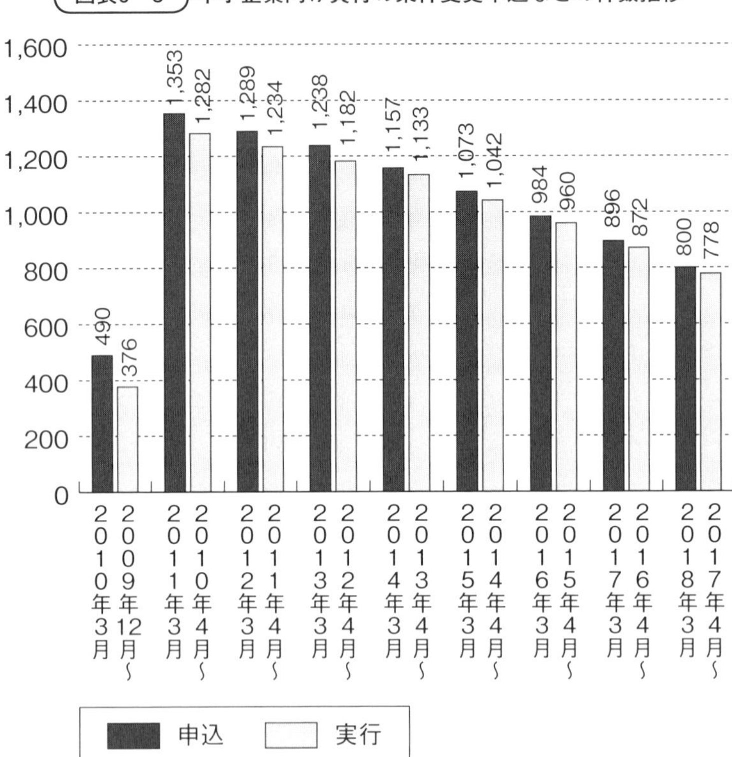

単位：千件
金融機関：
主要行，地域金融機関，労働金庫，信農連・信漁連，農協・漁協を含む
『2018年版中小企業白書』をもとに作成

してしまいます。いまだに多くの企業にとって，事業再生が課題になったままであるといえるでしょう。

（3）事業化と採算管理の応用

今こそ真剣に取り組まなければなりません。

事業再生の目的は企業再生です。その事業は立ち行かなくても，目的である企業が存続できれば，従業員や取引先などステークホルダーを守ることができます。それこそが企業経営者の思いでしょう。企業が将来性のない事業を抱えたまま運命をともにする必要はありません。その事業を再評価し，やはり将来性がなく立て直しが利かないと判断するなら，その事業に投じている経営資源をとっとと引き揚げて新たな事業に投ずるというのも事業再生の方法です。

その場合，不名誉な過去と決別し，社員とともに新たな事業を練り直して推進する手順が必要です。それが，事業化と採算管理の方法です。

3　新規事業と採算維持

事業化と採算管理の正しい方法が必要とされるのは，事業承継や事業再生など将来の不安に関わるケースばかりではありません。組織を引き継いでいく人材は十分いて，営んでいる事業も順風満帆という企業であるからこそ必要としているというケースもあります。

それは，外部環境の変化に応じて迫られる事業の多角化や新規事業への挑戦です。技術革新や法律の改正，社会の価値観の変化，あるいは流行などによって外部環境は常に変化しています。現在は順調に営んでいる事業でも，この変化によって，ある日突然見向きもされなくなることが頻繁に起こっています。経営者は常に長期的な視点に立って，社内にある資金の一部を割いて，将来の成長可能性の高い事業を模索していかなければなりません。そして，外部環境が整ったとき，いよいよ本格的に資金を投じて事業を立ち上げるのです。

（1）外部負債の圧縮に熱心な企業

過去には，既存の事業に固執せず，あるいは先が見えてきた事業に少しずつ見切りをつけながら新たな事業に挑戦して，見事に生き残った企業も存在します。織機メーカーから自動車の巨大メーカーになった例，新興国に押されて低迷する繊維から新素材を開発して先端部門に貢献する企業に生まれ変わった例，１つの製品に固執して窮境に陥った米企業を横目に見ながら思い切った多角化を進めて生き残ったフィルムメーカーなどです。

しかし，多くの企業は資金が固定化してしまうのを恐れて外部負債を圧縮することに腐心し，将来を見据えた新規事業に取り組んでいないように見えます。

図表0－4　借入依存度の推移

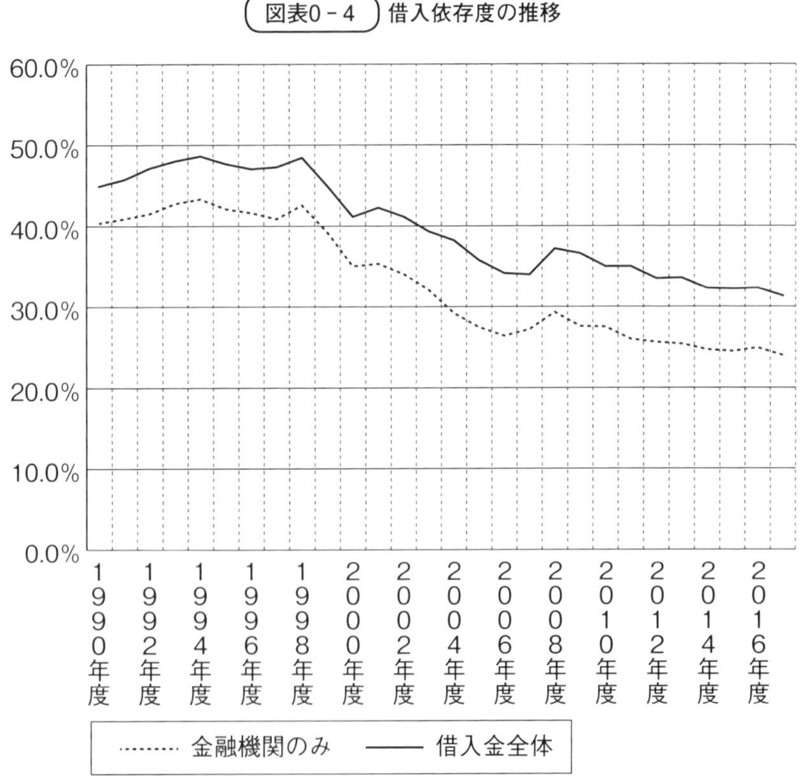

借入依存度＝借入金/総資産
金融機関のみ：借入金＝金融機関からの借入金＋社債
借入金全体：借入金＝金融機関からの借入金＋その他の借入金＋社債
財務省『法人企業統計』から作成

図表0－4をご覧ください。借入依存度は総資産に対する借入金（社債を含む）の割合です。企業の借入依存度は，2008年前後でいったん上昇しているものの，1990年代後半からほぼ一貫して低下しています。バブル崩壊に伴って顕在化した借入負担リスクに懲りたのでしょうか。企業は，事業が生み出した

キャッシュフローを借入金返済や社債の償還に回し，徐々に負担を減らす方向に動いてきました。

（2）将来を見据えた長期リスクへの対応

確かに，外部負債を圧縮すれば，資金繰りが悪化したときに返済不能に陥るリスクは軽減できます。しかし，その一方で新規事業への研究や挑戦を怠ると，環境が変化した時に既存事業が破綻して企業が窮境に陥るリスクは高まります。どちらのリスクが高いのでしょうか。前者は比較的短期のリスクですが，後者は長期のリスクです。企業が長期存続を望むなら，短期リスクは早々に片付けて長期リスクに取り組むべきでしょう。

借入依存度の推移を見る限り，短期のリスクは相応に低くなっていると思われます。ならば今こそ，将来を見据えた次の新しい事業を研究して挑戦すべきなのです。そのアイディアが絞り込まれたとき，それを具体化していく過程は事業化と採算管理の方法に沿って進められます。逆に，事業化と採算管理の方法が定着していけば，その挑戦も広く，多くの産業で行われるでしょう。

第2節　事業化を後押しする環境

この節のポイント

- 政府は，開業率を高めて産業の新陳代謝を促すため，さまざまな工夫を凝らして事業化を後押ししている。
- 金融行政は，金融緩和や，新規事業なども評価しやすい事業性評価の普及により，事業化を後押ししている。

事業化と採算管理の方法が必要とされる場面では，それらがスムーズに進められるように後押しする環境があります。政府の産業政策と金融行政の視点に分けて説明します。

1　成長戦略による政府の後押し

経済と産業の成長戦略は，歴代の政権が国内政策の最重要課題と位置付けて取り組んできました。取り組みの方法は時代とともに変化しています。

(1) 成長戦略の変遷

かつて，高度成長期においては，大規模な公共投資によって乗数効果に期待しつつ経済成長を遂げる過程で，成長可能性のある産業も育成しようとしました。

2000年代のはじめは，成長の足枷となっていた規制を緩和することによって，将来性のある産業の自由な発展を促そうとしました。

2012年12月に発足した第２次安倍政権は，産業の新陳代謝を促進することによって，より効果的に成長戦略の効果が現れるよう図りました。淘汰されるべきは淘汰を促し，淘汰によって開放された経営資源がより成長可能性の高い産業に受け継がれるようにして資源の最適配分を実現させようとしたのです。いわゆる延命企業が人材や資金など活用しきれない経営資源をいつまでも拘束するより，これから成長が期待される産業に受け継がれたほうが産業全体の成長を速めることになるのは間違いありません。ただし，成長が期待される産業において新たな事業を起こす動きや企業を立ち上げる動きが出てこなければ，せっかく開放された経営資源も行き場を失ってしまいます。

（2）開業率向上への取り組み

そこで，2013年，成長戦略の一環として，開業率を欧米並みに近付けようと，

図表0－5　日本の開・廃業率，各国開業率の推移

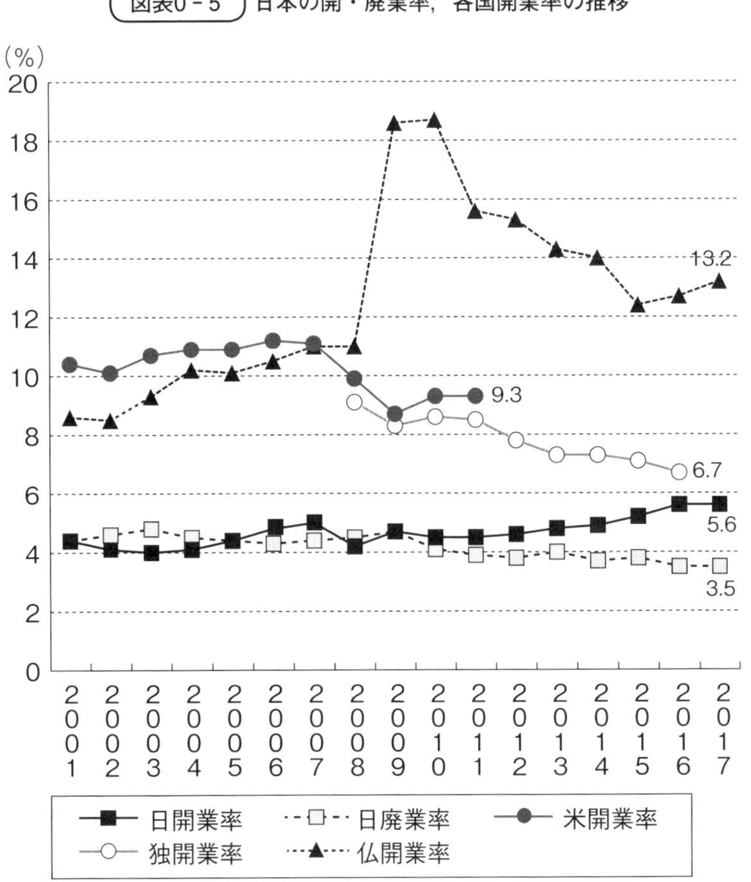

『2019年版中小企業白書』をもとに作成

年間開業率に10%という目標を設定しました。新たな事業を起こす状況を開業率という判定基準で測り，そこに高い目標を設定することによって新陳代謝を促進しようとしたのです。

その状況はどうなっているでしょうか。図表0-5をご覧ください。日本の開業率は徐々に伸びて直近では5.6%となり，廃業率を上回っています。米国やフランスの開業率には依然として遠く及ばず，目標の10%もまだ視野に入っているとはいえません。しかし，徐々にではありますが，着実に改善している様子が目に見えてわかります。

政府が成長可能性を秘めた新たな産業に十分な経営資源を確保させようとして新陳代謝を促す政策を進め，そのための補助金も用意し，税制上のさまざまな工夫も凝らしてきた成果が具体的に顕れているといえるでしょう。事業化には，こういった政府の後押しがあるのです。

2 資金供給などによる金融の後押し

成長戦略の一環として，金融面からも事業化への後押しがあります。2つ紹介しましょう（図表0-6参照）。

図表0-6 金融の後押し

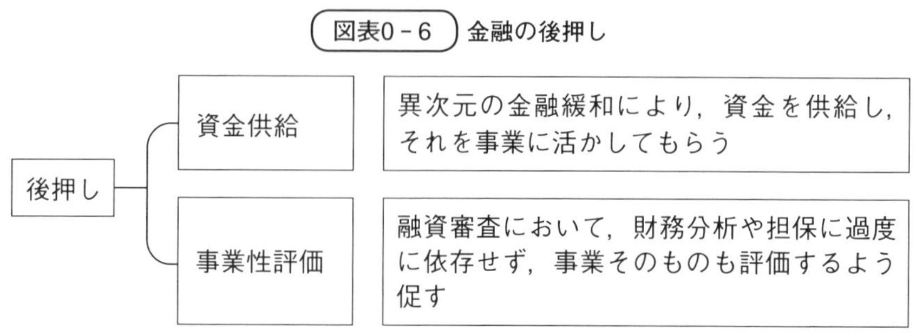

(1) 金融緩和による後押し

まず日銀による資金供給です。日銀は異次元の金融緩和と資産買い入れを実施することで，市中に資金が潤沢に回るようにしています。金融緩和により，実質金利が投資収益率を下回るよう設備投資環境を整え，他方で，資産買い入れにより資金を供給することにより，設備投資意欲が湧いて活発になる資金需要に応えようとしているのです。実際，新規融資にかかる貸出金利は1990年代半ばから大きく下がりました（図表0－7参照）。一言でいうと，資金を事業に活かしてほしい。そのための金融政策であるといえます。

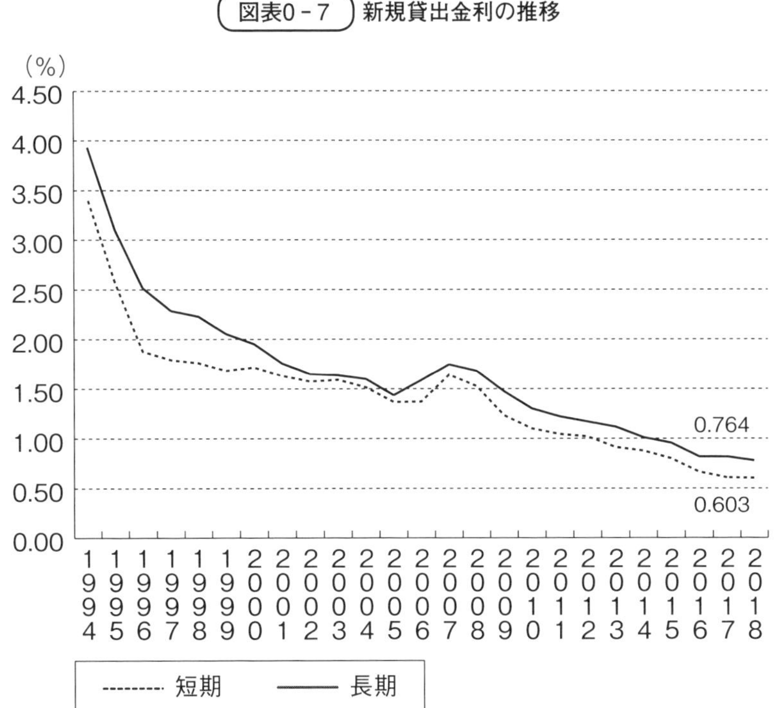

図表0－7　新規貸出金利の推移

日本銀行時系列統計データより作成
（新規/国内銀行/短期・長期月次データから暦年の単純平均を計算）

（2）事業性評価による後押し

後押しの第2は事業性評価の普及です。

高度成長期，企業の資金需要が旺盛であったため，銀行は融資先を探す必要はありませんでした。ところが，1980年代，債券発行などの直接金融が次第に普及し，資金調達手段が多様化したため，証券会社との間で融資先を奪い合うようになります。資金の使い道にはあまり気に留めることがなくなり，もっぱら値上がり益を狙った不動産投資を持ち掛け，持ち掛けた投資資金を融資として貸し出すという，マッチポンプのような役割に甘んじる事態となりました。事業に活かされない資金の末路は哀れです。やがてバブルは崩壊し，大量の不良債権の処理ができなくなった金融機関は経営難に追い込まれます。

当然，金融当局は対策を打ちます。大手金融機関に対しては不良債権処理を急ぐよう，地域金融機関には，このような事態になってしまった反省を踏まえて，もっとよく融資先の信用力を見つめるよう促しました。長期的な取引関係のなかから，経営者の資質など，財務には表れない定性面の信用情報をつかみ取れというのです。いわゆる「リレーションシップ・バンキング」です。

しかし，リレーションシップ・バンキングは，金融庁が期待するほど普及しませんでした。当の金融機関がその本質を理解しなかったからという事情もありますが，別の理由もあります。不良債権の処理に一定の目途をつけた金融機関は，次の収益機会としていち早く優良融資先を見つけなければなりませんでしたが，リレーションシップ・バンキングの趣旨に沿って融資先の定性情報を収集するには長期取引関係を構築しなければならず，そのような時間的余裕がなかったのです。

時間を節約しつつ，リレーションシップ・バンキングが求めていた，取引先固有の事業遂行能力を診断するには，取引先が運営している事業そのものに目を向け，事業の確かさを分析するという手法が求められます。「事業性評価」（図表0-8参照）です。

図表0－8　事業性評価の注目点

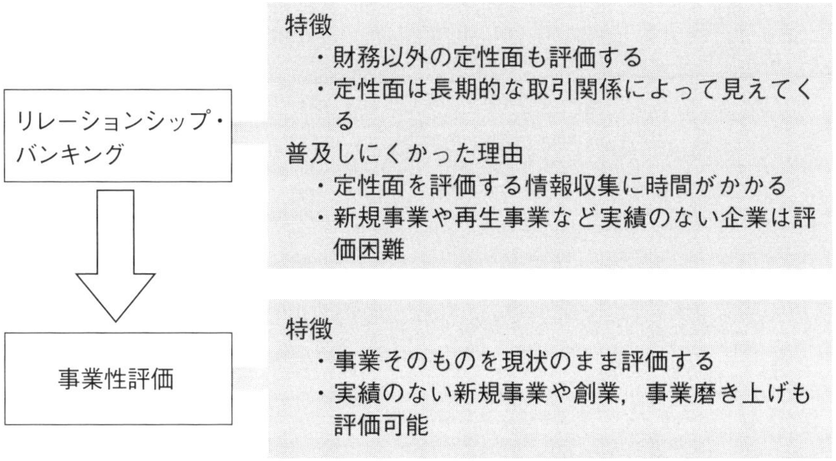

リレーションシップ・バンキング	特徴 ・財務以外の定性面も評価する ・定性面は長期的な取引関係によって見えてくる 普及しにくかった理由 ・定性面を評価する情報収集に時間がかかる ・新規事業や再生事業など実績のない企業は評価困難
⇩	
事業性評価	特徴 ・事業そのものを現状のまま評価する ・実績のない新規事業や創業，事業磨き上げも評価可能

事業性評価は，その企業が長期にわたって築いてきた事業に限らず，企業がこれから起こそうとする企業内新規事業や新規事業のための起業についても評価対象とすることができます。ここがポイントです。事業性評価を取り入れた手法なら，実績のない新規事業や創業，事業承継のための磨き上げ，過去と決別したい事業再生も審査可能なのです。

第3節 事業化と採算管理の重要性

この節のポイント

- 政策面や金融面の後押しから先のことは，我々自身が自分の力で実行しなければならない。
- 本書の構成を俯瞰する。

企業経営の現場には，事業化と採算管理の確かな方法に期待を寄せる場面が多いという状況と，それを政策面や金融面から後押しする環境も整っていることを述べました。しかし，環境面でできるのは前節で述べた範囲までです。そこから先のこと，つまり事業化の具体的な方法や立ち上げた事業を採算に乗せる方法は，我々自身が自分の力で見出し，実行しなければなりません。逆にいうなら，新規事業創業や事業再生，事業承継のための磨き上げなど我々が直面する課題につき，せっかく取り組みやすいように環境が整えられているわけですから，これを大いに活用すべきなのです。そこで求められるのが，事業化と採算管理の正しい方法です。

1 本書の構成

次章からは，事業を立ち上げ，その事業を採算に乗せる方法を具体的に検討していきます。

本書は，図表0－9に示したように，第0章から第5章で構成されています。

このうち，第1章では，事業化構想の基本を復習し，これを補強して実効性を高める工夫を施したうえで，事業化と採算管理の検討枠組みを構築します。

ここでいう工夫は，経営資源活用に関するものと財務採算の設計に関するものです。これに第2章と第3章を充てます。

事業化検討の枠組みの説明では，理念と構想に基づいて目論見どおりに事が運ばれていくことを想定しますが，実際にはそれを妨害するさまざまなリスク

図表０－９　本書の構成

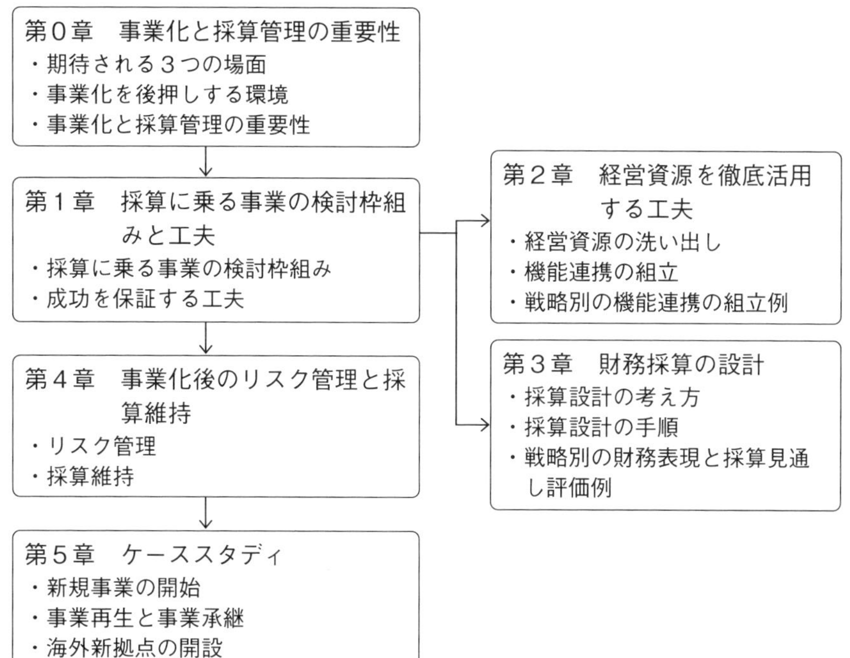

に直面することになります。それらをクリアする手立ても講じておかなければ実戦で使うことはできません。また，事業が採算に乗っても，その後の維持に向けて一工夫が必要です。第４章では，これらの補強措置について説明します。

最終章では，さらに理解を進めるため，想定される３つの場面に分けて応用するなら具体的にはどのような形になるのかを，事例を用いてみていきます。

―第1章―

採算に乗る事業の検討枠組みと工夫

前章では，事業化して採算に乗せる方法への期待の高まりと，それを後押しする経済産業政策上・金融政策上の環境についてみてきました。

しかし，このような状況はもう随分と長い間続いています。それなのに，どうして開業率は思ったほど改善せず，事業再生や事業承継のための磨き上げが進んでいないのでしょうか。

それは，事業化して採算に乗せる方法への工夫が十分ではなかったからです。理論が間違っていたわけではありません。ただ，事業計画作成方法や財務計画作成方法で謳われていることを本当に実戦に活かすには，政策面や金融面の後押しを活かすことができる視点と実効性を高める工夫が必要です。

本章では，まず事業化構想の基本を復習したうえで，これを４要素に集約するシンプルな検討枠組みを導き出します。これに第１節を充て，第２節では，その検討枠組みに施すべき工夫の内容を，過去を振り返りながら検討します。

次章以降では，この工夫内容を詳しく説明する形で進めていきます。工夫が過去のどんな反省や失敗をもとに編み出されたのかを理解しておくことは大切なことです。これによって，工夫がより大きな効果を発揮するものになります。

第１節　採算に乗る事業の検討枠組み

この節のポイント

- 採算に乗る事業の検討枠組みは「誰に」「何を」「どうやって」「いくら」の４要素に集約できる。
- ４要素のうち，「どうやって」「いくら」は工夫の余地が大きい。
- 「誰に」は，消費者行動理論と市場細分化で裏付けをとる。
- 「何を」は，欲求５段階説とPEST分析で裏付けをとる。

本節ではまず，採算に乗る事業の検討枠組みを構築することを前提に，従来から使用されてきた一般的な戦略検討と事業化を構想するための基本を復習します。そのうえで，この基本を実践に応用したときに，期待した効果が得られるようにするための工夫の余地を検討します。

1　事業化構想の基本

どの部分にどのような工夫を施す必要があるのかを明らかにするため，まずは一般的に使われてきた事業計画作成の基本的な手法を確認しておきましょう。図表１-１に沿ってみていきます。

はじめに，理念を持ち，目的を設定します。理念とは，その事業が何のために起こされるべきなのか，なぜ大事なのかを決定付ける価値観や思想，思いです。目的とは，その理念によって正当化された狙いであり，実現させようとする状況や到達しようとする対象です。理念は，目的を正当化する上位概念であり，目的を支配します。

例えば，ある人が農作業に打ち込む人々の苦労を目の当たりにして，彼らはこんなに苦労すべきではないという思いを抱き，農作業の自動化を進めるためのトラクターを開発して農家に提供するとします。その目的は，農作業従事者を楽にさせることであり，理念は，楽にさせることはいいことだという価値観です。楽にさせることは悪いことであるという価値観を持つなら，トラクター製造は事業になりえません。いいことだという理念があるからこそ，楽にさせる目的が正当化され，トラクターが事業になるのです。理念と目的は，事業の「第一歩」です。

図表1－1　戦略構成図

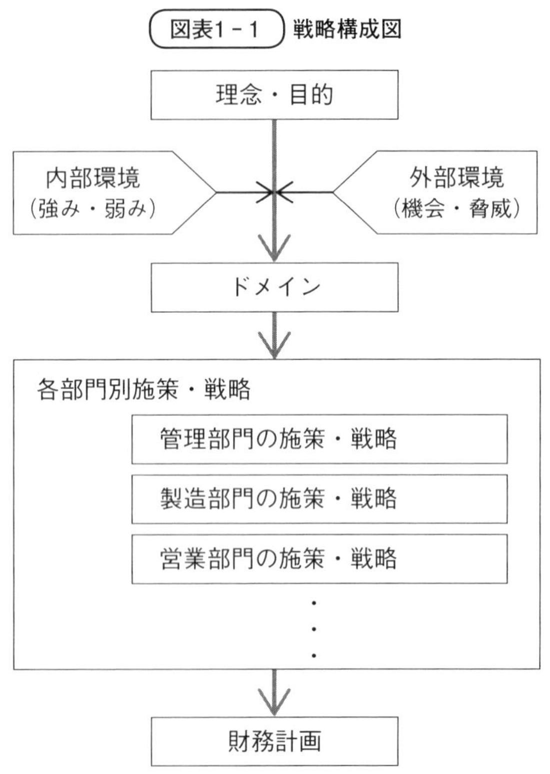

理念と目的が設定できたら，次に，その目的が達成される実現可能性を，外部環境と内部環境から検証する必要があります。外部環境は，その事業を進めるにあたって追い風，つまり機会を提供してくれるものになっているか，それとも事業を脅威にさらすものかで分析します。内部環境は，自社が持つ強みまたは弱みを列挙して，その事業の推進力が十分かを分析します。

事業を進める環境が整っていることを確認したら，事業案を具体化します。どの市場を標的にして，そこに何をどのようにして提供するかを設定するのです。これをドメインといいます。

事業主体が機能分化された組織をなしている場合は，各部門に役割を分担させ，部門別に事業推進のための具体策を策定します。例えば，ドメイン設定で絞った標的となる市場に対してどうアプローチするかは営業部門の具体策，何を提供するかは製造部門や製品開発部門の具体策が必要になるでしょう。

最後に作成するのは財務計画です。事業開始後当面は創業赤字が続くが，いつまでにそれを一掃するか，外部負債と自己資本，自己資本と固定資産などのバランス着地点をどこに求めるか，いつそれを実現させるか，キャッシュの出入りをどうするかなどを具体的に数字に落とし込んで計画します。

2　４要素への集約

ごく大まかに捉えると，戦略構成図に沿った事業化構想は，調査分析を行い，その結果を踏まえて事業を組み立てるという流れになります。この流れに沿って進めるとき，ただ漫然と外部環境や内部環境を調査しても事業の組立にはつながりません。見ようとするものを見る意思をもって観察する必要があります。事業の組立を見越した一定の心積もりや仮説が必要なのです。

（1）クロスSWOT分析

この思いが具体化したものにSWOT分析があります。外部環境と内部環境を分析する手法として必ずといってもいいほど目にするものがSWOT分析です。しかし，これだけでは分析結果を戦略に反映できないとして，近年ではクロスSWOT分析がよく使われるようになりました。

①　クロスSWOT分析の発想動機

戦略を立てることを目的として，内部環境分析の強み（Strengths）と弱み

(Weaknesses)，外部環境分析の機会（Opportunities）と脅威（Threats）を列挙するまでが従来のSWOT分析です。例えば，外部環境として，①人口減少，②地球温暖化の進行，③低金利の継続，④経済の緩やかな回復基調，⑤長期政権，⑥保護貿易化，⑦環境保護意識……などと書いたとしましょう。分野を問わず，粒度を問わずこの調子で列挙していくと，際限がありません。議論も収束せずどんどん発散してしまい，収拾がつかなくなります。しかし，ここに1つの心積もりとして，環境問題に関する自分の知見を活かして世の中を何とかしたい，という視点を加えるとどうでしょう。際限なく列挙した項目を一気に絞り込むことができます。

② クロスSWOT分析の使い方

具体的には，上の列挙した外部環境のうち，これに関わるものとして，②地球温暖化の進行，⑦環境保護意識が浮かび上がってきます。場合によっては，③低金利の継続も追い風として関わってくるかもしれません。このように，見る意思をもって観察し，心積もりと仮説を考慮すると両者がきちんとつながり，SWOT分析も活きてきます。これを書式にしたのがクロスSWOT分析です。

図表1－2　クロスSWOT分析

内部環境分析 ＼ 外部環境分析	機会 ・地球温暖化の進行 ・低金利の継続	脅威 ・環境無理解派の台頭 ・再生エネ優遇の縮小
強み ・環境問題知識 ・製品発想力	環境問題知識を活かして，エコ商品を製造販売する	環境問題知識を使って無理解派を説得する
弱み ・弱い資金力 ・弱い組織動員力	低金利を利用して資金調達する	大規模な再生エネ事業からの撤退

図表1-2をご覧ください。クロスSWOT分析の特徴は，４つの要素が交差する４つの象限に戦略を表示する欄を設けたことです。戦略の組立に直接関連付けようと，分析の先にある戦略を見越した心積もりや仮説をいつも視野に入れて調査分析しようとするものです。

(2) 誰に何をどうやって提供するかという視点

上の例は，環境問題という固有の視点で列挙事項を色分けしました。では，どんなケースにも通用する共通の視点は何でしょうか。それは戦略構成図のドメインに隠されています。環境分析を経て，どの市場を標的にして，そこに何をどのようにして提供するかを設定するのがドメインの設定でした。まさに，誰に，何を，どうやって提供するかという３つの要素がここから浮かび上がります。

「誰に」とは，「何」を提供する先にある市場ですから，外部環境の分析によってこれを明らかにすることができます。

「何」は，その市場にいる人々の需要ですから，これも外部環境分析から情報が得られます。

一方の「どうやって提供するか」は，社内あるいは自分自身に関わることです。例えば，人々の需要に応じた製品を作ることができるかは自分自身の製作能力の問題です。その製作能力が高ければ自分の強みとして捉えることができます。また，提供の仕方については自分自身の販売能力であったり納品手順であったりします。したがって，「どうやって提供」は，内部環境を分析することによって明らかになります。

図表1-3　分析と戦略組立の対応

分析	戦略組立
外部環境分析	誰に，何を ～外部の誰がどんな需要を持っているか
内部環境分析	どうやって提供 ～需要に応える価値をどのように届けるか

以上を対応させると，図表1－3のようになります。

（3） 4要素への集約

さて，事業を立ち上げて採算に乗せるためには，上の3要素に加えて，金額である「いくら」の視点が欠かせません。戦略構成図においても，忘れるなと言わんばかりに最後に登場するのが財務計画です。

財務に反映されるのは，ドメインを構成する3つの要素です。具体的には，「誰に」と「何を」の2要素は売上高など収入として反映され，「どうやって提供」は企業活動にかかる費用として反映されます。財務採算は収入から費用を差し引いた残りで測るものですから，ドメインの3つの要素によって決定付けられるといってもいいでしょう。

① 採算に乗る事業の検討枠組み

以上から，改めて戦略構成図に沿った事業化構想を作業の進め方の視点で整理すると，「事業化とは，誰に，何を，どうやって，いくら売るかを組み立てて実行するもの」と言い切ることができます。ここには「誰に」「何を」「どう

図表1－4 採算に乗る事業の検討枠組み

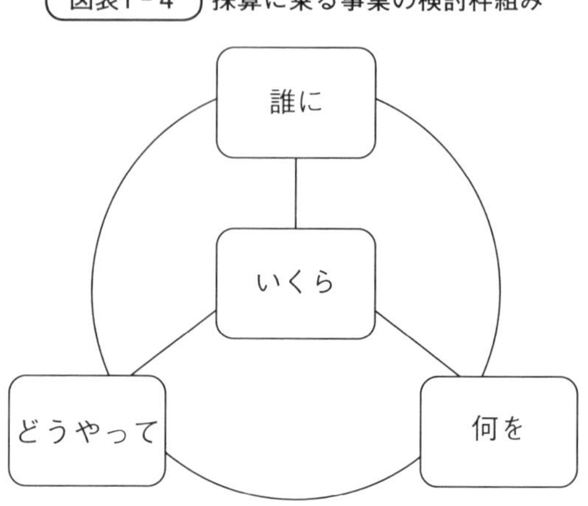

やって」「いくら」の４つの要素が集約されています。「事業化の４要素」と呼びましょう。採算に乗る事業を作る方法とは，図表１-４のとおり，この４要素を考えてつなぎ合わせ，それを実行に移す方法です。この検討枠組みは先に紹介した戦略構成図と比べると随分シンプルになっています。

②　シンプルになっている２つの理由

まず第１に，細かいところまで型枠にはめてしまうことを避けられる点です。事業化の着想は十人十色です。それどころか，100社あったらその１社１社で着想は異なります。仮に着想が同じでも事業化の仕方はさらに多様です。多様だから世間には三百数十万もの事業があって，それぞれが相応の価値を実現しているのです。

同業種で同じ製商品を扱って競合していても，その競合先に勝とうとして差別化を図り，あるいは顧客を変えるなどしてそれぞれが生き残っているというわけです。それを定型的な雛型や書式にはめてしまうと，尖っているよさや差別化要素を丸めて型の中に納めてしまうことになります。そうなると，その事業を生き残らせているよさや特徴が見えません。

特に，事業化では，その尖っている部分や差別化要素が欠くことのできない重大要素になっています。従来にない新たな発想が重視されますので，型にはめる雛型や書式はできるだけ避けて，大きな枠組みで検討する必要があるのです。

第２に，要素間のフィードバックです。事業化構想では，済ませたはずの手順に戻って再検討する場面が多発します。例えば，外部環境分析で販売可能量を測定し，施策・戦略策定を経て財務目標を設定することになった時，その販売量では採算実現ができそうにないと判定されたら，外部環境分析に立ち返って，ほかにターゲットにできる市場はないかを再検討しなければなりません。また，立ち返って新たなターゲット市場を追加できた場合は，その市場へのアクセスや開拓のための戦略を部門別施策として練り直さなければなりません。

事業化と採算管理に必要ないくつかある構成要素は相互に影響し合いますの

で，どれかが変化するならほかの要素も考え直さなければならないのです。そのため，前記の図表1-4はどの構成要素も他の3つの要素と互いにつながり合い，特に「誰に」「何を」「どうやって」は円を描くように回りながら，常に「いくら」を睨む形になっています。

図表1－5　検討枠組みに込めた思い

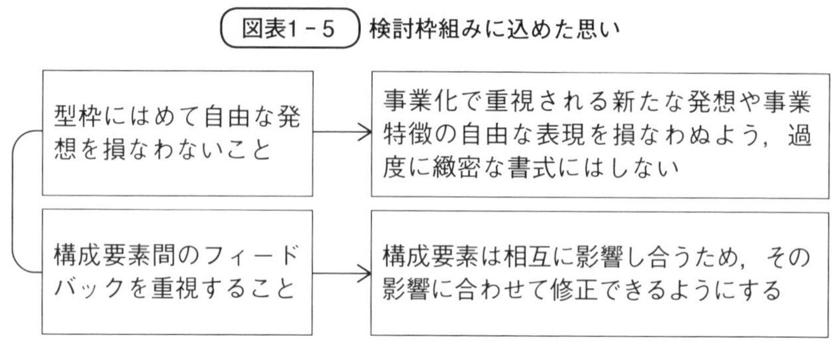

（4）工夫の余地

ところで，事業化を思い立つ人の多くは，誰かに提供する何かをすでに思い描いていると思われます。日頃の生活から，あるいは日常の仕事からふとそれに気が付き，気が付いてからそれを何とか事業化できないか検討を開始するのが大方の事情でしょう。

①「誰に，何を」

この点，4つの要素のうち「誰に」「何を」は，すでにそこにあるから工夫の余地が小さいといえるかもしれません。

そもそも，工夫をするということは当初の思いに修正を加えるということですから，「誰に」「何を」を修正してしまうと別の事業になってしまうということです。

また，この2要素を決める要件は所与であるので，手を加えにくいということもあります。既述のように，この2要素は外部環境の調査分析から導き出されるものでした。外部環境は個々の事業者にとっては動かしようもない，つまり働きかけて変えてしまうということができません。自然環境はもちろん，地域の習慣や経済の動向などは自分の都合のいいようにしようとしても１人では無理でしょう。したがって，２要素は外部環境をできるだけ正確に読み取って，それに適合するものを見つけ出すしかないのです。

もちろん，「誰に」「何を」を見出すために正確に外部環境を読み取る方法はいくつかあります。これについては後述します。

②「どうやって，いくら」

これに対して，第３と第４の「どうやって」「いくら」は，工夫の余地の塊です。「どうやって」は，内部環境の調査分析から導き出されるため，これが思うようにならない場合は内部環境に働きかけて変えてしまえばいいのです。また，「いくら」を構成する収入も費用も，外部環境の変化によって変わる部分がありますが，内部環境への働きかけで変えられる余地もたくさんあります。

図表1－6　事業化４要素への工夫の余地

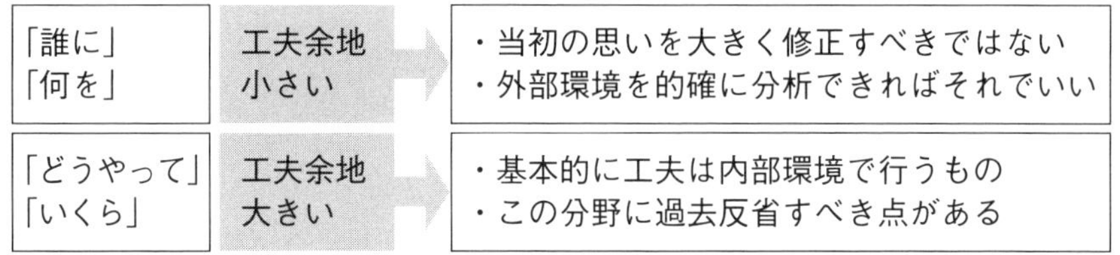

その工夫の内容について，次節で詳しく述べましょう。その前に，外部環境から「誰に」「何を」を正確に読み取る一般的な方法を次項で紹介します。

3　外部環境の分析

既述のとおり，事業化の４要素のうち，「誰に」「何を」については，事業化を思い立つ人々の多くがすでに思い描いており，そこに工夫を施すことはかえってその思いをモディファイしてしまうことになってしまいます。そもそも工夫自体が内部環境で行うものです。

そこで，この２要素については，外部環境の代表的な分析手法をいくつか紹介して早々に片付け，早く工夫の話題に進めることにしましょう。

（1）「誰に」

「誰に」を正確に外部環境から読み取るには，まず提供する財やサービスを購入する人々の購入意思決定の仕組みを知り，そういった人々がどこにいるのかという視点で観察する必要があります。前者は消費者行動の理論，後者は市場細分化の方法です。以下，この順に説明します。

①　消費者行動理論

米国の経営学者フィリップ・コトラー（Philip Kotler）は，消費者の購買は，「需要認知」→「情報探索」→「代替品評価」→「購買決定」→「購買後行動」

図表1－7　消費者の購買行動説明理論

理　論	提唱者	内　　容
刺激生体反応モデル	J. A. Howard J. N. Sheth	消費者が購買という反応に至るには，刺激を知覚し，それを体内で好意的に捉えるという態度決定を経由する。
多属性態度モデル	M. Fishbein	消費者は提供された価値（製品等）の複数の属性を自らの信念に基づいて評価したうえで購買決定する。
消費者情報処理モデル	J. R. Bettman	消費者は，外部から得た製品情報を過去の経験によって内部に蓄積された自らの内部情報によって評価する。
精緻化見込モデル	R. Petty J. Cacioppo	消費者には論理的な判断と感情的な判断の２つの購買意思決定回路があり，どちらによるかは消費者の情報への精緻化追求態度に依存する。

という５段階の行動を経てなされるとしました。

バラツキが現れやすいのは「需要認知」「情報探索」「代替品評価」でしょう。図表１－７はその代表的な理論です。

消費者の購買意思決定は刺激（Stimulus）を受け，それを処理する消費者の生活体内（Organism）を経て反応（Response）する流れで進むと考えられました。S-O-Rモデルといいます。これを使った代表的な購買意思決定理論が，ハワード（J. A. Howard）とシェス（J. N. Sheth）の刺激生体反応モデルです。生活体内の処理プロセスは，蓄積された情報を反復利用することによって「広範的問題解決」から「限定的問題解決」，「習慣的反応行動」へと進化していくとしました。

また，フィッシュバイン（M. Fishbein）は，製品の持つ属性は１つではないことに着目して多属性態度モデルを構築しました。消費者は，価格，形状など複数の属性のそれぞれを評価し，重要度を加味して数値化した評価値の総和で購買意思を決定します。

これに対し，ベットマン（J. R. Bettman）は，消費者の情報処理能力を深掘りしました。消費者は，過去の経験から蓄積された内部情報と外部の新情報から製品を評価するなど，より望ましい段階を目指そうとして自らの情報処理能力を積極的に活用すると考えたのです。

しかし，消費者が常に上のような精緻な情報処理を行うとは限りません。ペティ（R. Petty），カシオッポ（J. Cacioppo）の精緻化見込モデルでは，消費者の精緻化追求態度が強い場合は関与度合が高くなって情報処理能力を発揮しようとする反面，追求態度が弱い場合は関与度合が低く，単に直感的判断しかしないという２回路があると考えます。前者の回路を中心的ルート，後者を周辺的ルートと呼んでいます。

これらを応用して，購買意思決定の特徴を捉えるには，１つの理論に固執せず，意思決定のケースに応じて使い分けるのがいいでしょう。例えば，刺激生体反応モデルを基本とし，評価が複雑な場合は多属性態度モデルを応用する，また，人々の社会的成熟度合により，それが高い場合は精緻化見込モデルを活用するなどです。

消費者行動理論は，特定した「誰に」への販売戦略立案にも有効です。

② 市場細分化の方法

消費者行動理論で捉えた特徴を持つ人々がどこにいるかを明らかにしてはじめて「誰に」を特定することできます。そのためには，市場を一定の基準で細分化しなければなりません。その基準は多様ですが，4つに括ることができます。

図表1－8 市場細分化の基準

地理的基準	人口動態基準	心理的基準	行動様式基準
国・地域別 国家制度別 人口密度 産業集積度 気候	年齢・性別等 職業・年収 教育水準 産業構成 治安状況	意識・趣向 宗教分布 思想分布	利用頻度 追求便益内容 習慣性 決裁緻密性 情報対称性

図表1－8をご覧ください。まず第1に地理的基準です。国や地域で分ける場合は国・地域の数だけの市場に分割されます。人口密度で分ける場合は密度の高低をいくつかに区切り，その区分に該当する地域で分割します。分割した市場同士の境界線に曖昧さはなく，明確に区別できるのが地理的基準の特徴でしょう。

第2の人口動態基準では，年齢や性別，職業など個々人の属性で細分化します。地理的基準に次いで境界区別が明確になっており，さまざまな情報収集手段もあります。個々人の属性を基準としていますので，最終消費財のターゲット市場を特定する場合に使いやすいようです。

第3の心理的基準や第4の行動様式基準は区別を明確にしにくい基準ですが，最近はデータ処理技術の発展により注目されるようになってきました。

③　「誰に」の特定

ところで，「誰に」の特定においては立地が大切です。どこに立地するかとの点では，地理的基準で細分化する方法が最も手っ取り早いでしょう。では，他の３つの基準をどう取り扱えばいいかという問題が出てきます。それは以下の方法でクリアしましょう。

４基準で細分化した市場は大抵の場合，互いに相関関係を持っています。例えば，教育水準の高い人々が欧米に多いという相関関係は，地理的基準と人口動態基準を関連付けて考えることができます。宗教や思想も地理的基準と関わりそうです。このように，地理的基準以外の３基準は一定の相関を持ちながら直接，あるいは他の基準を経由して地理的基準に集約することができます。これを利用し，はじめに採用した細分化基準から最終的に地理的基準で捉え直すのです。

以上をまとめると，「誰に」の特定は以下のような流れになります。

> 提供しようとする財やサービスはどんな購買特徴を持った人々に届くかを購買行動説明理論から推察し，次にそういった人々がどんな行動をとるか，どんな心理なのか，あるいはどんな属性を持った人なのかを絞り込み，最後にそういう人々がいるのはどこかを特定する。

（2）「何を」

「何を」を外部環境の分析から読み取るには，人々が何に価値を求めるのか，つまり人々の需要や欲求を知り，環境がその発生に適したものになっているかを確かめる必要があります。人々の欲求を説明するものとして欲求５段階説を，環境についてはPEST分析を紹介しましょう。

①　欲求５段階説

20世紀の米国心理学者マズロー（Abraham Harold Maslow）は，人間の欲求が５つの段階に分類できるとし，図表１-９のように整理しました。最下層は第１段階とし，これが満たされると次の段階に進むという具合に，欲求は段階を追って進化するというものです。

図表1－9　マズローの欲求５段階説

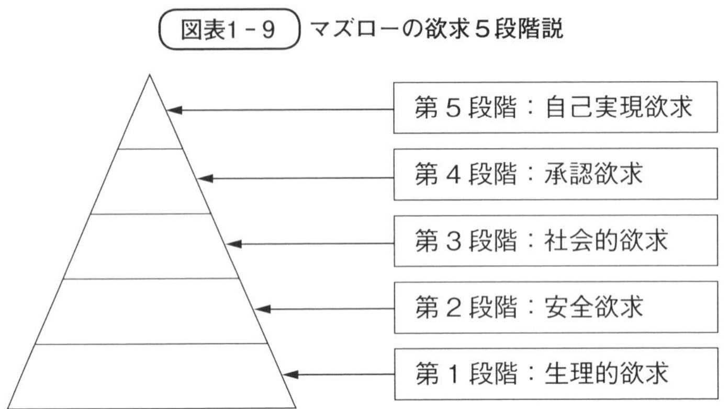

- 第１段階：生理的欲求

  生存するために必要なものへの欲求で，空腹を満たしたい，睡眠をとりたいなど，自らの生命を維持するために最低限必要なものへの欲求

- 第２段階：安全欲求

  生存を脅かすものから自らの身を守りたいという欲求で，生命を維持しているものをこの先も安定して確保したいという欲求

- 第３段階：社会的欲求

  孤独から解放され，集団に帰属するなどして，他者との関わりを持ちたいという欲求

- 第４段階：承認欲求

  単に集団の一員としてではなく，自らの存在を他者に認知してもらいたい，尊敬してもらいたいという欲求

- 第５段階：自己実現欲求

  自らの存在を漠然と認知してもらうだけではなく，自分の能力を発揮して価値のある創造的な活動をしたいという欲求

マズローは欲求が進化するものと考えましたが，これを「何を」の特定に応用する場合は，各段階が併存するものと考える必要があります。例えば，第2段階に進化しても，空腹を満たす食べ物は必要ですし，社会的欲求が満たされても，その前提となる安全欲求はなくなりません。

② PEST分析

PEST分析は，米国の経営学者フィリップ・コトラー（Philip Kotler）が提唱したマクロ環境分析のフレームワークで，政治（Politics），経済（Economy），社会（Society），技術（Technology）という4分野で自社に影響を及ぼす可能性のある事柄を洗い出し，戦略上の機会と脅威を明らかにするものです。PESTとは，この4分野の頭文字を連ねたものです。

図表1-10に沿って順にみていきましょう。

図表1-10　PEST分析の方法と活用

切り口	分析対象	分析の視点	活用方法
政治	法律の改廃，行政の姿勢，政権の政策方針等	法や制度の変更，経済政策の方向を分析	機会や脅威となる制度変更を需要や欲求に関連付ける。
経済	物価や金利，為替，賃金等の価格変動や景気の動向	消費者の購買力変化や売上高などの収益環境の変化を分析	購買力や価格変動の機会・脅威や採算管理への影響分析に活かす。
社会	人々や企業の価値観や行動習慣，インフラの変化	経済のみならず社会的価値の変化にも注意	需要の質の変化を的確に捉えて需要や欲求に関連付ける。
技術	新たな財サービスの生産技術開発，実用化動向	新たな技術や自他の技術格差に着目して分析	需要や欲求を満足できる技術的要件を確認する（どうやっての領域）。

政治では，法律の改廃や行政の姿勢，時の政権の施政方針などを分析します。

法令の改正などによって規制が強化されると，それまで行ってきた事業の機会が失われる脅威になるほか，新たなビジネスチャンスが生まれることがあります。例えば，原子力規制法によってそれまで運転してきた原子力発電所を停止せざるを得なくなるなどの脅威が出る一方で，安全を強化するための装置への需要が生まれるなどです。政権が代わると施政方針が変わり，法律の改廃や行政の姿勢よりもっと大きな枠で社会や経済の体制が変わる可能性があります。欲求の５段階全部に関わります。

社会の分析では，人々や企業の価値観や行動習慣の変化，人口動態などを分析し，それらを原因とする需要の質の変化や需要そのものの発生・消滅を確認します。社会全体として生活にゆとりが出てくるようになるとテーマパークなどの娯楽施設への需要が高まるほか，高級レストランへの需要も高まるでしょう。また，生産人口の減少という社会の変化に対しては省力化製品への需要が高まるでしょうし，労働力を代替するAI機器への需要も強くなると予想されます。これも政治同様，欲求の５段階全部に関わるでしょう。

経済の分野は，需要や欲求への関わりが薄いかもしれません。しかし活用できる分野もあります。例えば，為替相場が変動し，円高になることによっていままで高嶺の花だった高級外車や高級ブランドの装飾品に手が届くようになって需要が増えることが考えられます。大量生産によって製品価格が下落し，潜在需要が顕在化することもあります。

技術の分析はどうでしょうか。新たな生産技術や基礎技術の実用化状況の分析は，新技術が今までに実現できなかった欲求を実現させ，新たな需要喚起にどう貢献するかという点で，需要発見に役立てることができます。蒸気機関の発明に始まる産業革命は，それまで眠っていた人々の需要を大いに呼び覚ましました。

第２節　成功を保証する工夫

この節のポイント

- 事業化構想の基本的手法に以下３つの工夫を施す。
  - 経営資源の総動員：あまり目を向けてこなかった無形資産も含めて，経営資源を洗い出す。
  - 保有機能の活用方法：社内に有する諸機能を連ねて，目的までの手順を明らかにする。
  - 戦略と財務の関連付け：関連付けることで，その戦略を実行すれば採算に乗ることに納得できる。

前節では，事業化検討の枠組みを，４つの要素に集約して捉え，このうち「どうやって」「いくら」の２要素には工夫の余地があることを説明しました。本節では，工夫の内容を①経営資源の総動員，②保有機能の活用方法，③戦略と財務の関連付けの３つに分けてみていきます。この工夫によって，事業化計画の実現可能性が格段に高くなり，着実に採算に乗せることができるでしょう。

1　経営資源の総動員

「どうやって」は，資材を投入して価値を創り出す，いわば価値創造装置のようなものです。資材は社外から投入するもので，創り出す価値は「何を」として「誰に」に届けるものですから，この装置は企業そのものであり，装置の働きは企業活動のすべてです。

企業が最大限の力を発揮して活動を行うためには，持っている経営資源を総動員して装置に組み込んでいかなければなりません。

（1）経営資源の捉え方

装置に組み込むべき経営資源とは，どのように捉えられるのでしょうか。よくヒト，モノ，カネといわれます。最近ではこれに情報を加え，ヒト，モノ，カネ，情報の４つで捉えられています。

① 伝統的な理論における取扱い

一方，伝統的な経済理論では 経営資源は生産要素として取り扱われ，資本，労働，土地の３つに括られます。また，生産要素をいくら投入した結果どれだけの生産量が得られるかという，生産関数の研究分野では，投入する生産要素を資本と労働の２つに絞っています。ここでは，労働は人（ヒト）に対応し，資本は生産設備や土地を指しますからモノに対応しています。

図表1－11 経営資源の捉え方

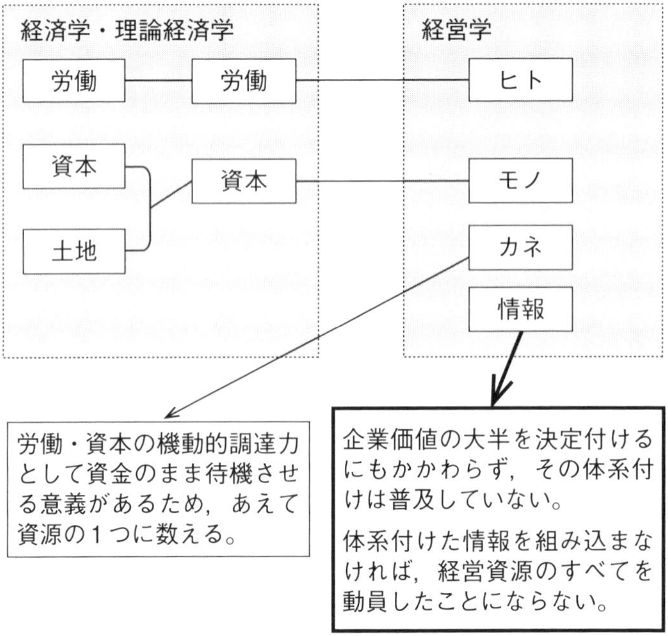

②　経営におけるカネの位置付け

カネに対応するものは資本，労働，土地の全部です。これらは資金を使って手に入れることができますから，カネはその手段です。生産関数ではカネがカネのままでは生産活動に参加せず，動員されていない状態であるため，いわゆる資本としては扱われません。有効活用されずに遊んでいる資源とみなされます。

しかし，経営では少し扱いが異なります。事業機会が巡ってきたときにいつでも適切な生産設備や労働力などを入手できる手段として待機させていることが機会を活かす対応力として必要とされているため，資本になる以前の資金，つまりカネをあえて資源の１つとして勘定しているのです。この場合，カネは資金調達力と言い換えることもできます。

③　情報の捉え方

情報の経営資源としての位置付けは年々高まっているようです。

中国・春秋戦国時代の兵法書「孫子」謀攻篇にある「彼を知り己を知れば百戦殆（あや）うからず」という言葉は有名で，後世の戦略家が好んで用いました。事業存続のために闘う経営者も，この言葉をよく引き合いに出します。この場合，「彼」とは競合者であり，販売活動では販売先です。競合者の戦略や技術情報を収集し，販売先のニーズ情報や顧客情報を収集し，これを戦略に活かそうとしています。

事業存続という戦に勝ち残るための重要な経営資源として，競合者情報，顧客情報が次第に認知されるようになってきました。

（2）認知しにくい経営資源

情報は，経営資源として認知されていると書きましたが，上の例で紹介した情報はいわゆるデータです。データは，収集してそこにあるだけでは役に立ちません，活用するノウハウが必要です。

そもそも「彼を知り己を知るべし」とは，どこから出てきたのでしょうか。

誰が孫子から見出してきたのでしょうか。実はその見出してきた力量，つまり「彼を知り己を知るべき」と知っていることそのことが，情報のもう１つの役割です。競合者情報や顧客情報を戦略に活かす術だからです。これがノウハウです。

①　情報の２つの役割

情報には，データとしての役割とノウハウとしての役割があり，データは戦略に活かせるかもしれないという可能性を秘めてはいるものの，ノウハウが活用という形で作用しなければ秘めた可能性が現実の効果となって現れないのです（図表１-12参照）。

図表1－12　データとノウハウ

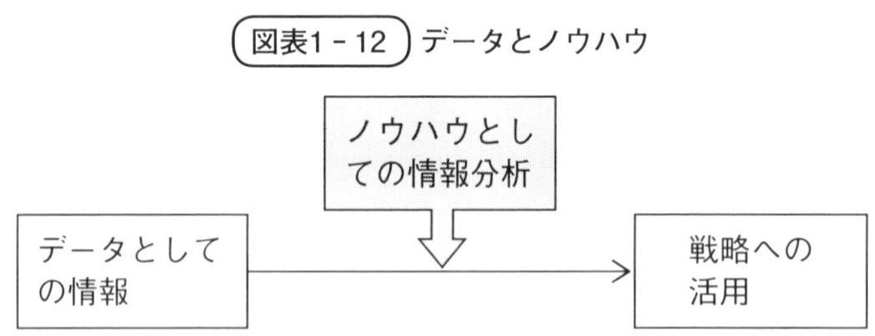

このノウハウとしての情報が作用するのは，データだけではありません。有形の経営資源である機械や道具などすべてに及びます。

例えば，設備投資をして工作機械を購入したとしましょう。それを人が操るには取扱マニュアルという情報が必要です。マニュアルがなくても扱い方法を知っているから大丈夫だなどと言わないでください。知っていることそのことが情報を習得していることですから，その段階ですでに情報は経営資源として動員されているのです。属人的に当たり前に備わっている知恵やノウハウは，あまりにも当たり前なので，経営資源として認知されにくいのです。

②　目に見えない大事な資源

海外に新たな生産工場を設置すべく，土地建物を購入し，必要な機械設備をすべて設置して従業員も雇用したけれど，満足な生産活動ができなかった例があります。ヒト，モノを揃え，カネは親会社から十分な資本金を注入，情報として設計図も用意したのにできなかったのは，雇用した従業員に設計図を読む技量も機械を扱うノウハウ，困ったときに工夫する知恵も身についていなかったからです。これらは目には見えませんが，明らかに企業活動を担う経営資源です。

目に見えないため，計画への織り込みをおろそかにしがちですが，これこそが欠かすことのできない，大事な経営資源であることがわかります。

（3）工夫の方向性

上記のように，情報の役割は広く，しかも企業活動を継続するために欠かすことができない資源であるにもかかわらず，従来はおろそかにされがちでした。緻密な計画を立てたつもりでも，いざ実行してみるとうまく進まず，財務採算に乗っていかない原因の多くは，ノウハウや知恵，工夫する力量などの広義の情報としての経営資源をしっかりと網羅してこなかったことにあります。

そこで，工夫の第１は，これらの目に見えない経営資源を洗い出し，目論んだ計画に必要なものを総動員することです。

2　保有機能の活用方法

必要な経営資源を総動員できたら，次の段取りはそれらをつなぎ合わせて「どうやって」を具体的に考えることです。この検討作業は，図表１－１に表示されているドメインを設定した後の段取りに相当します。しかし，図で求められているのは単に施策や戦略の策定を述べるにとどまり，あまり踏み込んだものではありません。おそらく，施策や戦略は事業によって異なるため，そこから先は踏み込むことはできないと考えたものと思われます。

確かにそこから先は個別の問題であるといえます。しかし，事業によって異なるものの，常に一本通しておかなければならない行動規範のようなものがあります。それは，目的達成までの手順を定めることです。これが決まっていないと，活動に着手できず，着手できなければ絶対に目的に到達しません。

（1）目標達成までの手順

手順を定めるとはどういうことでしょうか。目的を達成するために必要な作業の着手順番を決めることです。

例えば，移動手段を手に入れるという目的を達成する手順を考えてみましょう。図表１-13をご覧ください。

図表1－13　必要作業の着手順番

① 必要な移動の内容調査：距離，頻度，移動する物
② その移動を可能にする手段（代替）列挙：自動車，鉄道，船
③ 制約条件による手段の絞込み：予算など
④ 手に入れる手段の選定：移動手段同士の比較検討
⑤ 入手手続き：支払，受け渡し
⑥ 入手後の評価と反省：修正，手直しを含む

まず，移動の内容を振り返ります。移動手段といってもさまざまなので，用途に相応しい手段を選択するためです。それが明らかになったら，制約条件を考慮して手段を選択し，それを入手する方法を決めて実際の入手手続きをとります。

高級乗用車のカッコいいデザインばかりが先行して，③の制約条件の検討を後回しにしてしまっては家計が破綻しますし，①の検討を省いてしまうと，用途に合わない手段を選んで後悔することになるでしょう。必要な作業を正しい順番でこなすことは大切なのです。

実際の事業でも，ここを違えると大変なことになります。製品の注文を受け

てから生産するのと，生産してから注文を取りにいくのでは，生産と受注の順番が逆です。前者は大型消費財によくみられる受注生産，後者は日用品などにみられる見込生産です。順番が変わることで，ビジネスモデルそのものが変わってしまいます。

(2) 組織運営と手順の関わり

１人で全作業を行う場合は手順を頭で考え，矛盾が生じるとすぐに支障をきたしていることがわかるので立ち返ることができますが，組織が分化してくるとそうはいきません。組織の１つ１つが頭脳を持ち，思い思いに行動してしまうからです。

そんなときに役に立つのが目的達成までの手順です。これにより，全社の目的を共有して，各組織がその目的を達成するために個々の役割を果たすんだという意識と意欲を保つことができます。そうすれば，各組織が最終目的に資する成果物を一生懸命製作し，手順の次の組織に十分な品質をもって引き渡すことができます。十分な品質が最後まで届けば，高い精度で目的に到達することができます。

①　目的を忘れた組織の勝手

次のような組織の問題が身近にありませんか。

例えば，製品を販売する部門と販売を管理する部門があり，販売部門はどんなキャンペーンが成果を上げるかを裏付ける資料が欲しいのに，管理部門は目標乖離データしか出してこないといったケースです。

会社全体の目的が売上増強なら，管理部門としてはキャンペーンを評価する資料を提出すべきなのですが，その資料がどういう目的で利用されるかを忖度しないので，管理資料だけ作成すれば役割を果たしたと勘違いしています。

売上増強という目的を忘れ，その資料を活用しようとしている次の組織のことも何も考えず，資料作成そのものが最終目的になってしまいます。その結果，管理資料を山ほど作成しても販売部門が利用できるデータにはならず，細かい数字だけが羅列する無機質な資料の山となり，挙句の果てには資料同士で数字が合わないなどの失態を繰り返します。

こんなとき，社長は売上増強のための手順１としてキャンペーン企画，手順２としてその実行，手順３としてデータによる評価……というように具体的に定め，手順１と２は販売部門，手順３は管理部門と割り当ててやれば，２つの部門は役割を自覚して目的に向けてしっかり歯車がかみ合うでしょう。

② 組織の勝手が惹き起こす問題

上記は，会社の目的につながる次の手順を無視したために，その成果物が目的に沿った品質と完成度を満たさなかった例です。このほか，組織の勝手が惹き起こす問題はいろいろあります。

図表1－14 組織の勝手と弊害

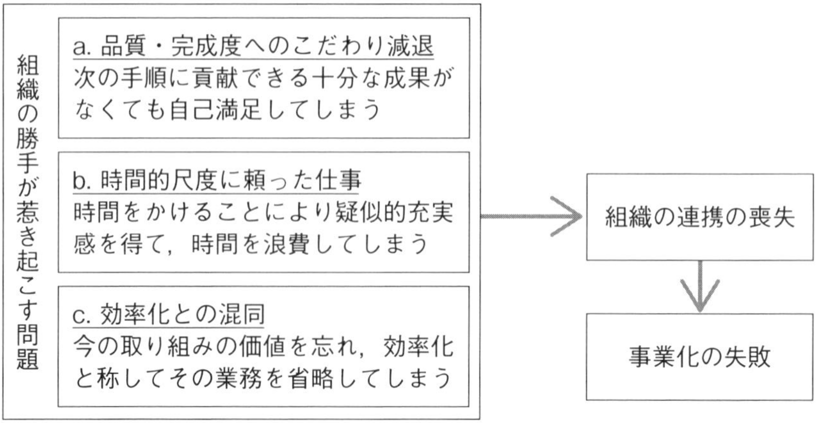

組織の勝手が惹き起こす問題			
a. 品質・完成度へのこだわり減退 次の手順に貢献できる十分な成果がなくても自己満足してしまう			
b. 時間的尺度に頼った仕事 時間をかけることにより疑似的充実感を得て，時間を浪費してしまう	→	組織の連携の喪失	
c. 効率化との混同 今の取り組みの価値を忘れ，効率化と称してその業務を省略してしまう		↓ 事業化の失敗	

図表１-14に示した，ａ．品質・完成度へのこだわり減退は上の例です。次の手順に貢献しなくても自分の仕事をこなしていることに自己満足するようになると，安易な方法に流れて，時間をかけなくても仕事を片付けられるようになります。しかし，それでは自分の存在意義が周囲から見えなくなってしまう

ため，わざと時間をかけるようになり，仕事の成果をかけた時間で測るようになるでしょう（b．時間的尺度に頼った仕事）。しまいには，効率化と称して，細かい手間をどんどん省略するようになります。効率化自体はいいことですが，次の手順に支障をきたすような手間の省き方は会社の最終目的からはマイナスです（c．効率化との混同）。

（3）成果の背景にある複雑な手順

正しい手順に沿って進められた仕事は，そうでない仕事に比べて「でき」が違います。手間を端折(はしょ)ってでたらめな手順で進められた，いわゆる「やっつけ仕事」は世間からも評価されません。

世間には新製品を次から次に発表し，そのいずれもヒットしている優良企業があります。彼らは手早さに頼って手順をすっ飛ばした拙速な開発をしたのかというと，決してそんなことはありません。

ある日用品メーカーの例です。新規事業として他業界に参入する際に，それまでその業界では扱われてこなかった製品を開発しました。突然の新商品にその業界他社は慌てふためき，すぐさま同等品を販売しましたが，品質は追いつきませんでした。その日用品メーカーは，その製品開発に10年近くかけていたそうです。市場調査・基礎研究・応用研究・製品技術開発・販売企画など各組織が共通目標をもって相互に仕事を連携し，複雑な手順と工程を経て，ようやく製品を市場に投入することができたのです。それをみて慌てた同業者がわずか数ヶ月でこなそうとしても，到底できるものではありません。

図表１-15は，そのイメージを表した図です。ヒット商品を矢継ぎ早に開発する企業を外から見ると，ものすごい速さでこなしているように見えますが，その背景には長い時間をかけた複雑な手順があるのです。10年かかる開発を毎月１件スタートすると，10年後には毎月新製品を発表することができます。これを外から見ると，次から次へと矢継ぎ早に開発しているように見えるでしょう。

手順を省いて拙速に開発しても，結局は市場で勝つことはできません。あな

図表1－15 見かけのスピードと手順

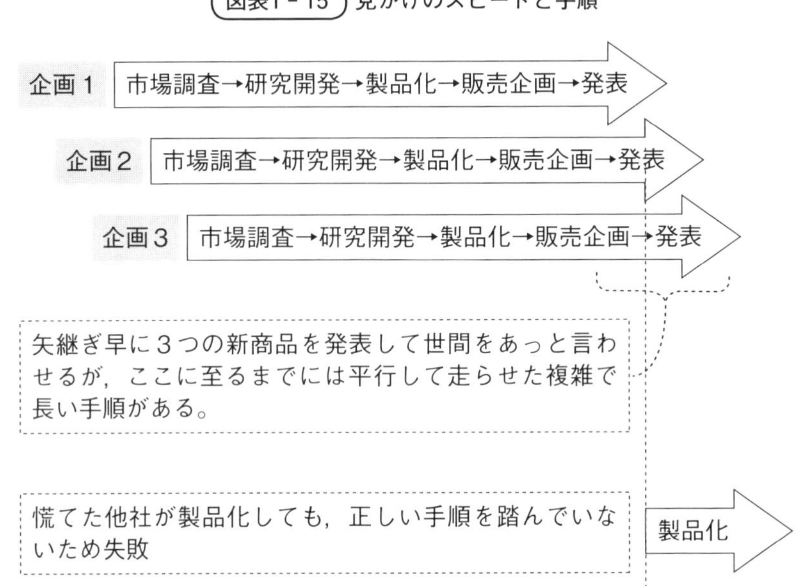

たの会社はそうなっていませんか。

（4）工夫の方向性

手順は，動員した経営資源が機能を発揮してこれを担います。例えば，旋盤という経営資源が切削加工という機能を発揮し，研究者という経営資源が製品開発という機能を発揮します。

目に見えないものも含めて，せっかく必要な経営資源を総動員しても，上の例のように，目的に向けた正しい手順を定めなければ，組織が勝手に動いたり，手順を無視して拙速に走ったりして，事業化は成功しません。いいアイディアだと自信を持っても，結局事業化に失敗してしまう例では，正しい手順を定めず根性だけでアイディアに突っ走るだけだったという事情があると考えます。

そこで，工夫の第２は，目的達成までの正しい手順を定め，総動員した経営資源が発揮する各機能を，対応する手順に割り当てることとします。

3　戦略と財務の関連付け

戦略構成図でみたように，環境分析からドメインを設定し，各部門に振り分けて具体的施策や戦略に落とし込んだ後に来るのは，財務計画です。財務計画は，施策や戦略を実行した結果として得られる財務上の成果ですから，施策・戦略を原因とし，財務状況を結果とする因果関係があるはずです。因果関係が見えるからこそ，その戦略を実行すれば必ずこの財務成果が得られる，という納得感が生まれるのです。

ところが，成果が得られない企業の計画を拝見すると，この因果関係が見えないものが散見されます。中には，せっかく緻密な議論を重ねて施策や戦略を立案しても，「過去３年間の傾向や周囲の経済動向からは○○％で売上高が増加するだろう」という，戦略とはまるで無関係な立案根拠が唐突に出てくるものもあります。これを事業化計画に持ち込んでは，何のための経営資源総動員か保有機能の活用かわかりません。戦略と財務をしっかり関連付けることも必要な工夫になりそうです。

（１）財務の役割

ここで財務の役割を整理しましょう。財務の役割はさまざまですが，特に事業化や事業計画遂行におけるそれは，図表１-16に示すとおり，大きく財務目標の設定と事業の採算管理の２つに分類でき，後者はさらに採算判定と採算維持に分けられます。

図表1－16 財務の役割

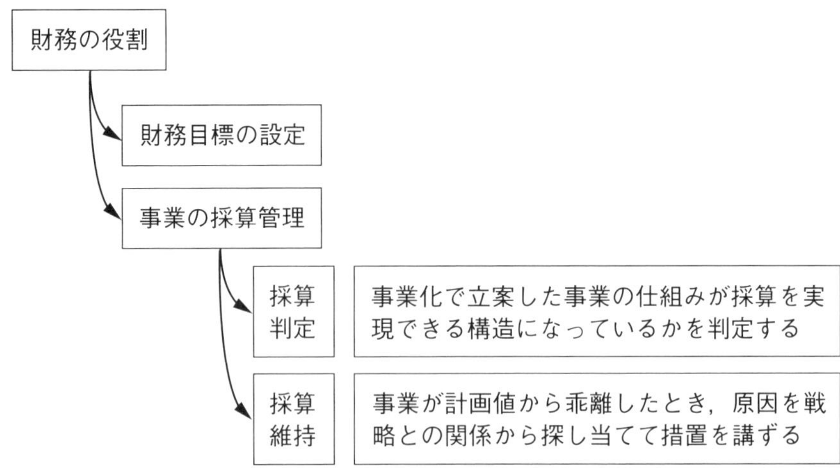

① 財務目標の設定

「財務目標の設定」について説明します。

財務目標がなければ，施策や戦略に基づく業務行動を際限なく続けなければなりません。しかし，到達すべき財務成果の水準を設定することで，行動継続に目途をつけることができます。

経済学では，限界効用は逓減するという法則があります。例えば，空腹時のおにぎり１個と満腹時のおにぎり１個では満足度が異なります。１個目，２個目，３個目と次の１個で得られる満足度が限界効用に当たり，それが次第に減っていくという意味です。

少々強引ですが，財務成果も似たようなところがあります。目標を上回ってから追加的に積み上がる売上の満足度は，達成前のそれより小さいからです。売上高は多いほどいいのだから，そんなことはないという意見があるかもしれません。売上が現金，つまり貨幣の在り高に直結し，貨幣の限界効用は逓減しないだろうというのがその根拠でしょう。

しかし，経営では少し違います。売上高を伸ばす以外にも，なすべきことがたくさんあるからです。目標達成後にまだ労力があるなら，それを他の目標未達成分野に回して，たくさんあるなすべきことのバランスをとらなければなりません。他の目標未達分野の進捗の全社利益への寄与度が追加的売上のそれより大きく，寄与度を満足度と言い換えるなら，ここにも限界効用逓減の法則が成り立つのです。

ほかにも目標には重要な意味があります。それは採算点です。

会社の目的はさまざまです。なかには高邁な理念を掲げて進む会社もあるでしょう。しかし，どんな事業も，採算がとれるようになってからでなければ，そういった勝負に出ていくことはできません。事業を採算に乗せることは，すべての事業の最大公約数的目標なのです。

②　採算判定

そこで，第２の「事業の採算管理」という役割に焦点が当たることになります。図表１-16に示したように，これには２つの項目があります。

このうち採算判定とは，事業化で立案した事業の仕組みが採算を実現できる構造になっているのか，採算実現の条件を満足しているのかを判定するものです。採算は，収入と費用のバランスによって決まります。収入は売上高，売上高は標的とする市場の大きさ，つまり当事業にとっての外部環境，それを開拓する能力である内部環境と社内に有する諸機能などに左右されます。もちろん，提供する製商品やサービスを標的とする市場が受け入れてくれるかも重要な要素です。

一方の費用は，提供をする製商品やサービスを創造する設備維持や，その設備を利用する知識の習得負担などが関わります。一言でいうと，先に見てきた保有機能の活用構造を維持するために何をするかが，すべて費用となって跳ね返ります。これらを会計上の科目に反映させたうえで判定します。何をどうすると財務にはどう表れるかを，現象ごとの反映回路に従って数字を積み上げ，図表１-17のように，戦略や業務と財務成果を関連付けていくのです。

図表1－17 戦略と財務成果の関連付け

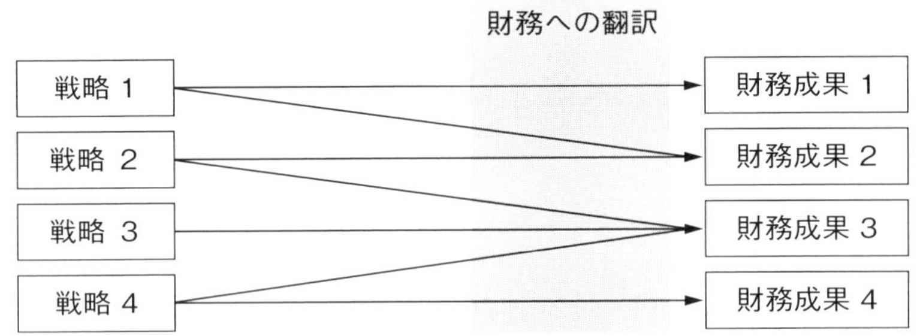

これが先に述べた，戦略を原因とし財務成果を結果とする因果関係の見える化につながります。この作業を「財務への翻訳」と呼びましょう。

③ 採算維持

小分類の第2は採算維持です。事業を立ち上げて一度採算に乗っても，継続して採算を維持していくための努力が必要です。そのためには，事業が計画値から乖離し始めた時にその原因を突き止め，適切な対応措置を講じていかなければなりません。この時に有力な助けになるのが，採算判定作業で明確化しておいた「戦略と財務成果の因果関係」です。

業務推進の行動とその結果である財務との関連付けが正確にできていると，財務成績から関連付け回路に沿って遡ることで，容易にそれを惹き起こした原因にたどり着くことができるのです。例えば，図表1－17で，財務成果2が計画と乖離した場合，戦略1あるいは戦略2に原因があると判定できます。

（2）工夫の方向性

以上，事業化における財務の役割をみてきて感じるのは，やはり先に述べた予感のとおり，採算管理については必ずしも十分に意識されてきたとはいえないという点です。特に，現象ごとの反映回路に沿った財務への翻訳は，それをすべての行動について実施しようとすると非常に煩雑になり，事業化計画策定に労力の大半を使い果たしてしまうことになるため，そこそこで切り上げざるを得ないという事情があります。その結果，財務目標としての位置付けに軸足が置かれ，採算管理での活用は，せいぜい損益分岐点分析で試算した採算点が見えるまでに留まります。それで採算管理としての役割は終わったとみなすことが多かったように思います。

しかし，上に見てきたように，事業行動と財務の関連付けこそが重要なのです。事の重要性を考慮し，主要な関連付け回路は明確にしておくべきです。これを必要な工夫の第３としましょう。

—第２章—

経営資源を徹底活用する工夫

本章では，４つに分解した事業化の４要素のうち「どうやって」についてみていきます。

「どうやって」は，経営資源を活用して行う活動です。これを経営資源に関わるテーマと活用方法に関するテーマの２つに分け，前者には経営資源の総動員，後者には保有機能の活用という，前章で述べた２つの工夫を施します（図表２－１参照）。

図表2－1 「どうやって」の２テーマと工夫

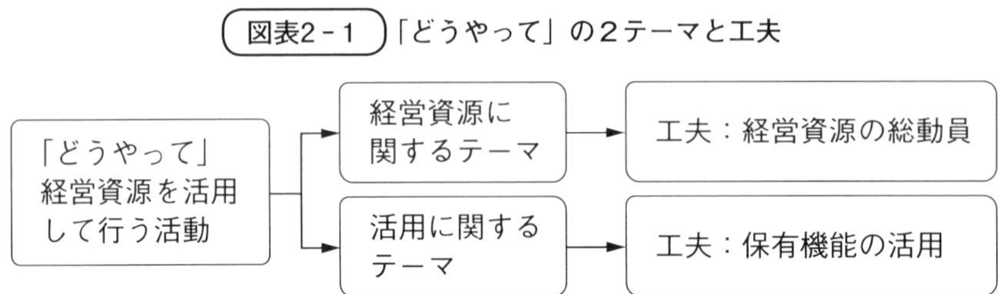

事業化の４要素のうち，「誰に」と「何を」は外部環境で決まるため，自身の発想に合わせて環境を変えるのが困難でした。せいぜい多様な環境から合うものを選択するのが関の山です。

しかし，「どうやって」は違います。これを左右するのが内部環境であるため，自身の発想に合わせて自由に変えることができます。だから工夫の余地も大きいのです。

また，カバーする範囲も広く，誰にどう販売するか，何をどう創造するかという具合に，はじめの２要素にまで絡むことになります。

第１節では経営資源を洗い出し，第２節ではそれを使った活用方法としての機能連携をみていきます。第３節は，機能連携を戦略ごとに作成するワークショップです。

第1節　経営資源の洗い出し

この節のポイント

- 無形経営資源も重要な経営資源として総動員する。
- 無形経営資源を「個人の知恵」と「組織の知恵」として捉える。
- 知恵はデータ情報とノウハウ・工夫の統合である。
- 知恵には，同時利用許容性，模倣困難性，連鎖的相乗効果という底力があり，これを活用すると事業に大きく貢献する。

「どうやって」を担うのは経営資源です。必要な経営資源が不足していると満足できる事業にはなりません。そこで，本節ではまず経営資源，特に普段は見落としがちな無形の経営資源に焦点を当てます。

1　無形経営資源への着目

前章の第2節で述べた工夫の第1は，今まであまり目を向けてこなった，ノウハウや知恵，工夫する力量など目に見えない広義の情報としての経営資源をしっかりと網羅して経営資源を洗い出し，計画に必要なものを総動員することでした。

(1) ノウハウや知恵の大切さ

経営資源の洗い出しにあたっては，形のある有形経営資源より，無形経営資源のほうが重要である場面もあります。

①　自動車運転のノウハウと知恵

身近な例で示します。図表2-2をご覧ください。右側に自動車を運転する場合に必要なものを列挙してみました。その列挙したものが企業経営においては何に相当するかを，左側に示しています。

自動車を運転する場合に必要なハードウェアとして，まず自動車そのもの，すなわち車両が必要です。これは企業経営においては工場や設備に相当するでしょう。次に運転免許がなければ運転できません。運転免許証はカードで保管するので形あるものに見えますが，それは運転する資格を証明するためのものですから，実態は無形です。これに相当するのは特許権などの知的財産権です。法令上のライセンスも該当します。次に必要なものは目的地の決定，どこを通ればいいかという地理的知識，運転技術などです。

図表2－2　自動車運転と経営資源

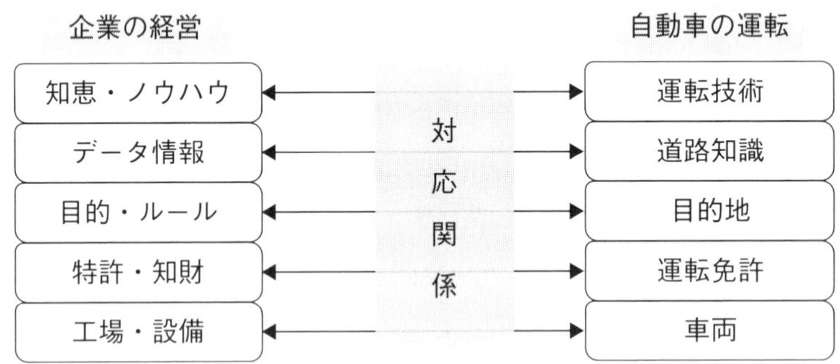

これらは無形で，かつ運転免許証のように，運転技術という形のないものを目に見える証明書にしたわけでもありません。それでも，比較的スムーズに列挙できるのは，自動車の運転という，身近で誰もが日頃から実践し体験としてパターン化されているものだからです。

②　企業経営のノウハウと知恵

体験としてパターン化されていない企業経営では，もっと複雑です。

目的地に相当するものは，会社の目的や事業計画・社内ルールです。道路知識は取得したり内部に蓄積したデータ情報，運転技術は社員や経営者の知恵やノウハウに相当するでしょう。当然備えているべきものだから「言うまでもない」と言うなら，それは経営資源の総動員に失敗しているといわざるを得ません。意識の中にぼんやり存在するだけでは，それがなくなっても気がつかないでしょう。複雑な企業経営においては，言葉に表してはじめて認識でき，活用もできるのです。

上で列挙した必要なもののうち，形あるものは工場や設備のみです。それ以外はすべて無形ですが，それらがなければ何も動きません。自動車の運転との対応関係を見るとわかります。そこに車両があるだけでは運転ができないのと同じです。無形の経営資源がいかに重要であるか，ご理解いただけると思います。

また，工場や設備は建設に少し時間がかかるものの，資金さえあれば入手できるのに対し，知恵などの無形資産は，場合によっては何十年もかかってようやく形成されるものです。無形経営資源は重要であるだけでなく，装備にも手間がかかるのです。

（2）経営に欠かせない無形経営資源

そのように重要な無形経営資源が近年まで重視されてこなかったのはなぜでしょうか。

①　貸借対照表に表れない資産

その責任の一端は貸借対照表にあります。図表２－３には，企業経営上の経営資源のうち貸借対照表に計上されるものを実線で表し，右の貸借対照表の固定資産の科目に矢印で結んで示しました。特許権や知的財産権については一定の基準のもとに貸借対照表への計上ができます。ところが，その他の無形経営資源は計上できません。このため，貸借対照表だけ見ていると大切な経営資源を見落としてしまいます。

さらに悪いことに，貸借対照表自体の役割は大きく，企業価値を診断する際には真っ先に注目されますし，金融機関が融資審査で行う財務分析にも使われます。

財務を重視する審査では，大切な無形経営資源の存在を無視したまま融資審

図表2－3 経営資源と貸借対照表

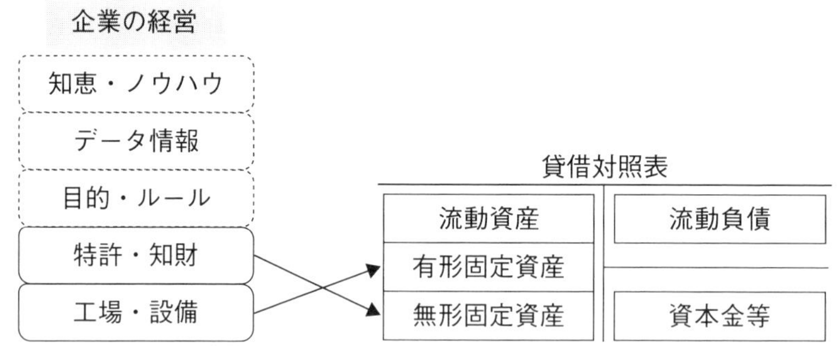

査が行われる可能性があります。そうなると，審査や診断を受ける事業者としても，注目されない無形経営資源を強化しようという意欲など湧いてこないでしょう。これが重視されてこなかった理由です。

② 無形経営資源も総動員する

近年，財務諸表に重要な無形資産を載せるようにしようとの研究や，企業の業績報告に無形資産に関わる記述を設けようとの研究も進められていますが，その考え方が普及するにはまだ時間がかかりそうです。

しかし，我々は今こそ無形資産に軸足を置いた事業経営手法を取り入れるべきです。上に見てきたように，無形資産は企業経営に欠かせない重要な資源であり，これらを漏らさず活用することが事業化においても重要であると考えるからです。これにより，第1章で述べた経営資源の総動員が実現します。

2 無形経営資源のさまざまな捉え方

顧客情報や競合者情報，業界動向情報などに関しては，経営戦略上の判断材料として重要視されるようになっている一方で，人や組織のノウハウや知恵としての情報を経営資源として捉え，これをマネジメントしている企業はまだまだ少ないように思います。

しかし，この分野の研究はいくつかあります。そこで，工夫の第1を具体的に進めるため，まずこの研究内容を3つの流れに分けて復習しておきましょう。

(1) バランス・スコアカード

ロバート・キャプラン（Robert S. Kaplan）とデビッド・ノートン（David P. Norton）は，財務だけで企業の価値を評価することに疑問を持ち，財務を含む4つの視点で業績を評価するシステムを開発して1992年に発表しました。

彼らの疑問は，財務上の成果だけを強調すると成長の原動力となる無形の経営資源や知的財産への投資を怠り，その結果，企業の価値が損なわれていくのではないかとの懸念につながっています。そのため，これら無形経営資源への投資量や成果を評価する視点として，財務の他に3つを用意しました。財務を含む4つの視点について順にみていきます。

①　企業業績評価の4つの視点

4つの視点とは，財務，顧客，社内ビジネス・プロセスおよび学習と成長です。図表2-4をご覧ください。

財務の視点は，売上高や利益など金額で表される成果，営業利益率や資本利

図表2-4　4つの評価視点

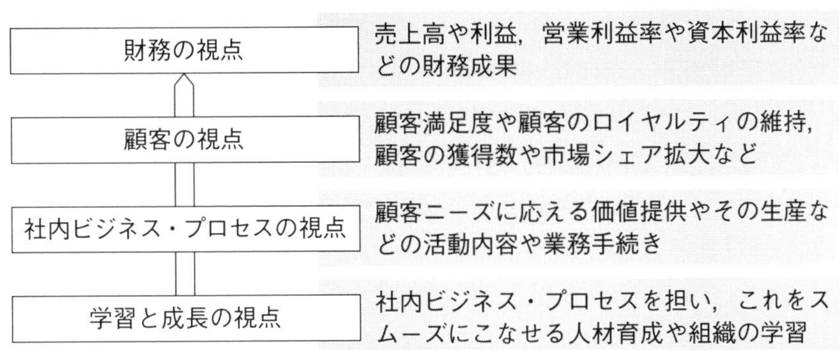

益率など財務諸表から算出できる指標で評価する視点です。採用した戦略や活動の結果として財務成果に表れます。

この結果を直接もたらすのは，顧客の視点です。顧客満足度や顧客のロイヤルティの維持，顧客の獲得数や市場シェアの拡大などがそれに当たります。

社内ビジネス・プロセスは，顧客の視点による評価を高めるための活動内容や業務手続きです。例えば，顧客ニーズを調査して，ニーズに応える提案を持ちかける活動やそれを生産する活動などです。

最後の学習と成長の視点とは，こういったプロセスを担う人材の育成や組織による学習です。

財務以外の評価視点は金額で表すことはできませんので，他の評価指標が必要です。例えば，顧客の視点のうち，顧客獲得数は顧客の人数ですし，学習と成長は研修実施日数などでしょう。

② 戦略への活用

上記は評価システムですが，評価のみならず戦略への活用も可能です。キャプランとノートンの両氏もそれを勧め，その方法も示しています。その場合，４つの視点による評価を高めることが目標となりますので，戦略も４つの視点に分けて立案し，それらをつなげる形で全体を構成します。

つなげる方法は，４つの視点を流れに沿って連携させるものです。上で述べたように，財務成果は顧客の視点がもたらすものでした。また，社内ビジネス・プロセスは顧客の視点の評価を高めるための活動です。そして，その活動を担う人材を育成するのが学習と成長の視点でした。

戦略立案も，学習と成長の戦略から社内ビジネス・プロセスへ，そして対顧客活動を通して最終的に財務成果に結びつける方法で連携させていきます。これを展開した戦略図を「戦略マップ」といいます。

図表２-５はその例です。顧客応対方法や商品知識を習得させることで組織営業体制の構築が可能になり，それが顧客満足度や対顧客提案力に貢献して最終的に財務成果につながっているのが見て取れるでしょう。ロバート・キャプ

図表2－5　戦略マップ例

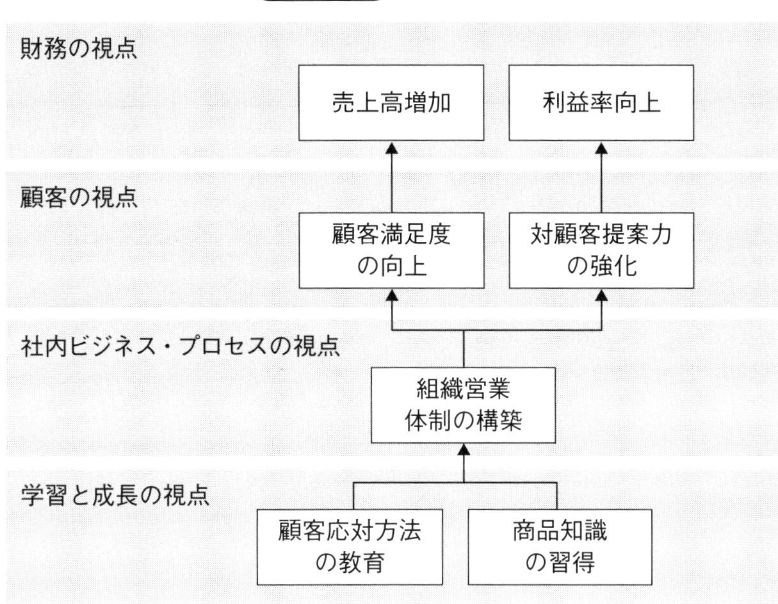

ランとデビッド・ノートンは著書の中で，これらの戦略をつなげる因果関係が非常に大事であると述べています。

(2) 知識資本とSECIモデル

日本の経営学者である野中郁次郎は，日本の企業が国際競争力を高めることができた背景に知識創造力があったと考えました。その原点は1990年に彼が著した『知識創造の経営』にあり，組織的に知識を創造する方法に言及した『知識創造企業』（1996年，野中郁次郎，竹内弘高）において集大成されています。

①　知識を活かす経営

戦後，日本経済が高度成長を遂げたのは，もちろん企業の努力があったからです。その企業はどんな努力をしてきたかといえば，それは，海外から取り入れた多くの知識，技術の習得，それらに施した工夫の数々，品質にこだわった独自の技能や新知識習得努力などです。

野中氏によれば，これらを活かした経営は戦略の方向を決める役割も果たすことができます。

第１に，競争力強化です。単に財やサービスを顧客に提供するのではなく，顧客と情報や問題意識などを共有し，培ってきた知識を活用して問題解決に当たることで，他社との差別化を図るのです。

第２に，知識中心の再構成です。部門間で情報を共有することで，社内に埋もれがちになっていた製品開発への知恵を生み出すことができます。こうすることで，提供する製品から顧客が得る真の価値に焦点を当てることができた例があります。

第３に，知識そのものが商品になる場合もあります。物質的には飽和状態に近くなってきた社会では，生活を豊かにするアイディアや仕事を効率的にこなす方法に価値が見出されるようになってきました。集約した知識を提供することそのものがビジネスになっているのです。

②　知識創造のSECIモデル

知識を経営に活かすには，知識を創造する必要があります。野中郁次郎氏と竹内弘高氏は，ハンガリー出身の科学者マイケル・ポラニー（Michael Polanyi）が，明示された知識（形式知）に対して言語表現しにくい知識を暗黙知として位置付けたことに着目し，暗黙知と形式知のやりとりから知識を創造する方法をSECIモデル（図表２-６参照）として具体化しました。

個人が経験などから身に着けた知識は，はじめは言葉として表現しにくい暗黙知ですが，これをなんとか他の人に伝授（共同化）しようとします。言語化が困難なので，親方の仕事ぶりから弟子が盗むような形で行われるでしょう。やがて，表出化して言語で伝えられるような形式知に置き換えると一気に普及し，形式知同士が統合化によって新たな価値をなす形式知に編集されます。形式知を学んだ個人は，実践を通じて自らの暗黙知として身に着けていきます。

図表2－6　SECIモデル

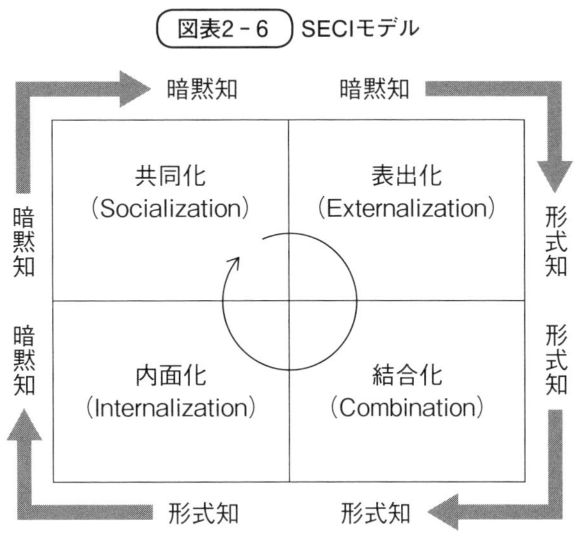

(3) 知的資産経営

財務面から行う企業価値説明の補足として始まった無形経営資源の研究もあります。

スウェーデンの組織理論家エドビンソン（L. Edvinsson）は，スウェーデンの大手金融会社Skandia社の1994年アニュアル・レポートの補足報告としてIntellectual capitalという言葉を初めて使い，それまでは認識されていたものの企業経営の実務には登場してこなかった知的資産の概念が事業報告書に使われる最初の例となりました。

①　知的資産経営の研究

その後，欧州各国で知的資産に関する研究やプロジェクトが進められます。なかでもよく知られているのは，スウェーデン，デンマーク，フランスなど欧州6ヶ国が参加して1998～2001年に行われた研究です。その成果は翌2002年に報告されました。Measuring intangibles to understand and improve innovation management，略してMERITUMプロジェクトと呼ばれています。

米国では，1994年に公認会計士協会（AICPA：American Institute of Certificated Public Accountants）が，財務情報のほかに非財務情報も関係者の意思決定の助けになるという内容の報告を公表しました。

日本でも，行政を中心に知的資産の普及に向けた活動が行われています。経済産業省は2005年，経営・知的資産小委員会での検討内容を受け，知的資産経営報告書作成のための「知的資産経営の開示ガイドライン」を作成して公表しました。また，同省は知的資産経営WEEKと銘打ち，毎年ビジネス産業界や学界の専門家を招いて知的資産経営の考え方や活用方法などの議論を通じた普及活動を行っています。

また，金融行政においても，2003年から始まったリレーションシップ・バンキングの推進では，企業価値を評価する方法の１つとして知的資産報告書の活用を提案しているほか，借り手企業の事業を評価する事業性評価の普及に際しても知的資産経営がたびたび引き合いに出されています。

② 地域によって異なる活用目的

各地で研究が進められていますが，地域によっても状況によっても利用目的がさまざまです（図表２－７参照）。

図表2－7 知的資産の活用目的

地域	知的資産経営の活用目的
欧州	外部関係者に事業内容を報告するとともに，経営資源として事業活動に組み込んで企業価値向上のために活用する。
米国	財務内容だけでは測定できない企業価値を，主として投資家や債権者などに向けて説明する。
日本	企業が経営資源として活用し企業価値向上を目指すほか，金融機関の融資審査の新たな視点としての利用も促す。

例えば，欧州では取引先など外部関係者に企業の事業内容を報告する役割とともに，経営資源として事業活動に組み込んで企業価値向上のために活用するという事業運営のツールとしての役割も重視しています。これに対して，米国では，財務内容だけでは測定できない企業価値部分を説明するものとして知的資産を位置付け，主に投資家や債権者など企業価値を評価する立場側に向けた利用が主体となっています。

日本では，金融行政が金融機関に対する融資審査の新たな視点として提案するほか，財務内容と付加情報を統合した事業報告のあり方を研究するなど，米国のように投資家や債権者の利用に向けた普及活動をしている一方，知的資産経営として経営に活かすことも推奨しています。また，金融機関が知的資産を利用した事業性評価に軸足を移していることで，財務情報以外の要素も審査材料にしてもらえることに借り手企業も気付き，経営に知的資産を取り入れることに意を強くしています。どちらかというと欧州の視点に近いとみられ，経済産業省の知的資産の説明もMERITUMの分類方法に依拠しています。

③　知的資産とは何か

それでは，知的資産とは何でしょうか。知的資産は，いわゆる知的財産を含む無形資産ですが，無形資産の全部が知的資産ではありません。

図表2－8　無形資産の分類と包含関係

種類と包含関係	各資産の例
無形資産	借地権，電話加入権など
知的資産	組織力，経営理念，技能，顧客とのネットワークなど
知的財産	ブランド，営業秘密など
知的財産権	特許権，実用新案権，著作権など

経済産業省　知的資産イメージ図をアレンジ

図表2-8は，経済産業省が知的資産を説明するためにホームページで掲載している図を少しアレンジしたものです。これによると，無形資産の中に知的資産の全体が包含されており，知的財産はその一部，さらに知的財産権は知的財産の一部であるとされています。

特許権や著作権などの知的財産権は，知的財産のうち，法的な権利として保護の対象となったものです。法的には保護されない知的財産としてはブランドなどあります。これらは，従来からマーケティング戦略など経営学の分野で研究されてきました。この知的財産には含まれないが企業経営に欠かせない無形資産にまで範囲を拡大したものを，知的資産として括っています。これによって，組織力や経営理念，顧客とのネットワークなども認識するようになりました。

知的資産は図表2-9に示すように3つに分類されます。

図表2-9　知的資産の３分類

人的資産	社員が退職すると一緒に社内からなくなる属人的な知識や能力（体験，創造力，忠誠心など）
構造資産	社員が退職しても社内に残る知識（社内文化，社内ルール，データベース，業務マニュアルなど）
関係資産	顧客や協力者など会社の対外関係（顧客との関係，仕入先ネットワーク，金融機関との関係）

MERITUMプロジェクト報告書をもとに作成

人的資産は，それを持っている社員が退職して会社からいなくなると，その社員と一緒になくなってしまう無形資産で，属人的な知識や能力です。これに対して，構造資産は，社内ルールや業務マニュアルなど社内でみんなが共有できる知識で，誰かが退職してもなくなってしまうことはありません。関係資産は，顧客や仕入先などの外部の利害関係者との関係性のことです。

3　個人の知恵と組織の知恵

上記のように，無形経営資源については，さまざまな捉え方があります。それぞれ一言でいうと，

- 財務目標達成のため，資源をつなぎ連携させて無形経営資源を活用する方法について研究したバランス・スコアカード
- 無形経営資源そのものの創造や増強の方法を提案したSECIモデル
- 無形資産を経営資源として洗い出して利用しやすいように分類したMERITUMプロジェクトなどの知的資産経営研究

と，まとめることができるでしょう。そして，いずれもデータ情報だけではなく，ノウハウや工夫する力にも力点を置き，重要な経営資源としてしっかり捉えています。

ところで，本書では事業化の成功を保証する新たな工夫として，必要な経営資源を総動員し，その経営資源が発揮する機能を最大限に活用することを挙げました。これには上記のさまざまな捉え方が参考になります。バランス・スコアカードからは無形経営資源の活用方法，SECIモデルからはその創造・増強方法，知的資産経営の研究からは無形経営資源の分類と洗い出し方法をそれぞれ学び取ることができます。

これを図表2-10に整理しました。無形経営資源の「分類・洗い出し」をする過程で，その性質や使い道が明らかになります。明らかになった性質や使い道から「活用」の方法が見えてくるでしょう。そして，「活用」方法を検討する過程では不足する資源がみつかります。不足する資源は「創造・増強」しなければなりません。「創造・増強」には「分類・洗い出し」で明らかになった性質が役に立つでしょう。

図表2－10 無形経営資源の捉え方のまとめ

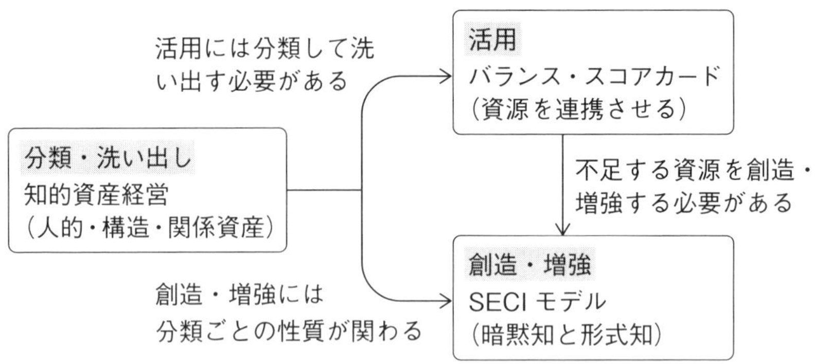

以上の点を踏まえ，無形経営資源の分類から話を進めていきます。活用については次節で述べます。

（1）事業化における無形経営資源の捉え方

MERITUMの知的資産経営研究をベースに，事業化と採算管理への活用や経営資源の創造・増強を考慮すると，無形経営資源は個人の知恵と組織の知恵に分類できます。

ここで知恵というときは，従来から戦略的に位置付けられてきたデータ情報と，いままでは認知しにくかったノウハウや工夫する力量の両方を含みます（図表２−11参照）。

図表2－11 知恵とは

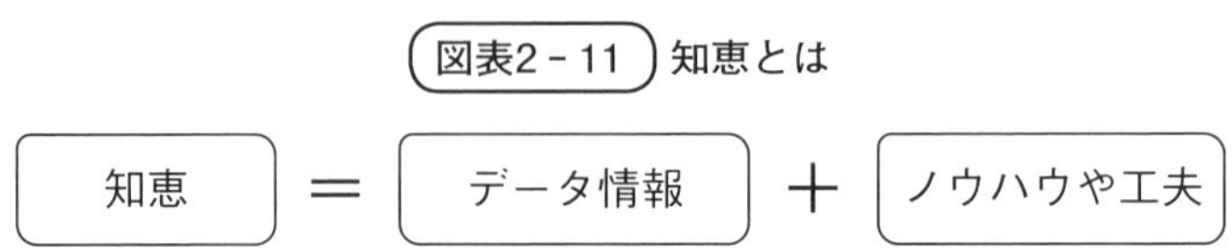

個人の知恵は，特定の個人が属人的に持っている知識やノウハウなどで，その知識やノウハウを経営資源として活用するためには，その特定個人を目的の業務に従事させる必要があります。おおむね，SECIモデルにおける暗黙知，

MERITUMプロジュエクト報告における人的資産に当たるでしょう。例えば，その人が自ら体験して得た職人的技能，仕事への取組み姿勢や意欲，または個人的に持っている社外人脈などです。

一方の組織の知恵は，組織にあってそこに属する個人が互いに共有できる知識やノウハウなどです。これを経営資源として活用するためには，特定の個人をその業務に従事させる必要はありません。その知恵を持っている組織に役割を与えてやることで機能を発揮させることができます。おおむね，SECIモデルにおける形式知，MERITUMプロジェクト報告における構造資産がこれに当たります。例えば，業務マニュアルや組織運営ルール，蓄積されたデータベース，または他社との業務協力関係などです。

まとめると，図表2-12のようになります。

図表2-12　無形経営資源の分類

	定　義	例
個人の知恵	特定の個人が持つ知恵	職人的技能，仕事への取組み姿勢，個人的に持っている社外人脈など
組織の知恵	組織内で個人が共有できる知恵	業務マニュアルや組織運営ルール，蓄積されたデータベース，業務協力関係など

(2) 知恵の底力

知恵には有形の経営資源には見られない固有の性質があります。図表2-13に示した3つです。個別には，個人の知恵に色濃く表れるものと組織の知恵に顕著なものがありますが，いずれも事業を有利に導く大事な要素で，知恵を経営資源として事業化戦略に組み込むことの重要性を物語っています。

図表2－13 知恵の性質

性　質	性質の内容	戦略応用例
同時利用許容性	同時に複数の人が使うことができる。例：ノウハウ	生産性を無限に高めることができる。
模倣困難性	他社がなかなか真似できない。例：経験で培った技能	他社との差別化維持に有効
連鎖的相乗効果	蓄積によって相乗効果を発揮する。例：顧客ニーズ情報	相乗効果による信頼性を築いて市場シェアを拡大

①　同時利用許容性

まず，同時利用許容性です。工作機械などの有形経営資源は，同時に複数の作業員が使うことができません。使おうとしたときにすでに使っている人がいれば，その人の作業が終わるまで順番待ちをしなければなりませんが，知恵は同時に複数の人がそれを利用することができます。例えば，社内ルールは同時にすべての社員に適用されますし，ノウハウは共有した人が順番待ちすることなく，いつでもそれを利用できます。紙に書かれた設計図は１枚しかなければ同時に複数で使えませんが，知恵は設計図ではなく設計内容です。コピーすればコピーした枚数分だけ，同時にその設計内容を参考にすることができます。

同時利用が許容できることで，生産性も無限に高めることができます。仮に１回の利用で100円の価値を生む工作機械と10円しか生まない知恵があるとします。１回当たりの生産性が高いのは明らかに工作機械ですが，同時利用を許容できる知恵の利用回数は無限ですから，10人が同時に利用すれば両者は同等です。知恵の生産性は無限なのです。限界があるとすれば，知恵以外に制約を受ける場合です。例えば，後工程で工作機械を使わなければならない場合です。

②　模倣困難性

もっとも，特定の人が属人的に有し，他と状況共有が不可能な一部の個人の知恵はその人しか利用できないため，同時利用は困難です。しかし，このような知恵には別の性質があります。模倣困難性です。

図表2－14　模倣困難性

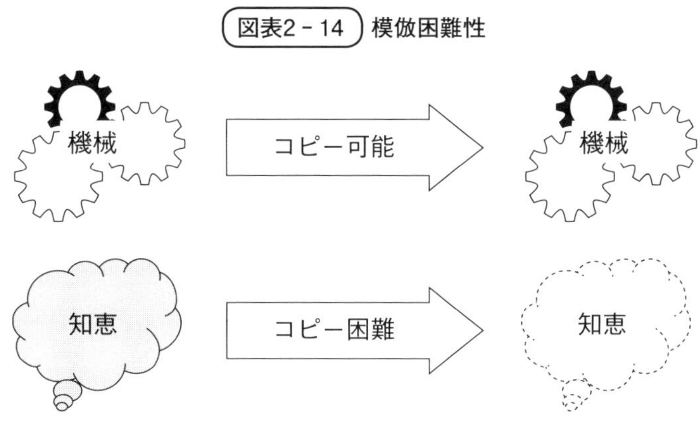

形ある物は，それに似せて別の同等物を作ることが可能な場合があります。複雑な構造の機械でも，それを購入して部品の1つひとつのレベルまで分解し，その仕組みを解き明かすリバース・エンジニアリングという手法があります。それに対し，個人の知恵を模倣することは困難です。例えば，飛び散る火花の色を見てワーク（工作物）の素材が何であるか見極めるなどという金属加工職人技は，何年もかかって承継することが可能でも，即座に真似できるものではありません。

この例ほど際立ってはいませんが，模倣困難性は，組織の知恵にも備わっています。A社製品とB社製品は何かが違うが，それが何かはなかなか見えない，ということがあります。それを作り出す方法が新しいのかもしれないと想像するものの，その新しい方法を次から次へと編み出す社内の組織態勢にまでは思いは及ばず，なかなか真似できません。

模倣困難性は，他社との差別化を維持するための有効な手立てになります。他社と異なる方法やノウハウを使って差別化した製品を作った場合，リバース・エンジアリングなどによって構造が知れても，製作ノウハウという個人の知恵の模倣が困難であるなら，製品差別化を長期にわたって維持することができるのです。

③ 連鎖的相乗効果

最後に連鎖的相乗効果です。工作機械など有形の経営資源が100台あっても，1台×100の効果しか得られませんが，知恵は蓄積すると相互に好影響を与え合って相乗効果が得られます。例えば，顧客ニーズの情報を多く収集すると，個々のニーズのほかに全体の傾向値が見えてきますし，購買時の気候などを併せ考えると，別々に持っているだけでは見えなかった気候とニーズの関係も分析することができます。さらに進めば，人工知能的効果も得られるでしょう。断片的な知識でも，それが集まれば互いに有機的につながって新たな意味をなしてくるのです。

図表2－15 連鎖的相乗効果

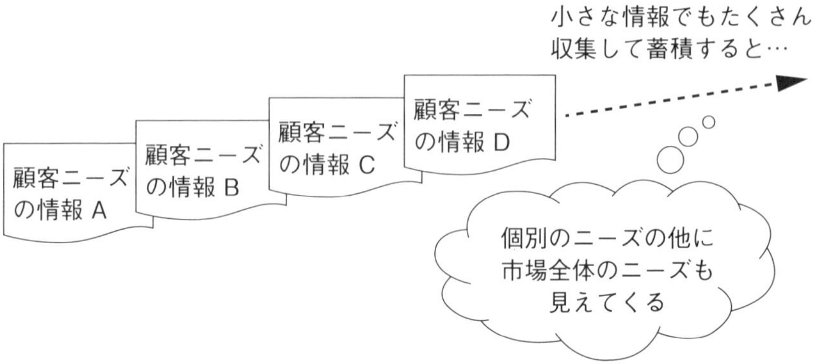

連鎖的相乗効果を利用した市場シェア向上が可能なケースがあります。問題Ａを解決できる技術Ａを持つとしましょう。問題Ａを抱える顧客は評判を聞いて来店してくれます。次に，技術ＢからＲまでを開発して知恵として保有しているなら，単に個別の技術に関する評判だけでなく，なんでも解決してくれるという付帯的な別の評判も立ち，問題ＳやＴを抱える顧客も来店するようにな

るでしょう。実際，技術ＡとＢを組み合わせて問題Ｓを解決する手もあるはずです。

4　経営資源の洗い出し

工夫の第１である経営資源の総動員のためには，社内にあるものを洗い出す必要があります。動員できるかどうかを見極めながら経営資源を見つけ出しては拾い起こす作業を，経営資源の洗い出しといいます。

洗い出すのは有形無形を問いません。すべての経営資源が対象となります。ここまでで，従来あまり注目されてこなかった知恵について理解を進めることができましたから，洗い出しに際しては，これらも重要な経営資源として従来から認識されてきたものと同列に加えて対象としなければいけません。

洗い出しはSWOT分析の一環です。SWOT分析は，企業経営環境を内部と外部に分けて，内部は自社の強み（strengths）と弱み（weaknesses），外部は自社に脅威となる要素（threats）と機会になる要素（opportunities）を列挙する作業ですが，列挙にあたって特に手法と呼ばれるほど特殊な技能が要求されるわけではありません。ただ，価値創造装置のパーツとして使えるように するためには要領がありますので説明しましょう（図表２-16参照）。

図表2－16　経営資源洗い出しの要領

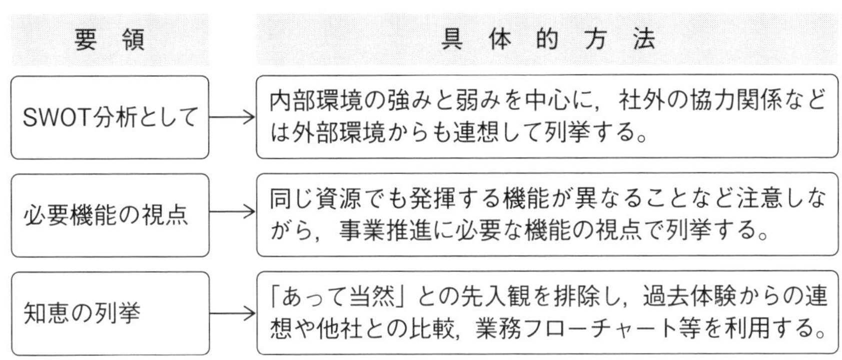

要　領	具　体　的　方　法
SWOT分析として	内部環境の強みと弱みを中心に，社外の協力関係などは外部環境からも連想して列挙する。
必要機能の視点	同じ資源でも発揮する機能が異なることなど注意しながら，事業推進に必要な機能の視点で列挙する。
知恵の列挙	「あって当然」との先入観を排除し，過去体験からの連想や他社との比較，業務フローチャート等を利用する。

まずSWOTのＳとＷを中心にみていくことです。経営資源は自社が保有するものですから，もっぱら内部環境分析によって強みと弱みを列挙するのです。ただし，個人の知恵と組織の知恵の中には，個人が属人的に持つ外部協力者とのつながりや組織的に他社との取引関係や業務協力などもありますので，外部にも目を配る必要があります。

第２に，事業推進のためにどんな機能が必要かという視点で列挙することです。必要な機能を発揮してくれる資産なら，有形無形を問いません。また，同じ資産でも，利用方法によっては異なる機能を発揮する場合もあります。したがって，あくまで機能から発想する必要があります。

要領の第３は，知恵に関するものです。目に見えないものの列挙は難しいものです。まず，自身の体験から連想しましょう。成功や失敗の要因は何であったかという見方です。また，自動車の運転の例で述べたように，「言うまでもない」を排除することが必要です。そのためには，他社の行いと比較したり，業務の流れをフローチャートに展開したりする方法は有効です。著者が銀行に勤務していたとき，企業経営者との話で気付くのは，自分では特別だと思っていないことでも，多くの経営者と接点を持つ銀行員の目からみると，それが強みになっているケースが実に多いことです。

次節では，洗い出した経営資源が発揮する機能をつなぎ合わせて活用する方法について説明します。

第２節　機能連携の組立

この節のポイント

- 経営資源は，それらが発揮する機能の連なりで目標達成までの手順を正しく構成することによって活用できる。
- この連なりを機能連携といい，機能連携図で「見える化」する。
- 機能連携作成の要件は，①因果関係の正しさ，②因果関係の密接さ，③機能の網羅の３つ。

前章でみてきた工夫の第２は，目的達成までの正しい手順を定め，総動員した経営資源が発揮する各機能を，それぞれの手順に割り当てることでした。

本節では，経営資源をどのように取り扱えば活用したといえるのか。そして，それはどのような形にすることで，その形はどのようにして作成するかをみていきましょう。

1　経営資源の活用方法とは

どんな経営資源もそのままでは価値を生みません。それら経営資源に期待する役割を果たさせる，つまり機能を発揮させる必要があります。そして，発揮された機能をつなぎ合わせ，その連なりで進められるのが事業活動です。当然，その連なりは正しい手順に基づいていなければなりません。

この仕掛けを作ることが，前章でみてきた工夫の第２，すなわち「目的達成までの正しい手順を定め，総動員した経営資源が発揮する各機能を，それぞれの手順に割り当てること」につながります。これができてはじめて経営資源が活用されたといえます。

詳しく見るために，上記を２つの要素に分解してみましょう。１つは経営資源が発揮する機能，もう１つは正しい手順と機能の割り当てです。以下順にみていきます。

(1) 経営資源に機能を発揮させる

経営資源と機能との関係には注意する必要があります。経営資源と機能は同義ではありません。上記のように，経営資源は機能を発揮させてはじめて価値を生みます。別の言い方をすると，経営資源はそこに存在する道具であり，その道具を使って果たす役割が機能です。いわば経営資源は「静」，機能の発揮は「動」という関係にありますが，概念は同じではありません。

道具にどんな機能を発揮させるかは使い方次第です。また，ある機能を発揮するのが1つの経営資源だけとは限りません。

例えば，金属を曲げる加工をする場合，プレス機を使って機械に任せる方法と，ベンダー工具を使って「ヒト」が作業する方法があります。このとき，金属の曲げ加工は機能，プレス機や「ヒト」は経営資源です。プレス機を使ってもヒトを使っても金属を曲げるという機能を発揮させることができますから，戦略や手順などの事情を考慮して，どちらにするかを選択することができます。

また，同じ経営資源で，異なる機能を発揮させることもできます。自動車は人を移動させる機能も物を運ぶという機能も発揮することができます。一番多

図表2－17 経営資源と機能の関係

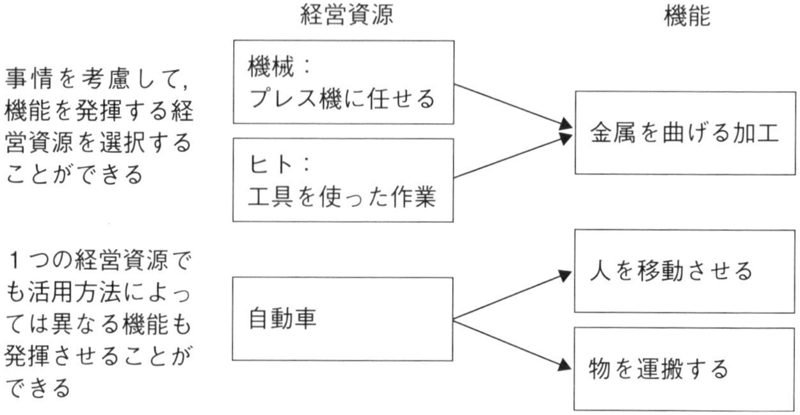

くの機能を発揮する可能性を秘めているのは「ヒト」でしょう。ヒトは教育すれば多能化が可能であり，多くの機能を発揮することができます。１つの経営資源も，活用の仕方によっては異なる機能を発揮させることができるのです（図表２-17参照）。

いずれの場合も，道具である経営資源を使ってどんな機能を発揮させるのかは，戦略や事業化の考え方次第といえます。

（2）正しい手順と機能の割り当て

既述のように，事業活動は機能の連なりで進められます。それぞれの機能は，社内の担当組織が携わり，責任をもって次の工程を担当する組織へ引き継がなければなりません。

機能の連なりが必要であることは，創業や事業化間もない事業体で，仮に事業活動を担う人がたった１人であっても同じです。なぜなら，事業は，活動の各プロセスを機能単位で正しい手順に沿って段取りよくかつ順序立ててリレーするように仕組む一種の装置であり，複数で分担するかしないかは関係ないからです。１人で創業する場合でも事業の全行程は一歩ずつ進めますから，その一歩一歩を設計して取りかかるべきなのです。

①　急ぐなら手順を踏め

ところが，現実には機能の連なりや段取りを軽視する経営者や事業者は少なくありません。事業を黒字にするためには売上を伸ばすしかない。とにかく「売り歩け」と檄を飛ばすことしかしない経営者や事業者も多く見受けられます。

どうしてそのように結論を急ぎたがるのでしょう。１つには，他社が矢継ぎ早に戦略を打ってくるので焦るということがあるでしょう。しかし，それは前章第２節の図表１-15で述べたように，手順を踏まずに拙速な手を打ってもろくなことはありません。

また，経営者が昔，１人で創業したときに，頭の中にはすべての手順が入っていたため，手順は言うまでもないと考えていることもあるでしょう。しかし，組織が分化して役割が分担されているところでそれをやってはいけません。

売るためには何が必要か，売れる製品に仕立てるためには何をすればいいか，さらにそのためには何が必要か。掘り下げるほどに深く，深い場所から続く機能の連なりも長くなるはずです。それを順番にこなしてはじめて事業目的は達成されると認識すべきでしょう。

急ぐなら，手順を言葉で明らかにしてやらなければならないのです。

② 生産工程の方法に学ぶ手順

実は，その機能の連なりを合理的に設計して活かしている企業活動の現場があります。物作りの生産工場です。工場では，実に木目細かい生産工程が段取りよく組まれています。

図表2－18 フローダイアグラム例

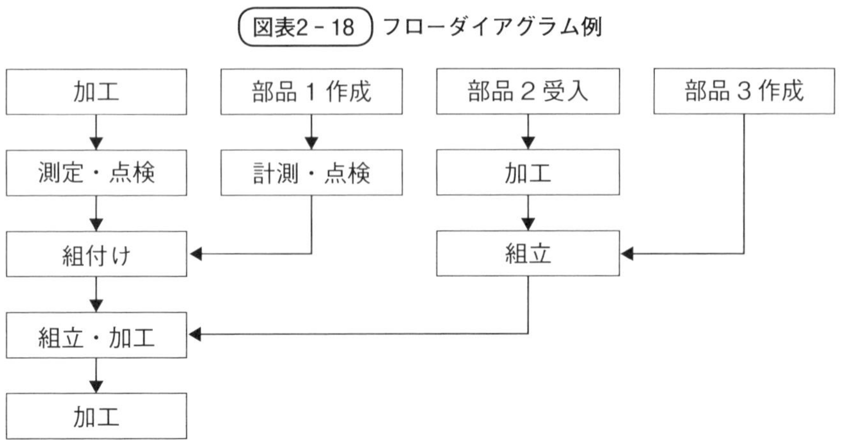

図表2－19　アローダイアグラム例

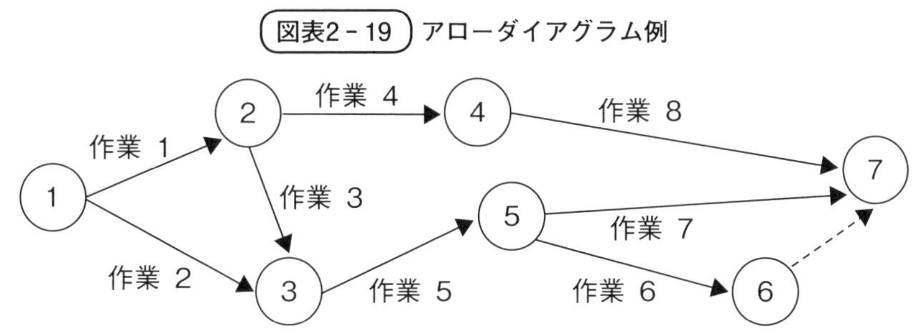

注意）
・作業6と作業7は⑤と⑦間の平行作業であるため，ダミーの結合点⑥を作り，⑥⑦間はダミー作業（作業の実態がない）である。
・イメージのみのため，ここでは各作業の所要期間は表示していない。

例えば，設備や職場の配置図に工程図記号を記入した図を使って，物や人とともに作業の流れを把握する流れ線図（フローダイアグラム（図表2－18参照））手法や，クリティカルパス（最長経路）を割り出して管理するために用いられる，アローダイアグラム（工程の結合点を，作業と所要期間を表す矢印で結んだ図（図表2－19参照））は，しっかりした作業工程がなければ実践できません。

③　機能割り当てと機能連携

そのような緻密な工程設計や流れ図作成が，工場では普通に行われているのに，事業活動全体に活かされていないのはなぜでしょう。工場では，有形設備を作業ポイントとして捉えているため認識しやすく，工程にも表しやすいのに対し，事業経営においては，無形の経営資源も作業ポイントとなることから，有形の経営資源の間に認識困難な無形の経営資源がある場合，それらを明確に線で結ぶことが難しいからです。

しかし，事業経営に重要な位置を占める無形経営資源を，個人と組織の知恵として明確に認識することができれば，工場における生産工程管理と同じように，事業経営においても工程管理ができるはずです。そうすることによって，工場で製品ができるように，事業経営においても各工程を経て，確実に事業目的を達成できるでしょう。事業経営における工程管理は，機能の連なりの構築によって行います。これを「機能連携」と呼びましょう。

イメージとして，図表２-20を参照してください。生産工程管理のフローダイアグラムのように，各機能が連なって最終アウトプットの顧客に向かって流れています。そして，それぞれの機能が，ボックスで示す各工程に割り当てられています。各機能は，点線内に示したそれぞれの経営資源が担っています。

図表2－20 機能連携

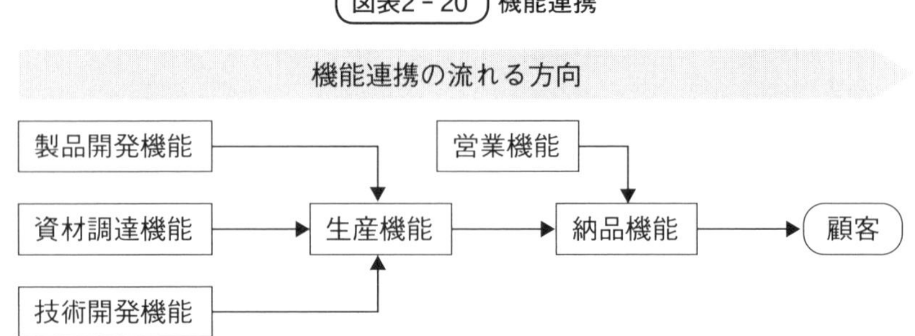

・有形経営資源が担う機能：生産機能（機械），納品機能（輸送機）
・組織の知恵（無形経営資源）が担う機能：資材調達機能（仕入契約）
・個人と組織の知恵（無形経営資源）が担う機能：製品開発，技術開発，営業の各機能

2 機能連携組立の手順

では，機能連携はどのようにして組み立てることができるのでしょうか。ここではその手順を説明します。組み立てた機能連携は，見た目に理解しやすいように図で表します。この図を機能連携図と呼びましょう。これによって，各担当者や担当部署は全体を掌握し，自分（自部署）の役割を理解することができます。

（1）対象は戦略面のみ

まず，機能連携を組み立てる範囲を絞ります。生産工程管理では，工程の全部を対象にしてフローダイアグラムやアローダイアグラムを作成しますが，それを全社の業務を対象に作成するのは困難であるうえに，あまり意味がありません。

もちろん，定例的な事務作業上のクリティカルパスを探して経費を削減する目的に使ったり，定型管理業務のミスやリスクの発生箇所を追及して業務効率化やリスク管理の目的に使ったりする場合は，その定型業務に絞って作成する意味はあります。しかし，今検討しているのは，事業を立ち上げて採算に乗せるための戦略であり，ビジネスモデルです。したがって，機能連携組立の対象はもっぱら戦略面に絞るべきです。業務手続きは対象範囲から外します（図表２-21参照）。

図表2－21　機能連携組立の対象

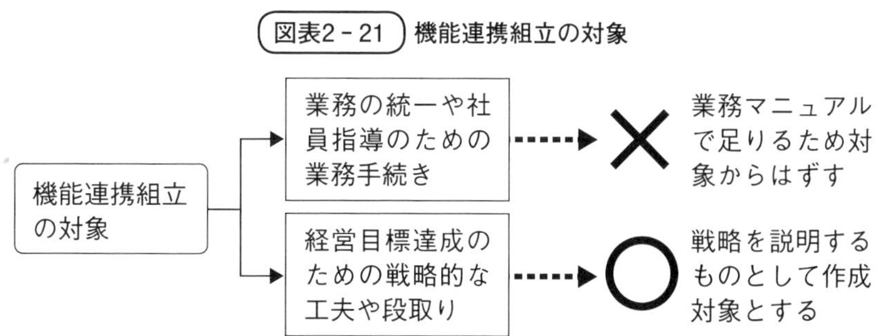

例えば以下のようなものです。

- 採算点に達する売上高を確保するために行う固有の方法
- 製品開発に必要な顧客ニーズ情報を収集するための他社にはない方策
- サービス差別化を進めるためのユニークな取り組み
- 生き残る市場を模索し続ける特殊な体制
- 組織の活力を向上させるための従来とは異なる評価方法や人事制度

これらを進めるために，いくつもの機能を連ねるところがみそです。例えば，採算点に達する売上高を確保するために行う固有の方法として，「とにかく“売り歩け”と檄を飛ばし続ける」というような方法は戦略とはいいません。

これでは従来の失敗を繰り返すだけです。必要な機能をつなぎ合わせていません。段取りの一切を無視し，いきなり目指すものだけを掲げているだけです。

このとき，この目的に貢献する機能として管理業務のリスク排除があるなら，リスク排除の工夫を組み込んだ定型管理業務も機能連携作成の対象となります。上で，定型業務や定例事務は対象外と述べましたが，戦略に関わる工夫がある場合はこれも対象となる点に注意してください。

（2）機能連携図の作成

戦略連携図の作成方法を，①組立の考え方，②作成のルールに分けて説明します。

①　組立の考え方

機能連携を組み立てるのは戦略上の目的を達成するためですから，そのためには何をすればいいのかという具合に，まず目的から遡る方法で順に掘り下げて考えます。

図表2－22　目的から遡る思考

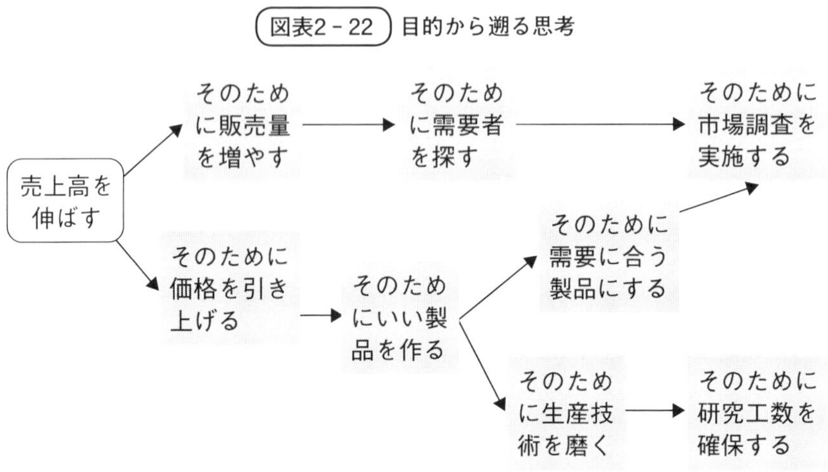

図表２-22はその方法を図示したものです。売上高を伸ばすという戦略上の

目的があり，その目的を達成するためには何が必要か，さらにそのためには何がいるかを掘り下げていくのです。この例では，目的達成のためには２つの遡り経路があり，１つは販売量を増やすことです。さらにそのためには需要者を探す必要があり，その前に市場調査が必要です。市場調査は需要に合致する製品を考案するのにも役立ち，それは目的達成の他方の遡り経路につながっています。他方の経路は途中で分岐し，生産技術，研究工数確保という具合に遡っています。

納得できるまで遡ることができたら，次の作業はこの図を左右反転し，目的達成までの手順として左から右に流れるようにすると，機能連携図が完成します（図表２-23参照）。

図表2－23　機能連携図

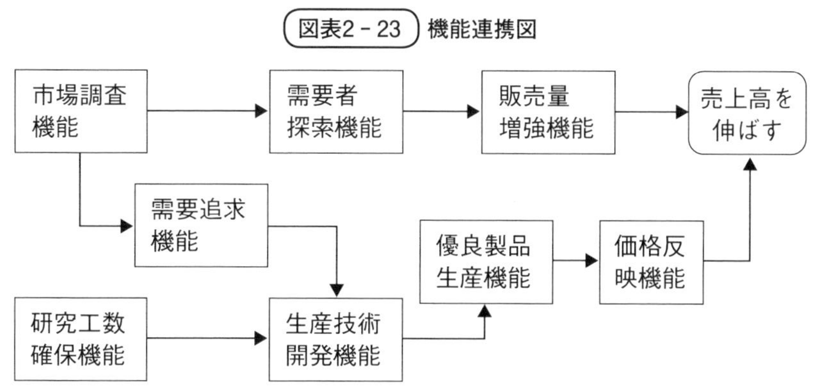

先に見たバランス・スコアカードでも，財務目標達成に向けた戦略手順がありました（戦略マップ）。そこでは，学習と成長から社内ビジネス・プロセス，顧客，財務という４つの視点を，この順番に下から辿る方法でしたが，機能連携図は視点を固定することなく，自由に各機能を配置しています。

②　ルールは３つ

機能連携図の作成上のルールは次の３つだけです。

a．１個の終点と１個以上の開始点を決める
b．機能（テキストボックス）を連結点とする
c．機能間を一方向の矢印でつなぐ

終点は目的ですから１つですが，開始点は複数設定する場合があります。図表２-23でも開始点は「市場調査機能」と「研究工数確保機能」の２つが設定されています。

ルールb.として，機能を表す四角いテキストボックスは矢印を発する，または矢印が向かう連結点です。

そして，その連結点を結ぶのが矢印ですが，矢印は必ず一方から他方へ向かうものでなければいけません。矢印の元が原因，先が結果となる因果関係を表すからです。２つの機能が効果をもたらし合う関係の場合でも，順方向と逆方向の２本の矢印でつながっているとみなします。

3　機能連携組立の要件

機能連携が仕組みとしてきちんと役割を果たすための要件が３つあります。機能連携を組み立てる際には，この３つの全部が成り立つように注意しなければなりません。

(1) 因果関係の正しさ

まず第１に，機能連携図において機能同士が正しい因果関係でつながっている必要があります。

①　因果関係とは

因果関係とは，ある事象ＡとＢがあり，事象Ａが起こるとそれを原因として結果である事象Ｂが起こる場合の事象ＡとＢの関係のことです。因果関係には，

必ず原因から結果に向かう方向があります。因果関係と似た概念に相関関係がありますが，これには方向がありません。

例えば，“身体の大きい人はよく食べる”という仮説を立てるとき，身体が大きいということとよく食べるということの間には関係がありそうです。しかし，よく食べたから身体が大きくなったのか，生まれつき身体が大きいから全身にエネルギーを供給するためにたくさん食べるようになったのかはわかりません。前者であれば，矢印は「食べる」から「大きい」に向かいますが，後者であれば逆に「大きい」が原因となって「食べる」という結果をもたらします。両者に相関関係があっても原因と結果の関係が見えなければ，それは因果関係とはいえません。

②　因果関係が必要な理由

なぜ，機能連鎖構造では機能同士に因果関係が必要なのでしょう。それは，Ａを実行すればＢができ，Ｂを実行すればＣという具合に工程を進めることで，最終的に目指す姿に到達させるのが機能連携の役割だからです。しかし，単に因果関係があるだけでは不十分です。正しい因果関係で連結されていなければなりません。正しいか否かは因果関係の方向および合流・分離の両面で判断します。

図表2－24　機能間の因果関係

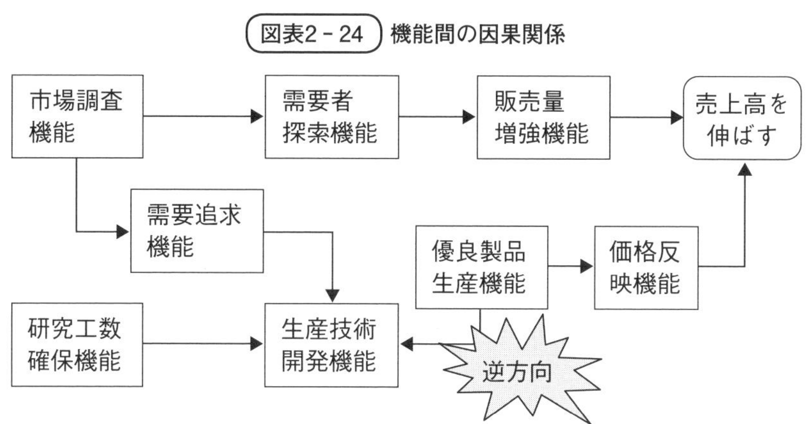

因果関係の方向は，事象Ｂとしての結果は事象Ａを実行することで得られるという原因と結果の順番ですから，これが逆になることがあってはなりません。図表２-24では，優良製品生産機能から生産技術開発機能に矢印が向かっていますが，これは間違っています。生産技術開発がなされるから優良製品ができるのであって，その逆ではないからです。

一方，生産技術開発機能には，需要追求機能と研究工数確保機能の両方から矢印が向かって合流していますが，これは正しいといえます。

③　因果関係を見出す方法

上は直感的にも納得可能な範囲ですが，実務で因果関係を築くのは簡単ではありません。因果関係の正しさが確保されているかどうかの手掛かりとして，以下の諸点を参考にしてください。

(a)　相関関係から因果関係を発見する

相関関係の全部が因果関係ではありませんが，前提ではあります。また，相関関係は統計の利用によって比較的容易に発見できます。このことを利用し，まず統計や経験などから同じ傾向値を持つ事象を挙げ，それをさまざまな角度から検討する方法です。

(b)　第３の原因の可能性を検証する

相関関係があっても因果関係が見えない場合は，第３の事象が，両事象にともに作用して，同時に同方向の結果を生んでいるという可能性を考慮して，関係性を検討する方法です。

(c)　相互に原因となる可能性を検証する

相関関係が偶然のなせる技という場合は，事業化のための機能連携には使えませんが，互いに原因となる相互因果関係なら利用可能です。図表２-24では，需要追求機能は生産技術開発機能の原因でしたが，逆に開発した技術が需要発掘のヒントになることもあります。その場合は，逆方向を向く２本の矢印を設定することができます。

（２）因果関係の密接さ

第２の要件は，因果関係の密接さです。因果関係の強度といってもいいでしょう。機能間に因果関係があり，連結の方向や合流などが正しいとしても，その関係の強度が弱ければ機能連携は役割を果たしません。

仮に，ある人が自動車運転で事故を起こしたという事象があるとき，そこに自動車がなければ事故も起きなかったはずだと考えるなら，メーカーが自動車を生産したという事象と自動車事故との間に因果関係があるように見えます。しかし，それは無理にこじつけてしまった悪い例です。少なくとも実務上の経験に照らして無理なく結果が想定でき，相当と思われる関係でなければ因果関係とは認められません。

工程の途中で創り出された価値は，まだ顧客に提供できる完成価値ではなく，仕掛品です。前工程の機能が創り出した仕掛品が，そこまでの価値を損なうことなく，高い歩留まりで次の工程に引き渡されなければいけません。そのためには，機能間の因果関係の密接性に十分な強度が必要なのです。

図表2－25　因果関係の密接性

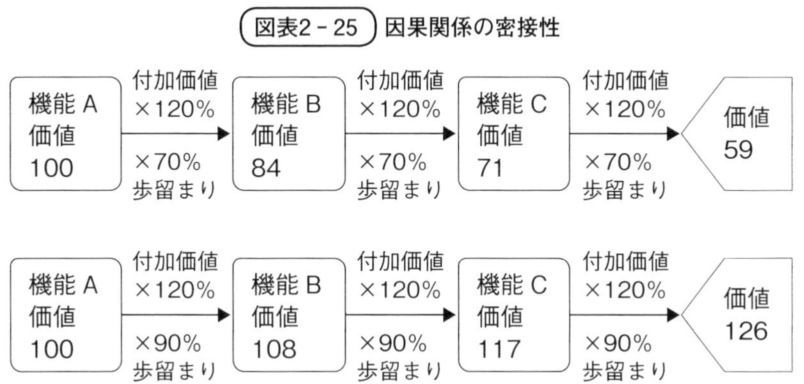

図表２-25をご覧ください。機能Ａ，Ｂ，Ｃの工程を経て価値を作るとして，各機能が仕掛品に20％の価値を付加できるとします。歩留まり率が100％なら提供価値は100×1.2×1.2×1.2≒173ですが，仮に図表の下段のように90％の場

合は126，さらに上段のように70％の場合は59にまで下がってしまいます。伝言ゲームのように歩留まりがわずかに劣化するだけでも，最終工程のアウトプットは目指したものにはなりません。各機能は，こうすれば高い確率でそうなる，そうすれば高い確率でああなる……という密接度の強い因果関係で連結されていなければならないのです。

（3）機能の網羅

最後の要件は機能をしっかり網羅することです。具体的には，目的を達成するために必要な機能がすべて揃っているか否かということで，揃っていれば，機能連携が設計どおり働いて目的とした価値をうまく創り出すことができます。これによって因果関係の密接さを高める効果も期待できます。いつも「こうすれば高い確率でそうなる」とは限りません。このように因果関係の密接さに不安がある場合，機能の網羅性を改善することで目標達成の確率を向上させることができるのです。網羅する方法には次の２パターンがあります。

①　必要な中継機能を網羅

まず，単純に直列に並んだ機能を結ぶとき，必要な機能を中継していないた

図表2－26　中継機能の網羅

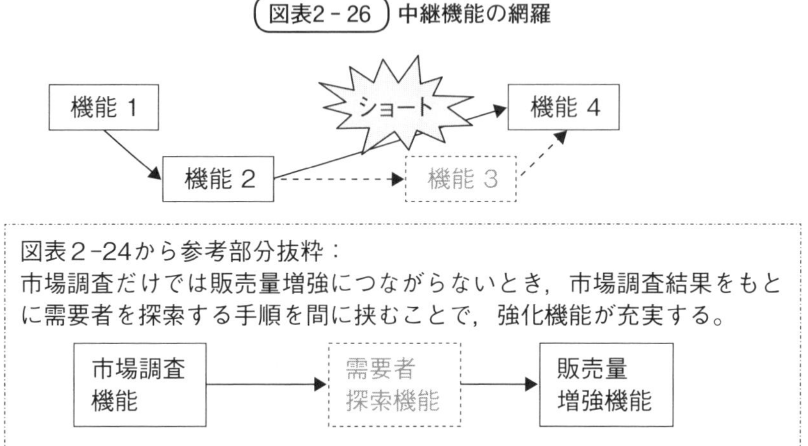

めに連携がショートしてしまう場合への対応です。例えば，図表2-26のように，機能が1から4までつながってはじめて連携効果が表れるケースで機能3を飛ばしてしまうと，機能2から仕掛物を受け取っても機能4は何をすればいいのか戸惑ってしまいますので連携が働きません。この場合には適切な中継機能を用意する必要があります。

この方法の例として，図表中の破線内には例として図表2-24から参考部分を抜き出して表示しました。市場調査からいきなり販売量を増強することはできず，中間に市場調査結果に基づいた需要者探索という機能を中継させることで連携が可能になります。

②　必要な並列機能を網羅

パターンの第2は，必要な機能からの因果関係矢印を合流させる方法です。例えば，図表2-27のように，機能1が必ずしも機能4に貢献しない場合，機能2や機能3を並列して添えることによって機能4への貢献を補うことができます。

図表2-27　並列機能の網羅

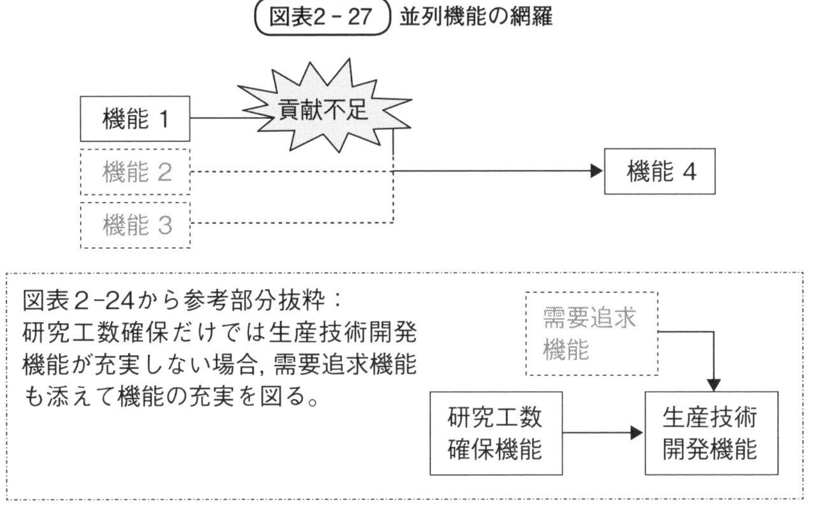

ここでも例として，図表中の破線内には例として図表２-24から参考部分を抜き出して表示しました。研究工数確保だけでは生産技術開発機能が充実しない場合，需要追求機能も添えて機能の充実を図ることにしたのです。両機能から出ている矢印は生産技術開発機能で合流しています。

第３節　戦略別の機能連携の組立例

この節のポイント

- 機能連携は，誰に「どうやって販売するか」と，何を「どうやって製作するか」の２系統に分類できる。
- 機能連携は業務手続きではなく，戦略の明確化を目的に作成する。
- いずれも戦略目的から遡る思考から連携図を立案する。

経営資源を徹底して活用するため，第１節では無形資産にも目を向けた経営資源の洗い出し方法，第２節では洗い出した経営資源を活用する方法として機能連携図を解説しました。事業の目的を達成するために機能連携がいかに大事であるかも理解いただけたと思います。

そこで，本節では具体的に機能連携図の作成方法について例を示しながら述べたいと思います。既述のように，機能連携図は業務手続きではなく，戦略面に限定して作成すべきものです。ここでも戦略面に限定して進めます。

機能連携，つまり「どうやって」はさらに，誰にどうやって販売するか，何をどうやって製作するかの２つの系統に分類できます。そこで，機能連携図作成の例示もこれをカバーできるよう，前者，すなわち販売戦略から４つ，後者から２つを取り上げることにしましょう。

戦略は百社百様ですが，できるだけ広い範囲を網羅するよう努めました。

1　製品差別化戦略

製品差別化戦略は，成熟した競争市場に参入する場合や参入している市場競争の環境下，その競争に勝つために製品やサービスの差別化を行ってターゲット顧客に自社製品を選んでもらうための，「何をどうやって製作するのか」に関わる戦略です。

(1) 遡り思考による組立

戦略の目的は，差別化によって競争市場で新たな売上を上げることです。まずは，前節で述べた機能連携図作成の方法に従い，この目的から遡る思考で戦略を組み立ててみます（図表２-28参照）。

図表2－28 製品差別化の遡り思考

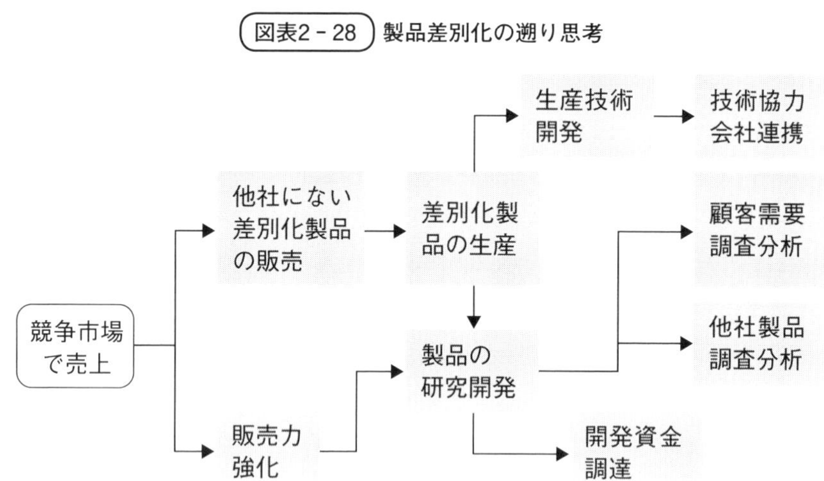

目的のためには製品の差別化が必要と考え，そのために製品の研究開発に力を入れます。研究には顧客需要や他社製品の情報が必要です。また，開発した製品の生産には新たな技術もいるとみられ，協力会社との連携も考慮しておく必要があります。

戦略の力点は「何をどうやって作るか」に置きますが，これを販売力に活かすためには，製品研究開発から提供される製品知識を備える必要があるでしょう。

(2) 機能連携図の作成と経営資源の割り当て

以上から，この図を逆回しする方法で図表２-29のとおり，機能連携図を作成しました。

図表2－29　製品差別化戦略の機能連携図

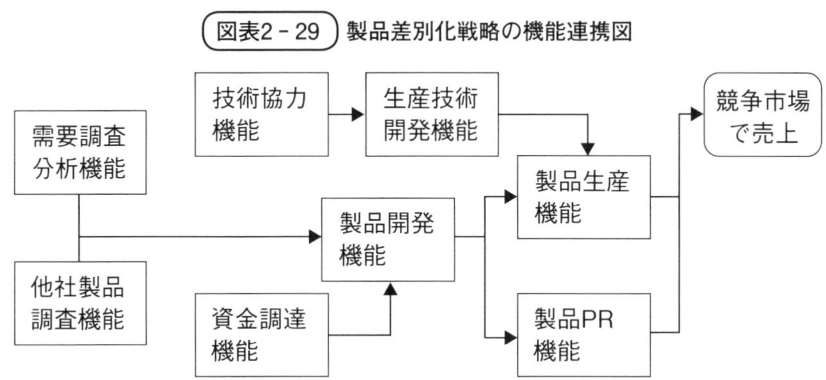

機能連携図のうち，顧客需要や他社製品の調査分析機能，製品開発機能および製品PR機能は，それぞれに従事する社員が担うものです。特に製品開発は，個人の知恵を頼りにせざるを得ない場合，力量のある社員を新たに採用する必要があるかもしれません。また，研究開発には資金が必要ですから，カネという具体的な経営資源が必要になります。一方，製品生産機能や技術協力先は既存の生産ラインや取引関係の利用が可能です。

製品のPRも既存の営業マンが行いますが，彼らには新製品の特長などの情報を組織の知恵として供与する工夫が必要です。

2　省力化戦略

人材採用難から人件費は高く，採用さえままならない状況が続いています。この環境下，人を機械で代替することで製造原価低減を図ろうとする省力化戦略を採る企業も増えてきました。生み出された利益の範囲で販売価格を下げるなら，価格競争力を改善する効果が得られます。

(1) 遡り思考による組立

品質を変えずに作り方を変えようとするものなので,「何をどうやって」作るかに関わる戦略ですが, 最終的にはこれによって売上高を増やすのが目的です。事業化やビジネスモデル全体というより, 個別施策に類するものでしょうか。これも目的から遡る思考で戦略を組み立て, 図表２-30のとおりとなりました。

図表2－30 省力化戦略の遡り思考

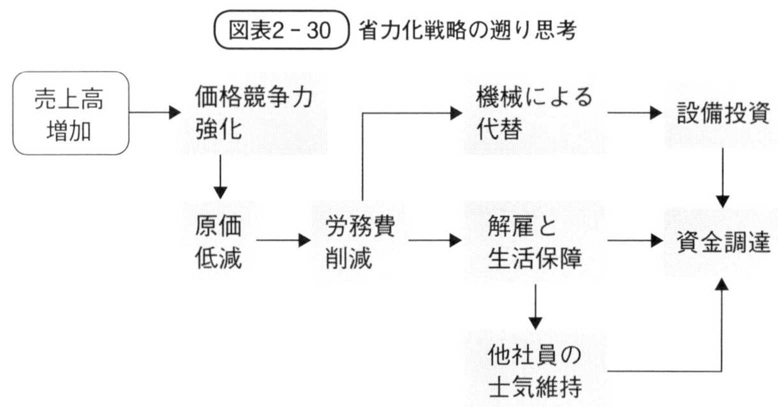

価格競争力をつけるためには原価低減を図らなければなりません。このため, 製造に従事する従業員を機械に代替することにします。機械導入には設備投資資金が必要です。一方, 従業員解雇に伴う生活保障と他の社員の士気低下を招かないような配慮も必要です。これらにも多少の原価低減効果を超えない範囲での費用をかけるため, 資金が必要です。

(2) 機能連携図の作成と経営資源の割り当て

上の遡り思考図を逆回しし, それぞれに必要な機能を据えると, 図表２-31のようになります。

図表2－31　省力化戦略の機能連携図

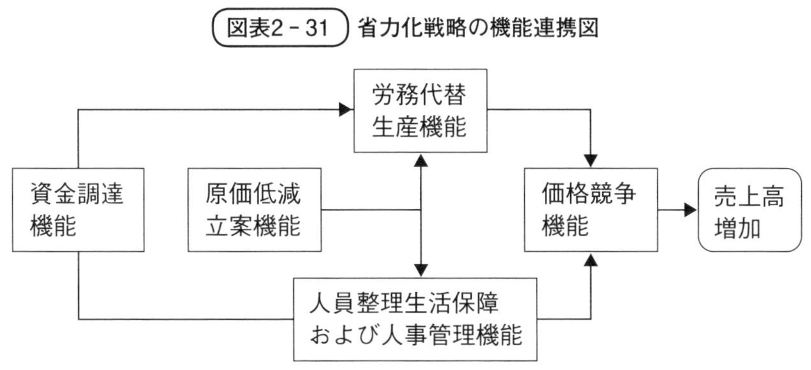

労務代替生産機能は機械設備ですから，有形経営資源であり資金が必要です。人員整理と生活保障機能も費用がかかるため，資金調達機能という組織の知恵が必要になります。労務代替生産機能と人員整理などの機能によって，価格競争機能を強化する仕掛けです。

3　内製化戦略

製品に組み込む部品を長年外注に依存すると，選択肢が限定されている弱みを見透かされ，外注費が値上げされて採算が悪化します。そのような環境下，内製化による製造原価の節約でこれを打開する戦略を立てました。「何をどうやって作るか」に関わる戦略です。

（1）遡り思考による組立

目的は採算改善です。ここでは，そのために外注費を削減して内製化を図ることにしました。部品内製化のために必要なものは生産設備だけではありません。工場労働者や生産技術，仕掛品の在庫管理も必要になるでしょう。また，工場労働者や生産技術開発者を新たに雇うなら社内教育が必要です。特に生産技術開発では，相当レベルの技術習得が要求される可能性もあります。資金面では，設備投資はもちろん採用には人件費の投入も必要です（図表2－32参照）。

図表2－32 内製化戦略の遡り思考

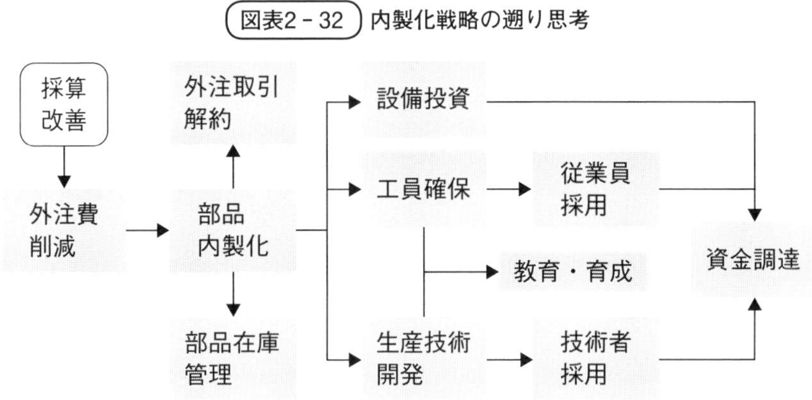

(2) 機能連携図の作成と経営資源の割り当て

上記から機能連携図を作成すると，図表2-33のようになります。

部品製作機能は，機械設備やそれを操作する工場労働者が担います。それだけではありません。それを各方面がサポートする機能が必要です。まず，工場労働者を管理する労務管理機能，これまで外注先が持っていたはずの部品生産技術を社内に取り込まなければいけませんので，生産技術開発機能，それに仕掛品を在庫で保有するための管理機能などです。また，生産技術開発者と工場

図表2－33 内製化戦略の機能連携図

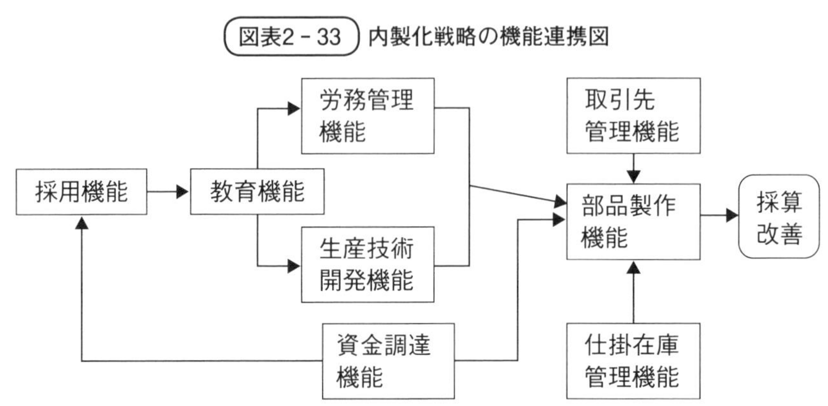

労働者への教育は，図では１つにまとめていますが，教育内容が異なることから，別の機能として認識する必要があるかもしれません。それ以前に採用機能も必要になります。

経営資源はどのように割り当てられるでしょう。まず，部品製作機能は有形の機械設備を中心に人的経営資源がこれを担い，人的経営資源は技術開発や在庫管理機能も担います。また，それらを教育したり管理したりする役割は，社内にある個人と組織の知恵が機能を発揮するでしょう。取引先管理機能とは，外注先を管理する機能ですが，この取引関係を解約しますので，これを担っていた経営資源である組織の知恵は，これを休眠させることになります。

4　営業力強化戦略

営業力を強化して売上高を増加させる，「誰にどうやって販売するか」に関わる戦略です。

（1）遡り思考による組立

売上高を増やすためには営業力を強化しなければなりません。戦略はいくつもありますが，ここでは営業担当者の増員と顧客への提案力強化，広告宣伝の３つを合わせ技で取り組むことを想定します。増員のためには，採用して教育する必要があります。

顧客提案力を強化する方法は少し複雑です。まず，ITシステムを導入して顧客情報を分析し，分析結果を営業担当者同士で共有する必要があるでしょう。顧客需要などの情報収集は営業活動の中で行いますので，強い営業力が必要です。ところが，強い営業力は提案力強化の結果でもあるので，ループ計算のようになってしまいます。ここは相互に効果をもたらしながら少しずつ向上させるしかありません。

図表2－34　営業力強化戦略の遡り思考

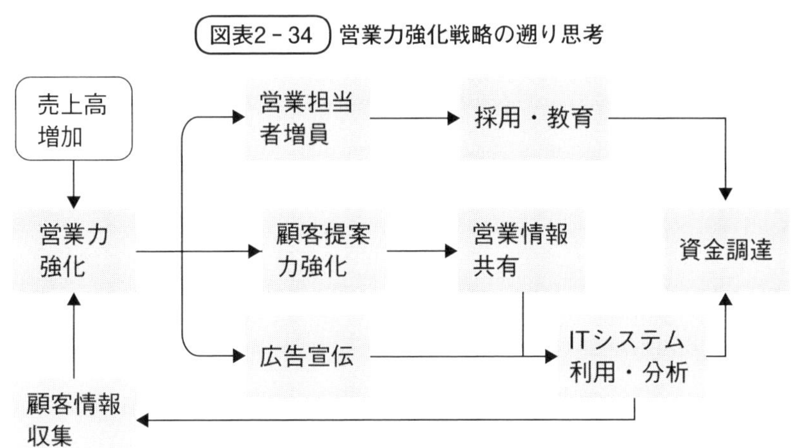

合わせ技のうち，営業担当者増員は新規採用して教育します。また，広告宣伝は，収集した顧客情報をITシステムで分析した結果を反映させてやると効果的でしょう。なお，新規採用とITシステム導入には資金が必要です（図表２-34参照）。

（2）機能連携図の作成と経営資源の割り当て

遡り思考図をもとに図表２-35のとおり機能連携図を作成しました。

まず，調達した資金で営業担当者を新規採用し，ITシステムを導入して情報分析機能を充実させます。営業機能が強化されると，その活動の中からさまざまな顧客情報を収集することができ，それを情報分析機能に託します。そして，分析結果は営業担当者間で共有され，顧客提案機能に資するほか，広告宣伝機能にも貢献します。

経営資源の視点から見ると，情報分析機能はITシステムというハードとソフト両方の経営資源が担い，情報共有機能は分析結果や蓄積された組織の知恵としての経営資源が担います。顧客提案機能や営業機能は，個人の知恵と組織の知恵が共同してこれを担います。

図表2－35　営業力強化戦略の機能連携図

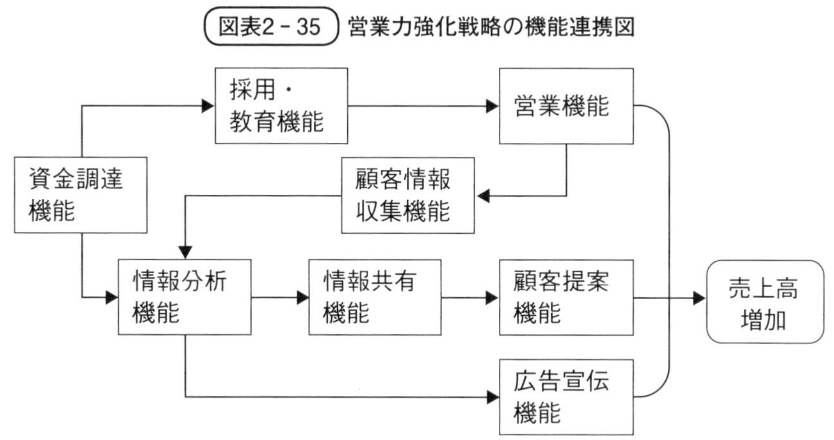

5　外注化戦略

顧客向けサービス充実の一環として，納品サービスの向上を検討しました。納品は販売活動の一環ですから，「誰にどうやって」のカテゴリーに入ります。検討の結果，設備や要員を含む物流部門を社内に有しているものの，近年の物流技術の高度化や専門化にはついていけず，自前でこれを備えてサービスの向上を図るのは負担が大きすぎるとの結論に達したところです。

そこで，外部の専門業者へのアウトソースすることにしました。これにより，自前で運営する費用負担も削減できると見込まれます。

(1)　遡り思考による組立

目的は納品サービス向上により顧客の支持と現状の売上高を維持することですが，副次的に経費を削減することのメリットも享受できます。アウトソースするためには，自前の物流部門をスムーズに放棄する必要があります。設備は売却しますが，社員の解雇は他の社員の士気にも悪影響を及ぼす可能性があります。そこで，生活保障などにより解雇をスムーズに行うとともに，他の社員のモチベーションにも配慮しました。

図表2－36　外注化戦略の遡り思考

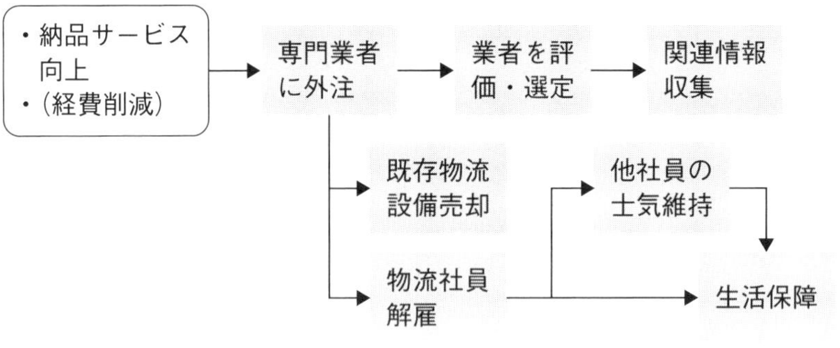

・納品サービス向上
・（経費削減）
専門業者に外注
業者を評価・選定
関連情報収集
既存物流設備売却
物流社員解雇
他社員の士気維持
生活保障

一方，アウトソースでは正しい評価のうえ複数の業者からを選定する必要があります。評価のためには関連情報を収集しなければなりません（図表２-36参照）。

（２）機能連携図の作成と経営資源の割り当て

上をもとに機能連携図を作成しました（図表２-37参照）。

既存の物流部門を廃止するのは設備売却処分する固定資産管理機能の役割，組織上の部署廃止は組織改廃を行う組織運営機能の役割，これに伴う生活保障と社員士気の維持は労務管理機能の役割です。

図表2－37　外注化戦略の機能連携図

顧客満足調査機能
外注先評価機能
外注機能
・納品サービス向上
・（経費削減）
費用効果検証機能
予算配分機能
固定資産管理機能
労務管理機能
組織運営機能

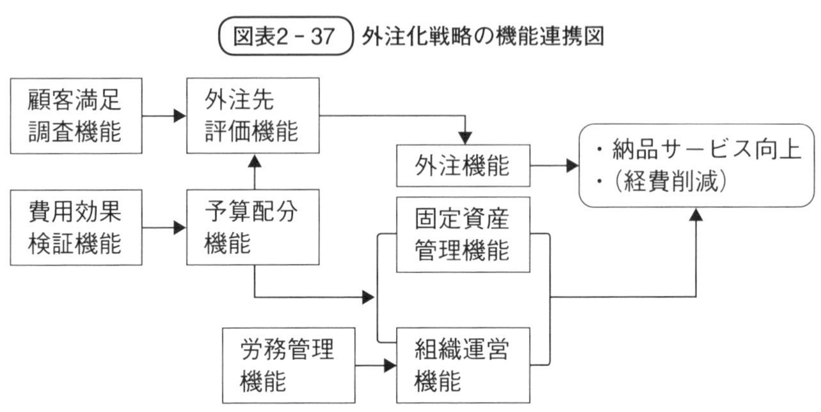

廃止後は目的のための外注をどのようにうまく継続するかに焦点が移ります。その納品サービスに顧客が満足しているかを確認しながら（顧客満足調査機能），外注先を評価し，ときには他の外注候補先と比較する機能（外注先評価機能）を経て外注機能を維持するのです。

なお，図の中ほどにある予算配分機能は，物流部門を廃止して得た余裕予算と外注費のコストパフォーマンスを検証する機能（費用効果検証機能）を通して，いずれか有利なほうを選択して予算を配分する役割を果たすものです。

6　供給力強化戦略

新製品を開発した創業者が，新規参入者が現れる前，初期市場を独占できる間に売上を伸ばして早期に採算に乗せてしまおうという戦略です。アイディアを活かしたまったく新しい製品に人々が飛び付き，急速に需要が伸びることを予想して供給力強化を図ります。「何をどうやって作るか」の基本戦略です。

（1）遡り思考による組立

遡り思考は図表２-38のとおりで，目的は市場が成熟してしまう前に採算に

図表2－38　供給力強化戦略の遡り思考

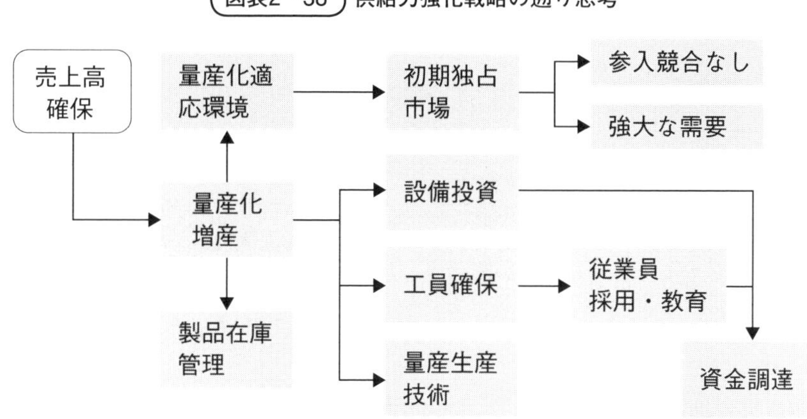

乗せるに足る十分な売上高を確保することです。この環境下，いち早く量産化することが求められ，そのために設備投資と労働者の確保，量産技術，製品在庫の管理が必要です。

その前提として，量産化が適応する初期独占市場としての環境，それを保証する他社の未参入と強大な需要が必要です（図表２-38参照）。

（2）機能連携図の作成と経営資源の割り当て

上をもとに作成した機能連携図は図表２-39のとおりです。

資金調達し，量産のための設備投資により量産機能を確保するほか，従業員を採用・教育します。従業員は労務管理機能を通して工場に配置されます。量産には量産技術開発機能が必要ですが，創業者が自身で新製品を開発したので，創業者自身がこれにあたります。

量産は初期市場を独占できる前提で開始しますが，開始後も機能連携により環境に適合した生産計画を立てられるように手配しておきます。具体的には，参入状況や市場の需要量を調査する機能を備え，その調査情報により，まだ競合せず十分な需要があると判断できる場合は，量産計画を継続するといった具合です。

図表2－39 供給力強化戦略の機能連携図

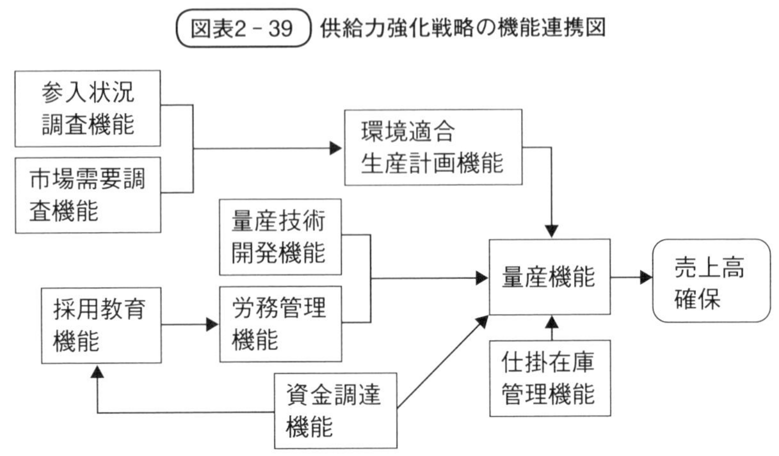

量産機能を担う経営資源が機械など有形資源であるほかは，組織の知恵などの無形の経営資源が各機能を担っています。

—第3章—

財務採算の設計

『政治算術』を著した17世紀のイギリスの知識人ウィリアム・ペティ（William Petty）は，行動や成果を表すとき，比較級や最上級の言葉のみで表現することを嫌いました。具体性を欠くからです。代わりに，重さや尺度などの数字を使って説明しようとしました。

同様に，「よりよい会社に」とか「最高の価値を」などと言っても具体性を欠き，納得感がありません。ここまで言葉で述べてきた「誰に・何を・どうやって」を具体的な数字で表現することによってはじめて，事業化の直感的な目論見に自ら納得でき，併せて周囲の関係者に対しても説明がつきます。経営の場合，数字とは財務計数を指します。

財務計数によって表現する対象物が，前章までみてきた事業化の3要素であるという点が大事です。これが第1章で述べた工夫の第3です。工夫の第3は，戦略を原因とし財務成果を結果とする因果関係を「見える化」し，事業行動と財務をしっかり関連付けることでした。

図表3－1　財務への工夫と本章の構成

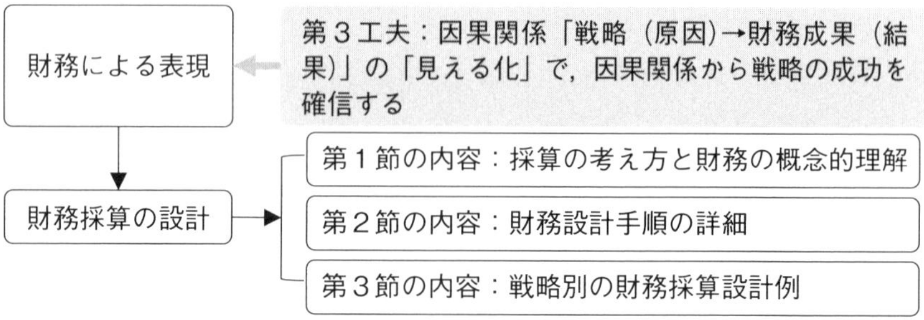

この工夫を踏まえ，図表3－1に示すとおり，本章では第1節で採算の考え方と財務の概要を説明し，続く第2節では財務設計の手順を詳しく見ていきます。最終節では前章にならい，戦略別の具体的な方法を紹介します。

第１節　採算設計の考え方

この節のポイント

- 損益計算書はフローの概念，貸借対照表はストックの概念。
- 採算は，単年度黒字化，累積損失一掃，借入返済の目途の３つの段階で考える。
- 採算設計の流れは，財務目標の設定，計画財務諸表の作成と採算見通しの評価を含む５つの手順で構成されている。

まず，財務を概念的に理解し，採算の３つの段階の説明に進みます。そのうえで，次節以降の詳しい説明に備え，財務採算設計の流れをごくおおまかに見ていきましょう。

1　財務の概念的理解

経営者は，経理業務に従事した経験がなくても，大雑把でも自社の業績を財務で把握する必要があります。財務諸表の理解は，ビジネススキルの１つとして必須のものになっています。

しかし，でき上がっている財務諸表を見て，そのもとになった企業活動を類推することはできても，これから実行しようと計画している活動内容を実際に実行したら，どんな財務の姿になるのかを描くことができる人は，少ないのではないでしょうか。事業化ではそれが要求されます。人が作った財務諸表を読むのではなく，自分自身で財務諸表を作らなければいけないのです。

ただ，目的は事業化のための財務採算設計ですから，経理業務に要求されるような精度の高いスキルは必要ありません。むしろ，細かい数字の膨大な資料では，数字に埋没して本来の目的を見失う可能性があるため，かえって邪魔になります。ここで試みるのは，ポイントだけを押さえたごく大雑把な財務諸表です。まず，財務の仕組みを概念で把握しましょう。

(1) 貸借対照表と損益計算書の役目

図表3-2をご覧ください。貸借対照表（以降，必要に応じてB/Sと表記）はある時点で保有している財産の状態，すなわち資産や負債などの残高を表す一覧表です。当期末時点のB/Sが前期末のB/Sと比べて変化している場合，その変化をもたらすのは当期中の取引です。

取引のパターンはさまざまです。いくつか挙げてみましょう。

- 資金を借り入れて機械を購入する。
- 商品を仕入値より高く売って現金を受け取る。
- 従業員を雇い入れて給料を支払う。

ほかにもありますが，大きく2種類に分類できます。損益が発生する取引とそうでない取引です。上の最初の例では，資金が機械という別の財産に変わるだけなので損益は発生しません。それに対し，後の2つは利益が発生したり費用が発生したりして損益が発生します。損益が発生する取引だけを集めて記録するのが損益計算書（以降，必要に応じてP/Lと表記）です。

図表3-2 財務諸表の概念的把握

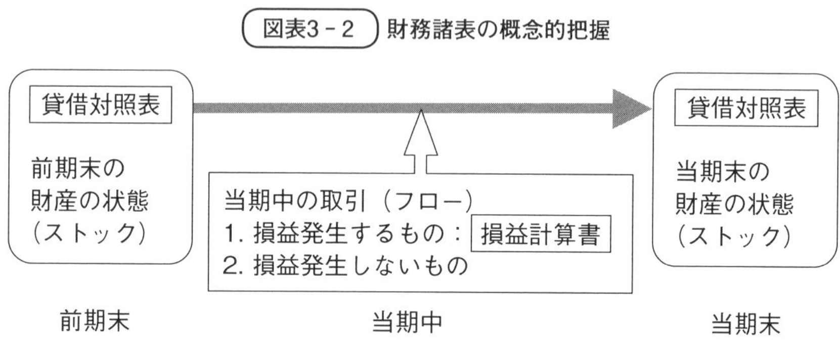

損益取引は1年分を集計し，儲けを清算してB/Sに転記したあと，期初にはからっぽにします。またゼロから始めるのです。一方，B/Sに転記された儲けは前年までの儲けに加算されて純資産の一部として蓄積されます。儲けではなく損失になった場合は純資産から差し引かれます。B/S上の他の科目も期中取

引によって増減しますが，増減したまま翌期に，さらにその翌期に連綿と引き継がれます。

イメージとしては，損益計算書は１年ごとのフロー，貸借対照表は過去のすべてを背負った現状のストックとして捉えることができます。

（2）資産と負債の意味

このうち，B/Sの左側は権利，右側は義務であるということがあります。取引の結果，権利と義務が同等に生じるため，これが蓄積されたものは左右バランスしているのです。では，左右バランスはどのように形作られるのでしょうか。それは，必ず左右の勘定科目に同額を記載する経理仕訳の仕組みによってです。

仮に現在の権利の残高が100円，義務残高100円とするときに，権利を50円増やす取引が発生したとしましょう。例えば，借金して自動車を買うような取引です。自動車を所有する権利が計上されて，借入金という同額の義務が発生しますから，経理仕訳は下記のとおりです。仕訳とは，それぞれに記載した金額を足しなさいという指示です。この仕訳の結果，権利の残高が150円に，義務の残高が150円に変わりますが，両者同額のままなのでバランスが維持されます。

権利　50円／義務　50円

これを図表３-３に整理しました。仕訳の左は，資産を増加させる指示，右は負債や純資産を増加させる指示です。減少させる指示もあります。資産を減少させる場合は右，負債や純資産を減少させる場合は左に記載します。上の例で権利を50円減らす仕訳は下のとおりです。自動車を売って所有する権利を減らし，売ったお金で借金を返済すれば返済義務も減ります。

義務　50円／権利　50円

図表3－3　経理仕訳の概念的把握

貸借対照表

資産	負債
	純資産

左に書くと資産増（負債・純資産減）
右に書くと負債・純資産増（資産減）

損益計算書

費用	収入

左に書くと費用増
右に書くと収入増

例：手数料を現金で支払うと
「費用（支払手数料）100円／資産（現金）100円」
と仕訳を起こし，費用が増えて資産が減る。

（3）決算の意味

損益計算書は権利と義務ではありませんが，普通は損益科目に対応する仕訳の反対側に貸借対照表の科目が登場するため，その反対の位置を担うことになります。例えば下記です。

売掛金（権利）　100円／売上高　100円

当然，片方は損益計算書科目ですから，貸借対照表はバランスしなくなりますが，期末には決算処理を経て再びバランスを取り戻します。

その処理はこうです。期間中の損益計算書取引を集計して収入が費用より多い（少ない）場合は，差額を純利益（純損失）として貸借対照表の純資産の部に加え（純資産の部から差し引き）ます。これに相当する金額は，現金などの権利（負債などの義務）としてすでに認識されているはずですので，この時点でバランスを取り戻します。この金額が権利と義務の差として認識できます。権利が大きければよく，逆の場合は累積損失を抱えていると捉えます（ただし，資本金は株主への義務と捉える）。図表3－4は以上をイメージ化したものです。

図表3－4　決算の意味

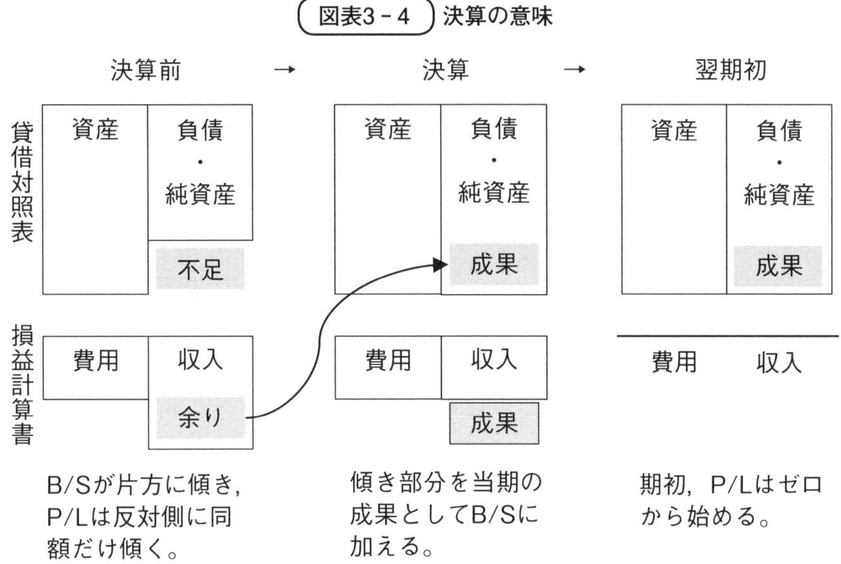

2　採算の捉え方

“衣食足りて礼節を知る”といいます。事業の目的は事業者によってさまざまですが，どんな目的を持っているにせよ，その目的に向けた活動を本格化させるためには，まず衣食が足りていないといけません。事業の場合，衣食に当たるのが採算です。したがって，あらゆる事業に共通する，さしあたっての目標は，採算の実現であるといえます。そこまでは，どんな事業化も共通の道を辿るのです。

（1）採算の３段階

採算は３つの段階に分けて考えます（図表３－５参照）。

図表3-5 事業化における採算実現の３段階

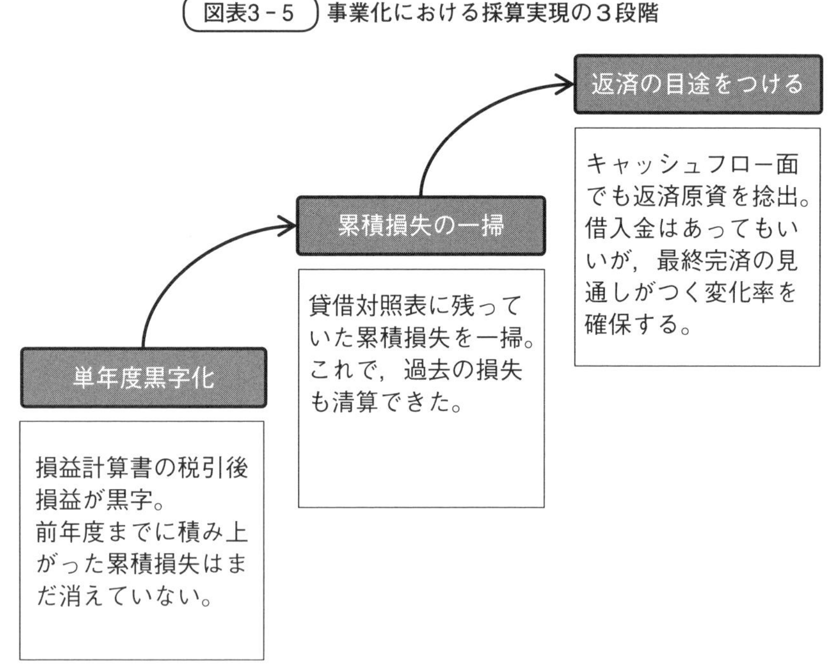

まず第１の段階は，単年度の最終損益が黒字になることです。ここでは，事業化後ただちに黒字になることを想定していません。多くの場合，事業を開始してしばらくは費用が先行するでしょう。第２の段階は，累積損失の一掃です。単年度黒字を達成するまでに貯まった赤字を取り戻す段階です。そして最後の段階は，事業立ち上げに際し，借入金などで調達した外部負債に返済の目途が立つ段階です。

以下，順に，花を販売する小売業の例で説明します。

① 単年度黒字化

店舗を月100,000円で借りて花屋を始めると，年間に1,200,000円の家賃費用が発生します。仮に2,000円で仕入れた１本の花を3,000円で買ってくれる顧客がこの１年で800人現れたとしても，800,000円の利益しか得られません。初年度は400,000円の赤字を損益計算書に計上することになります。この赤字は，貸借対照表の純資産の部に負の値で計上しなければなりません。

図表３－６　花屋の累積損失一掃まで

初年度　貸借対照表

資産	負債
	純資産 ▲400,000

純資産推移
0
▲400,000
▲400,000

初年度　損益計算書

売上高	2,400,000
原価	2,800,000
利益	▲400,000

翌年度　貸借対照表

資産	負債
	純資産 ▲500,000

純資産推移
▲400,000
▲100,000
▲500,000

翌年度　損益計算書

売上高	3,300,000
原価	3,400,000
利益	▲100,000

３年度　貸借対照表

資産	負債
	純資産 ▲300,000

純資産推移
▲500,000
200,000
▲300,000

３年度　損益計算書

売上高	4,200,000
原価	4,000,000
利益	200,000

４年度　貸借対照表

資産	負債
	純資産 ▲100,000

純資産推移
▲300,000
200,000
▲100,000

４年度　損益計算書

売上高	4,200,000
原価	4,000,000
利益	200,000

５年度　貸借対照表

資産	負債
	純資産 100,000

純資産推移
▲100,000
200,000
100,000

５年度　損益計算書

売上高	4,200,000
原価	4,000,000
利益	200,000

図表３－６の初年度（最上段）が，この状況を表しています（簡単にするため必要要素以外の一切を省略）。800人に3,000円の花を売ったので売上高2,400,000円。原価2,800,000円は花の仕入1,600,000円（=2,000円×800）と家賃1,200,000円の合計です。利益▲400,000円が貸借対照表の純資産の部に負の値で計上されます。

翌年度，顧客が増えて1,100人来店しても，まだ100,000円届きません。この場合，年度はじめに一新してゼロから始まる損益計算書には，この年の赤字100,000円を計上するだけですが，貸借対照表には前年度の赤字400,000円と合わせて500,000円計上しなければなりません。これを累積損失といいます。貸借対照表は過去のしがらみをすべて背負っていきますので，毎年赤字なら累積損失がどんどん膨張するのです（図表3-6の翌年度参照）。

さて，3年目に1,400人来店すると，ようやく家賃1,200,000円支払っても余裕ができ，200,000円の黒字を計上することができました。採算の第1段階をクリアしたのです。ただしこれは3年目の単年度だけのこと。貸借対照表の過去の累積損失500,000円の一部を取り返すことはできますが，まだ300,000円が残ります。

② 累積損失の一掃

仮に，4年目以降も毎年1,400人の顧客が来店して，単年度200,000円の黒字を維持することができれば，4年目の終りには累積損失が100,000円になり，5年目の終わりにはこれが一掃されて，ようやく100,000円を利益として貯めることができるでしょう。ここまで来て採算の第2段階，すなわち累積損失の一掃もクリアできたことになります。

③ 返済の目途をつける

第3段階の返済の目途については，あくまで目途ですから，財務諸表上に明確に表現されるものではありません。事業化にあたって金融機関などから資金を借り入れていた場合，その返済が滞ることなく継続できる目途がつくことを指します。

仮に1,000,000円借り入れていた場合，このまま毎年200,000円の利益を上げ続けることができれば，利益とキャッシュフローは厳密には異なるものの，5年も経てば返済できるでしょう。ただ，年度ごとの業績がばらついていては目途がついたとはいえません。事業化時の試行錯誤を繰り返して，「誰に」や「何を」，その活動部分である「どうやって」である機能連携が固まることで業績が安定し，目途もつけられるのです。

以上が採算の３段階です。もちろん一番重要なのは，単年度黒字です。単年度の黒字を継続すれば，いずれは蓄積された累積損失を一掃することができ，借入金の返済も見えてくるからです。単年度黒字が基本であるといえます。

3　採算設計の流れ

財務の仕組みを概念的に理解し，採算の捉え方も共有できたところで，採算設計の流れをおおまかに押さえておきましょう。

図表３-７をご覧ください。前半（A〜C）では採算に乗る目標を設定し，後半（D〜F）で計画財務表により採算見通しを評価します。採算に乗る目標の設定に際して使う損益分岐点分析については次節で詳しく説明しますので，ここではおおまかな流れを押さえるための手順名としてみてください。

図表３-７　採算設計の流れ

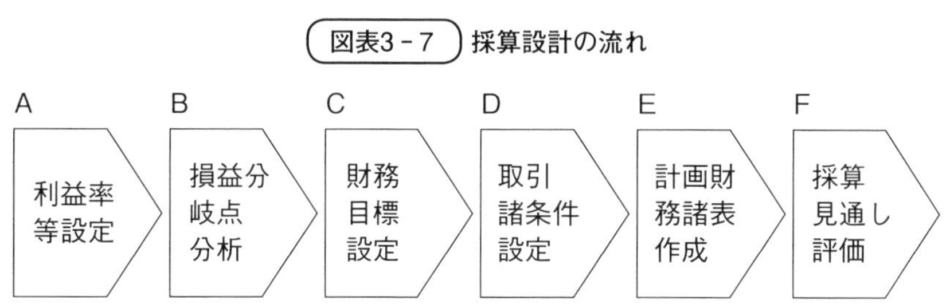

前半のはじめは利益率等の設定（A）です。これは損益分岐点分析を行うための前提条件で，売上高に対する変動費（売上高の変化に比例して変化する費用）の比率や固定費（売上高の変化にかかわらず固定的にかかる費用）のことです。売上高に対する変動費の比率は，販売する製品やサービス１単位当たりの価格に対する１単位当たりの変動費ですから，商業の場合は粗利益率として捉えてもかまいません。ただ，この前提条件設定には注意が必要です。最終段階の採算見通し評価において，思わしくない結果が出た場合には戦略内容の変

更が必要となり，その場合はこれらの条件も変わってしまうからです。この点については，次項④「前提条件変化への対応」で説明します。

次の作業は損益分岐点分析（B）です。これは採算の３段階に応じて，どの時期にどの段階を目指すのかの目途をつけるものです。したがって，次にくる作業は財務目標の設定（C）です。

後半は，実際に採算見通しを評価する計画財務諸表の作成にかかります。その第一歩は，財務諸表の作成準備です。売掛金や買掛金，在庫などの回転期間や金利など，財務諸表上で相互に連動し合う科目の金額が互いにどんな条件で関わりあうかを設定します（D）。

準備が整うと，いよいよ計画財務諸表の作成にとりかかります（E）。これは戦略を財務言語に翻訳していく作業ですから，複雑で大仕事になります。具体的な作業方法については第３節で詳しく述べることにします。

最後に，作成した計画財務諸表をもとに採算見通しを評価します（F）。

4　前提条件変化への対応

ここで問題が生じます。財務目標設定後の取引諸条件設定や計画財務諸表を作成する作業は条件や戦略を吟味しながら進めていくため，その過程で，せっかく設定した財務目標が変わってしまう可能性があるのです。

なぜなら，これらの吟味により目標設定時に想定していた損益分岐点分析の前提条件（利益率等～売上高に対する変動費の比率や固定費）が変化してしまうからです。

（1）前提の変化による再計算の発生

前述の花屋の例では，単年度黒字達成や累積損失一掃が実現するまで，これらの前提条件は変わりませんでしたが，現実にはそうはいきません。成長を目指したり状況を改善しようとしたりして活動すると，利益率や経費は変化していきます。変化して前提条件が変わってしまった場合は，目標を再計算する必要があります。ところが，再計算した目標に向けて再活動すると，また変わってしまいます。「目標設定→活動計画→前提条件変化→損益分岐点再計算→目標再設定」というループ計算に陥ってしまうのです。

しかし，だからといって売上目標を達成するための企業活動をしないというわけにはいきません。実は，この点が，損益分岐点分析で求めた売上高を目標に設定する方法の弱点です。損益分岐点分析は，あくまでも現状を静態的に分析するツールであって，ここに動きを加えるには，ループ計算に陥る覚悟が必要なのです。

図表3－8　計画作成上の留意点

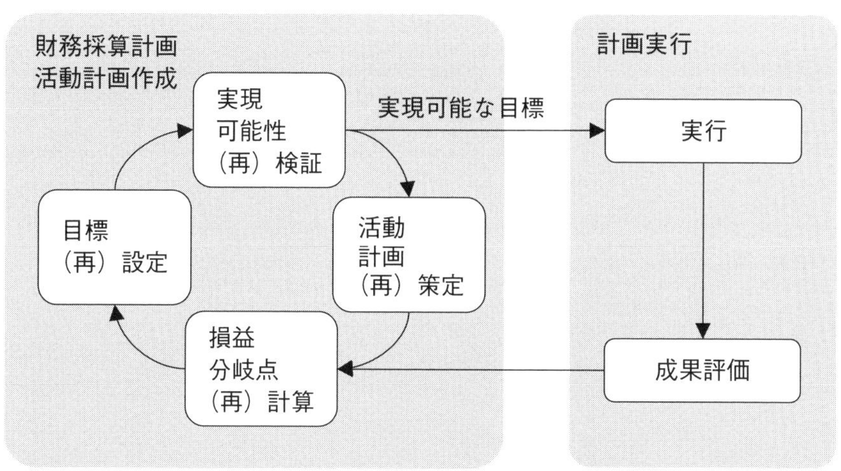

具体的には次のような手順です。図表３－８に示すように，活動計画を策定して損益分岐点売上高を計算し，それを参考に目標を設定したら，その目標がはじめに立案した計画内の活動で実現可能か，つまり売上目標の達成が可能か否かを検証します。実現不可能なら戦略等の活動計画を追加し，再び損益分岐点売上高を計算します。設定し直した目標の実現可能性を再び検証し，実現可能であると確信できるまで図表３－８の左に示したループを繰り返します。

（2）計算繰り返しへの対応

ただし，以上は理屈です。実務では，このループ作業の負担が大きすぎますので，必要以上にこだわる必要はありません。活動計画には実現可能性と併せて目標達成活動を含むよう一定の含みを持たせるなどして，損益分岐点を割り出し，なかば直感的に同時決定させる方法で十分でしょう。理屈は理屈として理解しておき，実務ではそれを踏まえて近似値が得られる方法を工夫するのです。

第2節　採算設計の手順

この節のポイント

- 採算設計手順は次の6つの手順で構成されている。
  - 利益率等設定：損益分岐点分析の前提として設定する。
  - 損益分岐点分析：損益分岐点売上高を財務目標の目途とする。
  - 財務目標設定：採算の3段階を考慮して設定する。
  - 取引諸条件設定：取引条件から決まる各種回転期間を設定する。
  - 計画財務諸表作成：戦略から財務要素を抽出して財務に翻訳する。
  - 採算見通し評価：計画財務諸表から評価し，不十分なら戦略を見直すなど事業化の3要素に立ち返る。

図表3-7に沿って，採算設計の手順を具体的にみていきます。手順は6つありますが，スムーズな理解のため，はじめの利益率等設定は，その次の手順である損益分岐点分析の中で説明します。

また，手順5と6はまとめて④で説明します。

1　損益分岐点分析

前項で例示した花屋の例では，3年目に単年度の黒字を達成することができました。2年目ではまだ赤字でしたから，2年目と3年目との間に黒字化した瞬間があるに相違ありません。それを概念的に確認するため，出てきた数字をプロットしてグラフ化してみましょう。

出てきた数字とは，月額100,000円の家賃，花の単位当たり仕入原価2,000円と販売価格3,000円，それに初年度来店客数800人，翌年度1,100人と3年目の1,400人です。これらを，横軸に売上高，縦軸に売上高・費用をとったグラフにプロットして直線で結ぶと，図表3-9のようになります。

図表3－9　花屋の損益分岐点

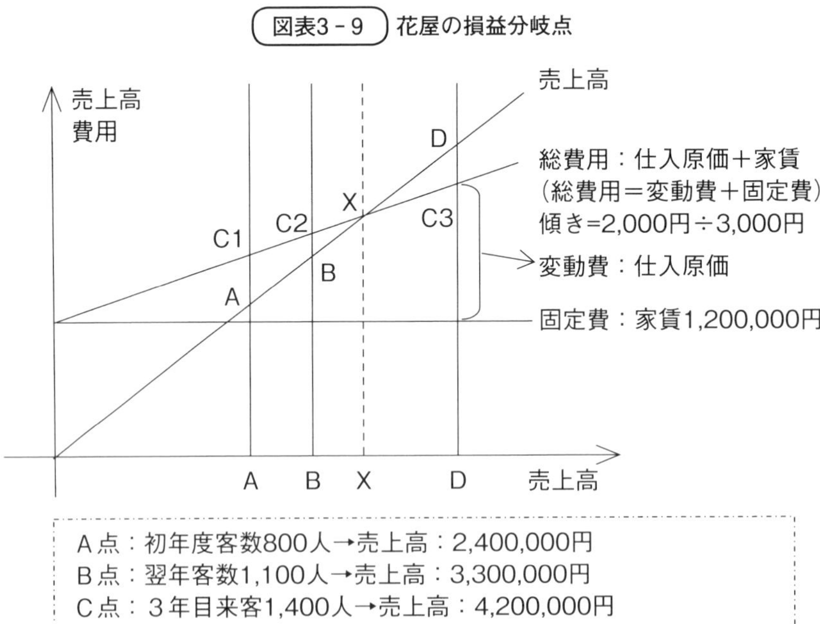

(1) 費用の内訳と変動費率

年間1,200,000円の家賃は売上が変化しても変わりませんから，横軸に平行な線として描きます。売上高が増減しても変化しないので，これを固定費と呼びます。一方，仕入原価は，売上が増加するとそれに比例して増加します。その増え方は，花を3,000円売るごとに2,000円かかるという具合ですから，横軸に沿って右に3,000円進んだ場所から縦軸に沿って上に2,000円だけ登った場所に点をプロットし，そこからまた横軸に3,000円進んで……点をプロット……を繰り返して点を結ぶと，傾きが2,000円÷3,000円の右肩上がりの直線が描かれます。これを固定費線の上に乗せると，その線は家賃と仕入原価を合わせた総費用となり，総費用線が描かれます。この直線は下式で表すことができます。

総費用＝固定費＋(2,000円÷3,000円)×売上高…①

ここで，売上高は販売価格に販売量を乗じた数に等しく，仕入原価は単位当たり仕入原価に販売量を乗じた数に等しくなります。つまり，仕入原価は売上高の増減に応じて変化しますので，これを変動費と呼びます。そして，変動費の売上高に対する比率（①式の（2,000円÷3,000円））を変動費率と呼びます。

（2）損益分岐点売上高

次に売上高をプロットします。初年度売上高2,400,000円は横軸の2,400,000円，縦軸の2,400,000円に対応する点Ａにプロットし，同様に翌年度，３年目の売上高もプロットしてこれらを結ぶと，原点を通る傾き45度の右肩上がり直線の売上高線ができます。

ところで，利益は売上高から費用を差し引いた金額です。初年度の売上は2,400,000円で，グラフではＡ点です。この時の費用は家賃と仕入原価の合計である2,800,000円（=家賃1,200,000円＋仕入原価2,000円×800）で，グラフではC1点です。したがって，初年度の利益は▲400,000円，グラフではＡ点とC1点の間の距離で示されます。同様に，翌年度はＢ点とC2点の間の距離で示されます。このように見ていくと，売上高を表す売上高線と総費用を表す総費用線が交わる点Ｘが，損失が利益に変わる瞬間であることがわかります。この点は①式で表した総費用と売上高が一致する点ですから，下式を満足する売上高が損益を分ける売上高です。これを損益分岐点売上高といいます。

売上高＝固定費＋変動費率×売上高

右辺の「変動費率×売上高」を左辺に移して変形すると，

売上高－変動費率×売上高＝固定費

売上高×（１－変動費率）＝固定費

損益分岐点売上高＝固定費÷（１－変動費率）

となります。（１－変動費率）は限界利益率といいます。

上の例の数字を当てはめると，この花屋の損益分岐点売上高は，

1,200,000円÷（１－0.667）

＝1,200,000円÷0.333≒3,603,604円

この花屋が単年度で採算を実現するために売り上げなければならない金額は

3,603,604円と導き出すことができました。このように，総費用を固定費と変動費に分けて損益分岐点売上高の導出などを行う分析を，損益分岐点分析といいます。

（3）利益率等の設定

ところで，本節は第1節で述べた採算設計の流れに沿って手順をみているにもかかわらず，その最初に来るはずの「利益率等設定」をすっ飛ばしてきました。手順の第2である「損益分岐点分析」を先にしたほうが，利益率等設定が最初に必要となる理由を含めて理解しやすいと思ったからです。

すでに述べたように，損益分岐点売上高は，固定費を限界利益率で割ることによって得られます。ということは，計算する前に固定費と限界利益率が設定されていなければ，損益分岐点売上高を導き出すことができないというわけです。

改めて手順を示すと，「最初に利益率等の設定（限界利益率と固定費）を行い，次にその値を使って損益分岐点分析を行う」という具合になります。なお，既述のように採算設計の流れの最後に採算見通しを評価する結果，限界利益率と固定費を見直さなければならなくなる可能性があります。その場合は，損益分岐点売上高を再計算する必要があります。

また，戦略の中で現状の限界利益率や固定費自体を改善する方針を立てるケースもあります。この場合も既述のように，一定の含みを持たせるなど改善効果を先取りする方法を使い，何度も再計算を繰り返すループ計算に陥らないよう注意すべきでしょう。

2　財務目標の設定

損益分岐点分析の結果をもとに財務目標を設定します。採算には3段階ありましたので，それぞれの段階を目指す目標の項目と，目標水準について分けて説明します。

図表3－10　損益分岐点と採算状況変化

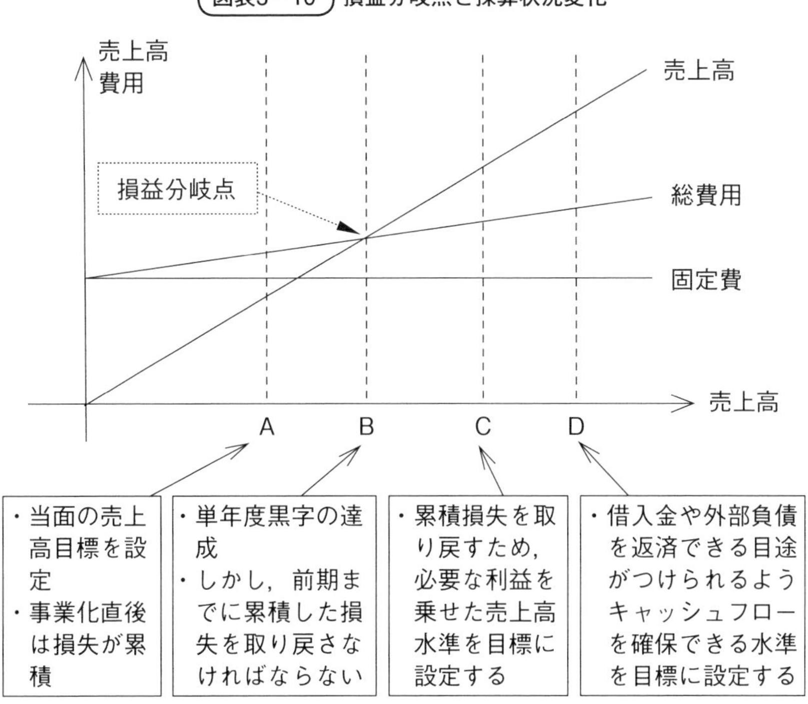

図表３-10は，採算状況の各段階を損益分岐点グラフ上に示したものです。左から順番に，Ａ点が事業化後間もない時期，Ｂ点は単年度期間損益が黒字となる瞬間，Ｃ点は累積損失一掃を目指す状況，Ｄ点は借入金返済の目途がつく状況を表しています。

（１）累積損失一掃までの目標設定

図表３-10をもとに目標を設定します。

①　単年度黒字化の目標設定

まず，Ａ点では，単年度の黒字化を実現するための目標を設定します。損益分岐点グラフのＢ点を目指すわけですから，まず売上高をＢ点まで持っていかなければなりません。B点売上高は上で算出しました。ここで売上高目標を3,603,604円と設定できます。

② 累積損失一掃の目標設定

A点での目標を達成して無事にB点に到達したあかつきには，累積損失の一掃を試みてC点を目指します。花屋の例では，3年目の，おそらく前半でB点を通過し，期末には多少の累積損失を圧縮することができました。

ここで，条件を少し変更し，3年目の売上高が3,603,604円であったとしましょう。この場合，3年目の期末にはまだ500,000円の累積損失が残っています。これを4年目に一掃するためには，売上高が3,603,604円のままではいけません。限界利益で家賃の1,200,000円しか賄うことができないからです。累積損失一掃に必要な金額500,000円も賄うためには，1,700,000円の限界利益が必要です。B点を目指した際の条件と同様，限界利益率と固定費が変化しないという前提では，1,700,000円の限界利益を稼ぎ出すために，5,151,515円（≒1,700,000円÷0.33　ただし0.33は限界利益率）の売上高が必要であると計算できます。

しかし，これでは売上高目標が極端に高くなり，実現困難です。そこで，これを数年に分割して実現可能な水準に落としてみましょう。例えば，1年に100,000円ずつ圧縮するなら，累積損失の一掃までに5年かかりますが，年間の限界利益は1,300,000円で済みますので，売上高目標は3,939,394円（≒1,300,000円÷0.33）まで下げることができます。これなら実現できそうです。

このように，累積損失一掃を目指す場合は，ターゲット市場の需要の強度や競争状況などを考慮して売上高目標の達成難易度を判断し，そのうえで分割条件と年間売上目標を設定しなければなりません（図表3-11参照）。

（2）返済目途をつける目標設定

最後の採算実現段階は，借入金の返済目途がつく売上高水準です。この段階は，先の2段階とは以下の2点で少し異なります。

図表3－11　累積損失の一掃

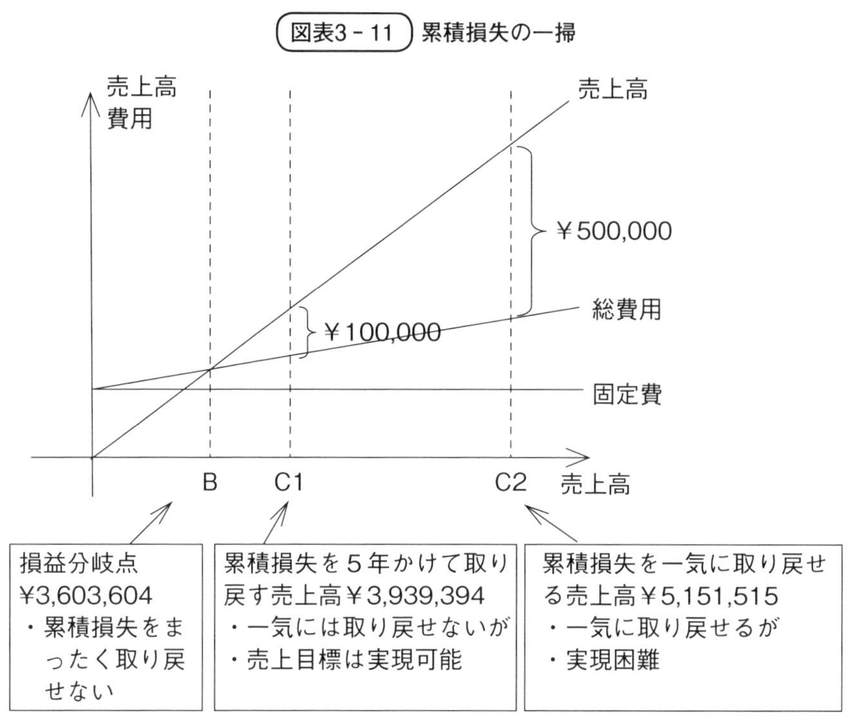

①　キャッシュフローベースの返済

まず，キャッシュフローで考えなければいけない点です。先の２段階は，売上高を確保して損益計算書上の利益を得るのが目的でしたが，ここではキャッシュフロー捻出が目的です。

キャッシュフローは，損益計算書では損失として計上しても，実際にキャッシュが支払われない項目を利益に足し戻して算出します。例えば減価償却費です。これは社外の誰かに現金を支払う費用項目ではありません。また，花を仕入れても仕入代金の支払が６ヶ月後なら，その時までキャッシュの余裕が生じます。

このように，キャッシュフローに着目するのは，借入金の返済がキャッシュベースで行われるからです。いわゆる資金繰りの問題なのです。利益が出ていても資金繰りが破綻すれば企業は倒産しますので，キャッシュフローの管理は重要です。この点については後述します。

②　返済目途と完済

異なる視点の第2は，目指すところが返済の目途であって，完済ではない点です。借入金が残っていることは，必ずしも悪いことではありません。多くの経営者は無借金経営を目指しているようですが，実は外部負債をゼロにして，すべて自己資本で賄う場合の資本コストは決して安くないのです。上手にバランスをとって借入金を活用するほうが，資金調達の効率がよく，資本が活きる運用方法でもあります（詳しくは，拙著『事業資金調達の教科書』（中央経済社）を参照）。

借入金は，関係者の目から見て返済の目途がついている状況にあれば，それで十分です。その目途が具体的にどこにあるのかを客観的に示すのは簡単ではありませんが，累積損失一掃後も相応の利益蓄積ができ，生み出されたキャッシュフローで融資契約上の返済原資をカバーしている状態であればいいでしょう。これが第3段階の目標設定です。

なお，利益とキャッシュフローは異なることと，借入金は貸借対照表上の項目であり，必ずしも累積損失を埋めるだけのものではないことから，累積損失一掃と借入金の返済目途は，達成できる順序が異なる場合もありますので，了解してください。図表3-10での点Dが点Cよりも左に来ることもありうるのです。ただし，超長期的には，キャッシュフローは損益計算書と一致しますので，点Bよりも左に来ることはありません。

3　取引諸条件の設定

採算設計の流れの後半は計画財務諸表の作成が中心です。ただし，財務諸表の勘定科目の全部について，個別に数字を埋めていくわけではありません。一定の条件のもと，互いに連動し合う勘定科目がいくつかあるからです。そんな関係にある科目間では，一方の勘定科目の数字が決まれば自動的に他方の数字も決まります。

（1）３つの条件設定

そこで，計画財務諸表作成の準備として，その連動関係の条件を設定しましょう。少なくとも下記３つの取引条件を決めておく必要があります。ただし，売上代金や仕入代金の決済は必ず「掛け」で行うものとします。「現金」で行う場合は，「掛け」の期間をゼロとすればいいので，「掛け」を前提にしても問題ありません。

- 売掛債権回転期間
- 買掛債務回転期間
- 在庫回転期間

売上が計上されると，同額の売掛債権（掛け売り代金として後日請求する金額）が発生します。計上してから決済（実際に代金を回収する）までの期間が２ヶ月の場合は，前月に発生した売掛債権に当月分が積み重ねられて，２ヶ月分の債権額に膨らみます。しかし，翌月には前月分が決済されますので，翌月分が積み重ねられても，債権残高は２ヶ月分のまま変わりません。このとき，売掛債権回転期間は2.0ヶ月というように捉えます。決済までの期間が３ヶ月の場合は3.0ヶ月です。同様に，買掛債務回転期間も，仕入金額の決済までの期間に応じて回転期間が決まります。在庫については，月間売上高の何ヶ月分を保有するかで回転期間が決まります。

（2）すでに見える貸借対照表の姿

ところで，条件設定はほかにもありました。採算設計の流れの最初に設定した利益率等です。そして，損益分岐点分析を経て売上高目標も設定してきました。この売上高と利益率から上記の諸回転期間を使うと，貸借対照表の姿が見えてきます。図表３-12をご覧ください。

図表3－12 条件設定と財務諸表

貸借対照表

資産		負債	
現金	…	買掛債務	48
売掛債権	40	借入金	…
在庫	20	資本金	…
設備	…	剰余金	8

損益計算書

売上高	240
変動費	192
固定費	40
純利益	8

売掛債権回転期間＝2ヶ月
買掛債務回転期間＝3ヶ月
在庫回転期間＝1ヶ月

限界利益率＝1－変動費率＝0.2
固定費＝40
（売上高＝240と設定した）

貸借対照表の姿が見えてくるプロセスは下表のとおりです。

a　限界利益率（＝1－変動費率）を0.2と設定する。

b　固定費を40と設定すると，損益分岐点売上高が200と計算できる（＝固定費40÷限界利益率0.2）。

c　純利益8を確保したいので，目標売上高を240と設定する（＝(固定費40＋純利益8）÷限界利益率0.2）。

d　売掛債権回転期間を2ヶ月とすると，貸借対照表の売掛債権が計算できる（40＝売上高240×（2ヶ月/12ヶ月））。

e　買掛債務回転期間を3ヶ月とすると，買掛債務が計算できる（48＝売上高240×変動費率0.8×（3ヶ月/12ヶ月）。

f　在庫回転期間を1ヶ月とすると在庫が計算できる（売上高240×（1ヶ月/12ヶ月）（ただし，在庫は便宜的に売価で計算する）。

4　計画財務諸表と採算見通し

前項までで，利益率等の設定，取引諸条件の設定によって貸借対照表と損益計算書の一部が見えてくることがわかりましたが，それはまだ周辺に過ぎません。計画財務諸表を作成するにはもっと核心に触れる肝心な作業が必要です。まず，まだ見えてこない部分を整理し，これを見えるようにする方法をみていきましょう。

なお，一般に財務諸表は，貸借対照表，損益計算書，キャッシュフロー計算書，株主資本等変動計算書，附属明細表などがありますが，本書のテーマに即し，ここでは俗に財務３表といわれている，貸借対照表，損益計算書，キャッシュフロー計算書に範囲を限定します。

（1）計画財務諸表で捉える範囲

第１節冒頭で，事業化を検討するには他人が作った財務諸表を読むのではなく自分自身で作らなければいけないと書きました。ただ，目的は事業化なので，細かい数字に埋もれてしまわないようポイントだけを押さえるべきだとも書きました。これを踏まえて計画財務諸表で捉える範囲を絞り込みます。

①　勘定科目の絞込み

まず勘定科目を絞る必要があります。図表３-13をご覧ください。

流動資産は現金・売掛債権・在庫の３つに絞りました。現預金には当座預金や定期預金などを含みます。売掛債権には売掛金や受取手形などの内訳が考えられますが，いずれも売上代金の請求権利として捉えるなら売掛債権にまとめることができます。在庫は製品，原材料など稼働してない一時滞留資産としてまとめて捉えています。

現実のB/Sには，ほかに仮払金や前払金などありますが，いずれは請求権になるか，そもそも異例な取扱いであるために，計画では考慮する必要のないも

図表3－13 貸借対照表と損益計算書

【貸借対照表　B/S】

資産	負債
現預金	買掛債務
売掛債権	借入金
在庫	資本金
固定資産	剰余金

【損益計算書　P/L】

売上高
変動費
限界利益
固定費
固定費内訳
純利益

のです。

損益計算書も相当絞りました。固定費は必要に応じて内訳を用意してください。なお，現実の損益計算書は，製造原価や売上原価，販売管理費のように区分しており，変動費と固定費が混在しています。これは会計基準に沿ったものですが，事業化検討では，損益分岐点分析に基づいた採算管理に主軸を置いて

図表3－14 見えてきた項目

資産	現預金	
	売掛債権	売上高×売掛債権回転期間
	在庫	売上高×在庫回転期間
	固定資産	
負債資本	買掛債務	変動費×買掛債務回転期間
	借入金	
	資本金	
	剰余金	毎年度の成果（純利益）の積み重ね
損益計算書	売上高	損益分岐点分析を基に目標として設定
	変動費	総額は売上高×変動費率，内訳は未定
	限界利益	1－変動費率
	固定費	総額は暫定的に初期設定，内訳は未定
	純利益	売上高－(変動費＋固定費)

いるため，変動費と固定費に分けています。

②　まだ見えてこない項目

図表３-13のうち，利益率等の設定，取引条件の設定によって見えてきたものが図表３-14の網掛け部分です。したがって，それ以外を埋めていくことによって計画貸借対照表と計画損益計算書を作成することができます。

まだ見えない項目は，以下の２つのグループに分けることができます。

- 戦略によって決まるもの＝固定資産・変動費と固定費の内訳
- 資金調達に関わるもの＝現預金・借入金・資本金

前者については次項「戦略からの財務要素抽出」，後者は「計画キャッシュフロー計算書」で述べます。

（２）戦略からの財務要素抽出

戦略は，事業化の４つの要素のうちの「どうやって」が担当する分野です。この点は，売上高を販売価格と販売量に分解してみると明らかになります。図表３-15の上段に示した式がそれです。

図表3－15　財務採算と「誰に」「何を」との関わり方

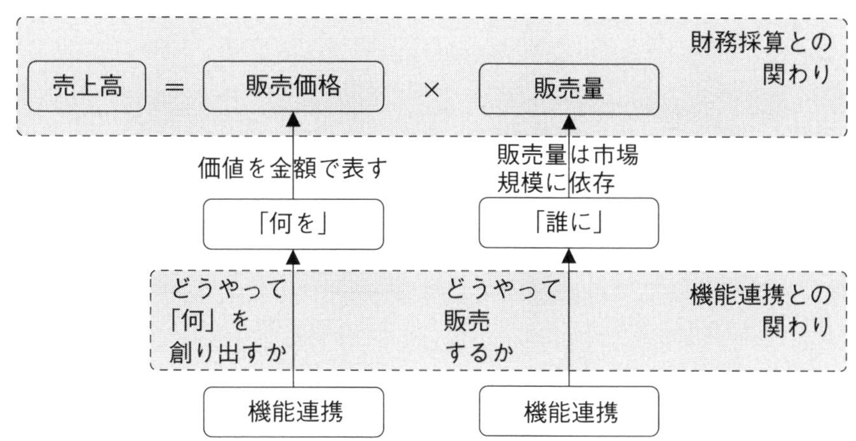

① 売上高の構成要素と財務の関わり

右辺のそれぞれの項を，財務採算とここまで述べてきた事業化関連要素との関係に割り当ててみます。第1項の販売価格は「何を」との関わりで捉えることができます。「何」は製品やサービスの内容ですが，その価値を金額で表した価格で財務採算と関わってくるというわけです。また，第2項の販売量は「誰に」との関わりで捉えます。顧客が多い市場に販売できるなら販売量も多くなる可能性があります。そして，実は事業化関連要素の「どうやって」，は図表の下段に示すように，「何を」と「誰に」の両方と関係を持っています。

② 「何を」と戦略の関わり

「何を」からみていきましょう。販売価格は「何」の価値と釣り合っていなければなりません。需要者からみて，提供する製品やサービスの価値を不当に上回る価格を呈示されても購買意欲は刺激されませんし，逆に下回る価格では販売量が増えても収益機会を失うことになります。

したがって，希望する価格で販売したいなら，それに見合う「何」をどうやって創り出すのかがポイントになります。それはすなわち，機能連携をいかに構成するかという戦略の問題です。販売価格は売上高を構成する要素として財務採算と関わり，同時に「何を」どう創り出すかという点で機能連携，すなわち戦略と関わりを持つのです。

③ 「誰に」と戦略の関わり

「誰に」についてはどうでしょう。上記のように販売量は市場規模に応じて増減しますが，せっかく大きな規模の市場を標的にすることができても，攻略戦略が不十分ならエリア当たりの購買決定者密度は低く，期待する販売量を確保することはできません。販売量は市場規模に依存しつつ，どうやって販売するかにも依存するのです。「誰に」も，売上高を構成する要素として財務採算と関わり，同時にどう販売するかという点で機能連携と関わりを持つということがわかります。

④　関連する勘定科目

上記の戦略を実行するには費用がかかります。既述のように，機能連携の各機能を担うのは経営資源です。必要な機能が欠落している場合は資金を投下して，当該機能を担う経営資源を取得しなければなりません。また，機能があっても十分な力を発揮できていない場合も，資金を投下して当該機能を担っている経営資源を増強します。

有形にせよ無形にせよ経営資源を取得・強化したり，運用したりするには，資金を投下したり経費をかけたりする必要があるのです。これが「どうやって」すなわち機能連携と経費，ひいては財務採算との関わりです。これを整理すると，財務採算と他の事業化要素との関わりは図表３-16のようになります。

図表中の費用の原因である経営資源の確保・運用において，これが機械設備や社屋などの確保になる場合は固定資産に計上され，取得後は減価償却費として固定費の内訳となるほか，設備運転費用などの変動費の内訳になります。人的経営資源の確保のために社員を採用するなら，人件費という固定費の内訳となるでしょう。また，生産機能において部品を外注化するなら変動費に計上されます。

図表3－16　財務採算と事業化３要素との関わり

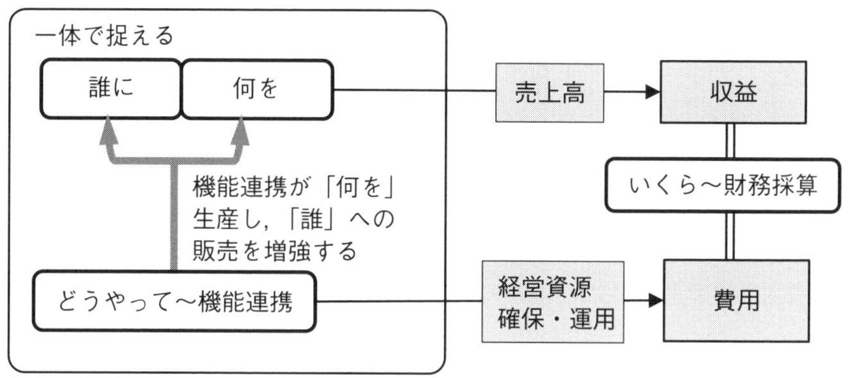

このようにして，機能連携をいかに構成するかという戦略から，ここまで見

えてこなかった「固定資産」や「変動費」と「固定費」の内訳が見えてきます。

(3) 計画キャッシュフロー計算書

キャッシュフローは文字どおり現金の流れです。必要なときに現金(または,いつでも支払に充てることができる要求払預金)が不足しないよう注意する必要があります。不足すると支払不能に陥り,倒産に追い込まれますので,現金の出入りはよく管理し,一時たりとも不足するようなことがあってはなりません。

① 利益計上しても資金が不足するケース

現金の入りを収入,支払を支出と捉えると損益計算書に似ていますが,同じではありません。P/L上は利益が出ていても,支払不能に陥ることがあるのです。例えば図表3-17に示すように,70で仕入れて100で売り上げる場合,P/L上は30の利益が発生しますが,キャッシュフローは30日後に不足します。この場合は,30日後から60日後までの期間だけ資金を調達して,資金不足の穴を埋めなければいけません。

図表3-17 損益計算書と現金不足

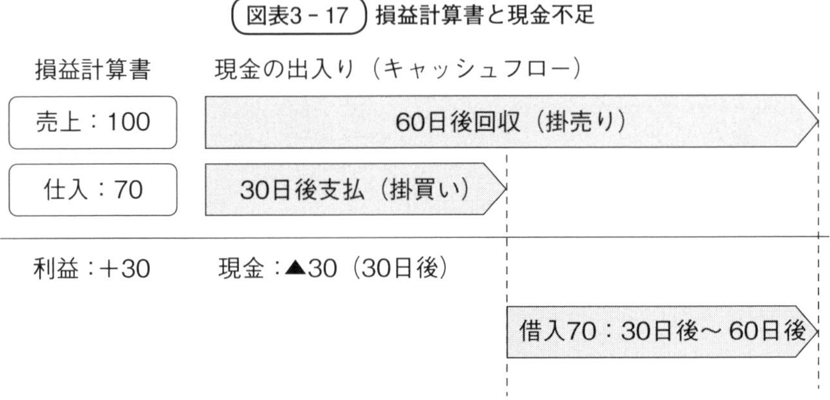

このあたりを事業化後も年度ごとに管理するために,計画キャッシュフロー

計算書を作成します。

②　キャッシュフロー計算書の構成

キャッシュフロー計算書には直接法と間接法の２種類ありますが，財務採算を概括的に把握するためには貸借対照表の関わり方でみる間接法のほうが都合がよいため，間接法で説明することにします。

キャッシュフロー（以降，必要に応じてCFという）は仕入や売上などの営業活動と設備導入などの投資活動，借入返済などの財務活動を分けて作成します。B/SやP/Lと同じように概括的に把握するために，必要項目だけに限定してキャッシュフロー計算書（以降，必要に応じてCF計算書という）を図表３-18のように作成しました。

図表3－18　キャッシュフロー計算書

	項　目	CF効果	説　　明
	期首残高		現金と現金同等物の期首残高
営業	利益	＋	営業CF初期値として以下の項目で加減調整
	売掛債権増	▲	回収猶予額が増えてCFにはマイナス
	在庫増	▲	資金が食われてCFにはマイナス
	買掛債務増	＋	支払猶予額が増えてCFにはプラス
	減価償却費	＋	現金流出しないので利益に足し戻す
投資	設備購入	▲	現金の支払を伴うのでCFにはマイナス
	設備売却	＋	売却代金を受け取るのでCFにプラス
財務	借入れ	＋	手元現金が増えてCFにはプラス
	返済	▲	手元現金を返済に充てCFにはマイナス
	期末残高		現金と現金同等物の期末残高

１行目の期首現金残高に期中の増減を加減して最終行の期末現金残高になる構成になっており，期中の増減は営業および投資，財務の各活動に分けて表示されます。

③ 増減の仕方

営業活動では，P/L上の利益に増減要因を調整する方法で営業CFを算出しています。例えば，売掛債権残高が前期より増えている場合は，それだけ回収できていない売上代金請求額が増えていることになるので，P/L上の利益からは減算しなければなりません。したがって，「売掛債権増」は「▲」で表示しています。

また，減価償却費はP/L上では利益に対してマイナス要因ですが，現金が出ていくわけではないため，P/L上の利益に対して「＋」で表示しています。

投資活動では，設備を購入すると現金が出ていきますので「▲」，設備を売却する場合はその逆です。財務活動では，借り入れると現金が増えますので「＋」，返済は現金（CF）の減少要因です。

④ 関連する勘定科目

CF計算書は本来，過去の現金増減要因を事後的に分析するために用いられますが，事業化では，将来のCFを年度ごとに計画するツールとして利用できます。特に，間接法は，売掛債権や買掛債務など取引条件の変化や売上高の変化が目に見える形で反映されますので，戦略効果を概括的に評価するのにも便利です。

さて，資金調達に関わる見えてこないものとして，現預金・借入金・資本金がありました。このうち，現預金は図表３-18の期首と期末の現金残高に当たります。また，借入金や資本金は財務活動から見えてきます。したがって，計画CF計算書上で現預金の過不足に合わせて借入れや返済をすることで，B/S上の現預金や借入金，資本金など資金調達に関わる勘定科目を決めることができます。

なお，CF計算書上の他の項目は，B/SとP/Lから自動的に決まります。したがって，計画CF計算書から能動的に決めてやる必要があるのは資金調達関連項目だけです。

ここまで，計画財務諸表の作成を仕組み面からみてきました。この作業は採算設計の流れの中でも特に大きな仕事です。それだけに仕組み面からだけでは実戦に活用できるほど理解が進まないかもしれません。そこで，戦略別の作成方法を第３節で詳しく述べますので，そちらも参考にしてください。

（4）採算見通しの評価

採算設計の流れの最後は，採算見通しの評価です。

図表3－19　採算見通しの評価

採算の段階	評　価　の　方　法
単年度黒字化	計画P/Lの最終利益が黒字であること
累積損失一掃	計画B/Sの剰余金がプラスであること
返済の目途をつける	計画CF計算書の財務活動で返済が進むこと

図表３-19は，採算の３つの段階別に採算の条件を表示したものです。計画財務諸表がカバーしている期間において，期待している年度にそれが実現していれば，事業化計画は妥当であると評価できます。

例えば，３年で単年度黒字を達成し，５年後には累積損失を一掃できるのが望ましいと思うとき，計画財務諸表で１年目で単年度黒字化して累積損失も発生しないと出た場合，売上目標や利益率設定に無理がないか実現可能な機能連携などを疑い，逆に何年たっても実現しなければ機能連携をもっと強化する戦略を練るなどの対策を講じる動機になります。

こういった評価ができて評価結果を戦略にフィードバックできるのは，計画財務諸表が単に鉛筆を舐めて作ったものではなく，事業化関連要素を合理的に反映させて作成しているからです。次節では，戦略を財務という言語に翻訳して合理的に計画財務諸表を作成する方法を，戦略別にみていきます。

第3節 戦略別の財務表現と採算見通し評価例

この節のポイント

- 前章第３節「戦略別の機能連携の組立例」で使った６つの戦略それぞれについて計画財務諸表を作成し，採算見通しを評価する。
- 大方の事業化戦略はこの６パターンに絞ることができ，実務では複数を組み合わせるなどして多くを網羅できる。
- ただし，機能連携のうち，無形経営資源など財務に翻訳できない部分もある。

財務採算設計の最終段階として，戦略から財務への表現が必要な要素を取り出して，計画財務諸表を作成し，それをもとに採算見通しを評価する方法をみていきます。

例として使う戦略は前章第３節で使ったものです。その際に立案した機能連携を踏まえながら見ていきましょう。既述のように，機能連携は財務に反映できるものとできないものがあります。反映できない機能連携はどの部分かなどを把握しながら見ていくと，財務の限界を感じることもできます。そんなときは，事業の確かさを機能連携図で説明する必要があります。

なお，各例に適用する前提条件は，原則として限界利益率40％，売掛債権回転期間3.0ヶ月，在庫回転期間2.0ヶ月，買掛債務回転期間を5.0ヶ月とします。これを各目標達成活動に前提として適用し，案件により必要に応じて設定を調整します。売掛債権と在庫の回転期間は月当たりの売上高をベースにし，買掛債務回転期間は変動費をベースとしました。業種や業態によってこの前提条件はさまざまですから，実務ではそれぞれの現実に沿った設定をしてください。

1 製品差別化戦略

製品差別化戦略は，成熟した競争市場に参入する場合や参入している市場の競争が激しくなる環境下，その競争に勝つために製品やサービスの差別化を行って，ターゲット顧客に自社製品を選んでもらうものでした。

差別化の方法を研究開発して製品に反映させますので，研究者を採用もしくは増員して開発費予算を付与します。したがって，働きかけの対象とする経営資源は無形の経営資源です。差別化できた製品を市場に投入すると徐々に売上が伸び，それに伴って売掛債権や買掛債務等も増えてくるはずです。

(1) 戦略ストーリーと財務要素の抽出

このストーリーを財務表現に翻訳する方法は，図表3-20のとおりです。左側にストーリーを上から下へ進行順に表示し，ストーリーの行動ごとに損益計算書や貸借対照表のどの科目に反映するかを矢印で示しました。

なお，金額は戦略によって変わる増減額だけで捉えていますので，注意してください。戦略効果を評価するのが目的ですから，戦略実行前の各値をゼロとしておいたほうが効果が見えやすいのです。

まず，研究者を採用しますので人件費が増えます。これを固定費Aで経理し，50円だけ増やします。研究開発費も固定費として30円増やします。研究成果が売上増加となって表れるはずですから，それに伴って売掛債権，在庫，買掛債務がそれぞれの回転期間で計算した分だけ増えます。例えば，売掛債権の場合，年間増加売上高180円の1ヶ月分（15円）に回転期間（3.0）を乗じた45円だけ増えるわけです。買掛債務は変動費をベースにしていますので，(180円÷12)×60%×5.0＝45円だけ増えます（変動比率＝1－限界利益率)。変動費は売上高に変動比率を乗じて算出します。売上高が変化すると売掛債権や在庫，買掛債務もこれに伴って回転期間で計算した分だけ増減する点が大事です。

研究開発活動が数期後に終了すると研究開発費はなくなりますが，人件費は一部残っていくと想定しました。

図表3－20 製品差別化戦略の初期財務表現

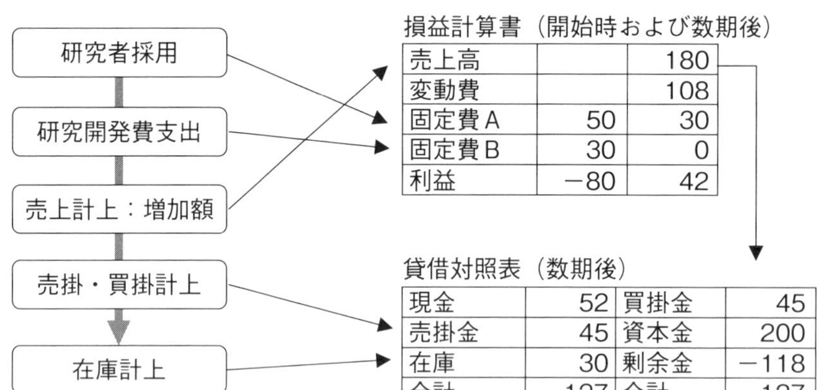

損益計算書（開始時および数期後）

売上高		180
変動費		108
固定費A	50	30
固定費B	30	0
利益	−80	42

貸借対照表（数期後）

現金	52	買掛金	45
売掛金	45	資本金	200
在庫	30	剰余金	−118
合計	127	合計	127

・製品差別化を図るため，研究者を採用し，固定費Aに計上
・研究開発費を固定費Bに計上
・研究終了後は固定費Bはゼロ，人員は一部解雇で固定費A一部削減
・差別効果により売上高増加分180を計上，併せて売掛債権・在庫・買掛債務にも反映

（2）計画財務諸表の作成と採算見通し

戦略ストーリーは，一定の期間を経てその目的を達成するものですから，上で抽出した財務要素を数年間の計画財務諸表に落とし，その推移状況を表してみる必要があります。その数年間の間に採算に乗ればいいというわけです。

① 諸条件の設定と損益分岐点売上高

まず諸条件を設定します（図表3-21参照）。固定費の内訳として，研究者採用に伴う人件費と研究開発費を儲けました。研究開発は2年で成果を上げられるとするため，3期以降の開発費はかかりませんが，人員は簡単に解雇できないとの前提で，その後も一部は残る設定にしています。

損益分岐点売上高は，限界利益と固定費から機械的に算出したものですから，これがそのまま目標になるとは限りません。もちろん，これを参考にしますが，機能連携の活動を考慮しながら財務計画を設定します。

図表3－21　諸条件設定と損益分岐点売上高

	0期	1期	2期	3期	4期	5期	6期	7期
限界利益率	40.0%	40.0%	40.0%	40.0%	40.0%	40.0%	40.0%	40.0%
固定費	0	80	80	30	30	30	30	30
開発費	0	30	30	0	0	0	0	0
人件費	0	50	50	30	30	30	30	30
損益分岐点売上高	0	200	200	75	75	75	75	75
売掛債権回転期間	3.0	3.0	3.0	3.0	3.0	3.0	3.0	3.0
在庫回転期間	2.0	2.0	2.0	2.0	2.0	2.0	2.0	2.0
買掛債務回転期間	5.0	5.0	5.0	5.0	5.0	5.0	5.0	5.0

②　計画貸借対照表・損益計算書の作成

上記の前提条件に沿って戦略ストーリーから抽出した財務要素を使って，計画貸借対照表と計画損益計算書を作成しました（図表３-22）。既述のように，ここで作成する財務計画は本件戦略の効果のみを表すものとします。本件戦略実施前の営業については考慮しません。そのため，０期の財務は資本金と現金以外はゼロを初期値としていますので注意してください。

計画は０期の期末に資本金を払い込んで現金を準備するところから作成します。その現金は１～２期に人件費と研究開発費として費やされます。成果が表れるまでの間，剰余金に損失が累積しますが，３期から売上高に反映されて単年度黒字が実現してからは徐々に解消され，６期には一掃できる計画です。売上高は，損益分岐点売上200円と試算される時期もありますが，その後負担軽減等を考慮して３期以降180円を計画しました。

③　計画キャッシュフロー計算書の作成

ところで，上記はキャッシュフローを考慮していません。はじめに十分な資金を資本金として払い込むので，計画期間を通じて現金が不足しないのです。

図表3－22 製品差別化戦略の計画B/S・P/L

	0期	1期	2期	3期	4期	5期	6期	7期
売上高	0	0	0	180	180	180	180	180
変動費	0	0	0	108	108	108	108	108
限界利益	0	0	0	72	72	72	72	72
固定費	0	80	80	30	30	30	30	30
開発費		30	30	0	0	0	0	0
人件費		50	50	30	30	30	30	30
利益	0	−80	−80	42	42	42	42	42

	0期	1期	2期	3期	4期	5期	6期	7期
現金	200	120	40	52	94	136	178	220
売掛債権	0	0	0	45	45	45	45	45
在庫	0	0	0	30	30	30	30	30
固定資産	0	0	0	0	0	0	0	0
資産計	200	120	40	127	169	211	253	295
買掛債務	0	0	0	45	45	45	45	45
資本金	200	200	200	200	200	200	200	200
剰余金	0	−80	−160	−118	−76	−34	8	50
負債・純資産計	200	120	40	127	169	211	253	295

しかし，現実の事業化は資金のやり繰りが必要です。そこで，資本投入額を50円に絞り，1期以降の必要資金は借入金で賄うこととして計画キャッシュフロー計算書を作成しました（図表3-23参照）。

表は上から，現金の期首残高，当期利益，営業CF，投資CF，財務CF，期末現金残高の順に配置されています。営業CFは計画P/Lの利益を転記，売掛債権増および在庫増，買掛債務増は計画B/Sの該当科目の増減額を記入，減価償却費は計画P/Lから転記しています。なお，この戦略では投資は動きませんので投資CFはゼロです。

財務CFは借入れと返済を記入します。0期は資本を50追加したので，これを借入れとして計上します（株式発行による収入は財務CFの収入としてみる）。

図表3－23　製品差別化戦略の計画CF計算書

	0期	1期	2期	3期	4期	5期	6期	7期
期首現金残高	0	50	90	10	22	24	26	28
利益	0	−80	−80	42	42	42	42	42
売掛債権増	0	0	0	45	0	0	0	0
在庫増	0	0	0	30	0	0	0	0
買掛債務増	0	0	0	45	0	0	0	0
減価償却費	0	0	0	0	0	0	0	0
設備購入	0	0	0	0	0	0	0	0
設備売却	0	0	0	0	0	0	0	0
借入れ	50	120	0	0	0	0	0	0
返済	0	0	0	0	40	40	40	0
期末現金残高	50	90	10	22	24	26	28	70

1期からは，人件費や研究開発費の支出があることと，売上高に寄与するまでに2年かかることを考慮し，120円を6年の長期借入金で賄うことにしました。

この計画CF計算書を考慮すると，計画B/Sは図表3-24のように変わります。変わった箇所は現金および借入金，資本金です。ちなみに，現金は計画CF計

図表3－24　製品差別化戦略の計画B/S（CF考慮）

現金	50	90	10	22	24	26	28	70
売掛債権	0	0	0	45	45	45	45	45
在庫	0	0	0	30	30	30	30	30
固定資産	0	0	0	0	0	0	0	0
資産計	50	90	10	97	99	101	103	145
買掛債務	0	0	0	45	45	45	45	45
借入金	0	120	120	120	80	40	0	0
資本金	50	50	50	50	50	50	50	50
剰余金	0	−80	−160	−118	−76	−34	8	50
負債・純資産計	50	90	10	97	99	101	103	145

算書の期末現金残高と各期とも一致していることが確認できます。

なお，計画P/Lは変わりません。

④ 採算見通し評価

以上から，単年度黒字は３期目に実現し，６期には累積損失も一掃できることがわかります。また，借入金も６期には完済できる見通しとなりましたので，採算に乗せることができるとの見通しが明らかになりました。

2 省力化戦略

省力化戦略は，人材採用難を背景に人件費が高止まりする環境下，人による作業を機械に代替させる方法で製造原価を節約しようとする戦略です。節約によって発生した利益分だけ販売価格を引き下げて，顧客に還元するなら，価格競争力を強化する効果が得られるでしょう。しかし，ここでは利益を得る段階までに限定して財務に表現します。前項同様，ここでも増減額だけを示します。

(1) 戦略ストーリーと財務要素の抽出

人的作業を機械作業に切り替えるため，無形経営資源を削減して購入価格100円の有形経営資源を導入するストーリーです（図表３-25参照）。

機械設備を導入すると，購入価格だけ貸借対照表の固定資産が増えますが，その金額は損益計算書には計上されません。購入時負担は，その機械が使える期間に配分して損失計上するからです。したがって，損益計算書には機械の耐用年数を（説明の都合上）５年とし，20円を減価償却費として固定費Ａに計上しました。貸借対照表には80円とありますが，これは１期の償却を終えた状態です。減価償却の効果を仕訳（直接法）で示すと下のようになります。

減価償却費20円／固定資産20円

損益計算書の左は費用増，貸借対照表の右は資産減を表すルールでした。したがって，これは資産価値を落としてその分を損失と認識したという意味です。

図表３－25　省力化戦略の初期財務表現

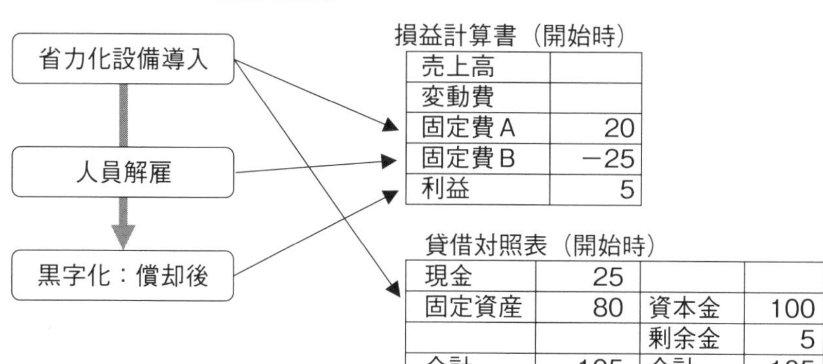

損益計算書（開始時）

売上高	
変動費	
固定費Ａ	20
固定費Ｂ	−25
利益	5

貸借対照表（開始時）

現金	25		
固定資産	80	資本金	100
		剰余金	5
合計	105	合計	105

・省力化設備導入，固定資産計上，減価償却費として固定費Ａを計上
・設備導入に伴う余剰人員を解雇，人件費として固定費Ｂを25削減

これは，この機械の帳簿上の価値がゼロになるまで（厳密には残存価額１円を残すが）毎年続けます。設備投資では導入時に代金満額資金が必要ですが，損失は長期に分けて負担する点が大事です。

一方，不要になった人員を解雇することから，人件費は削減されます。その効果を25円として固定費Ｂに計上しました。

（２）計画財務諸表の作成と採算見通し

上記の戦略ストーリーを０期から７期までの計画財務諸表に落として採算見通しを判断しましょう。ここでも増減額だけで作成します。

①　諸条件の設定と損益分岐点売上高

まず諸条件を設定します。（図表３-26参照）。

図表3－26　諸条件設定と損益分岐点売上高

	0期	1期	2期	3期	4期	5期	6期	7期
限界利益率	40.0%	40.0%	40.0%	40.0%	40.0%	40.0%	40.0%	40.0%
固定費	0	−5	−5	−5	−5	−5	−25	−25
減価償却費	0	20	20	20	20	20	0	0
人件費	0	−25	−25	−25	−25	−25	−25	−25
損益分岐点売上高	0	−13	−13	−13	−13	−13	−63	−63
売掛債権回転期間	3.0	3.0	3.0	3.0	3.0	3.0	3.0	3.0
在庫回転期間	2.0	2.0	2.0	2.0	2.0	2.0	2.0	2.0
買掛債務回転期間	5.0	5.0	5.0	5.0	5.0	5.0	5.0	5.0

機械設備を購入したので，1期から5期まで減価償却費が発生します。また，機械に代替した人員は解雇するため，人件費は計画期間を通じて25のマイナスで計上します。

これを固定費の内訳とし，固定費の増加分は▲5となりますので，損益分岐点売上高は，この戦略を実行する前より減少するはずです。実際に表では，固定費（▲5）÷限界利益率（40.0%）≒▲13と表示されています。また，6期以降は減価償却費がなくなりますので，損益分岐点売上高は▲63に変わります。

取引条件はそれぞれ表に表示したとおりとします。

②　計画貸借対照表・損益計算書の作成

上記の前提条件に沿って，7期までの計画貸借対照表と計画損益計算書を作成すると，図表3-27のようになります。

0期末に資本金を100払い込み，その資金を全額投じて機械設備を購入して固定資産に計上します。設定条件から5年の均等償却としましたので，減価償却費20円（＝100÷5年）を計上しますが，人件費が25円だけ節約できます。減価償却は5期までですが，人件費はその後も節約できますので，6期以降は固定費が25円節約でき，利益も増加します。

売上高は損益分岐点が下がりますが，生産方法を変更しただけですから販売

図表３－27　省力化戦略の計画B/S・P/L

	0期	1期	2期	3期	4期	5期	6期	7期
売上高	0	0	0	0	0	0	0	0
変動費	0	0	0	0	0	0	0	0
限界利益	0	0	0	0	0	0	0	0
固定費	0	−5	−5	−5	−5	−5	−25	−25
人件費	0	−25	−25	−25	−25	−25	−25	−25
減価償却費	0	20	20	20	20	20	0	0
利益	0	5	5	5	5	5	25	25

現金	0	25	50	75	100	125	150	175
売掛債権	0	0	0	0	0	0	0	0
在庫	0	0	0	0	0	0	0	0
固定資産	100	80	60	40	20	0	0	0
資産計	100	105	110	115	120	125	150	175
買掛債務	0	0	0	0	0	0	0	0
資本金	100	100	100	100	100	100	100	100
剰余金	0	5	10	15	20	25	50	75
負債・純資産計	100	105	110	115	120	125	150	175

に影響しないため，売上目標を下げる必要はありません。節約できた分だけ価格を引き下げるなら，売上高増強に寄与するでしょう。潜在的な価格競争力を手に入れたことになります。

③　計画キャッシュフロー計算書の作成

上記では，設備投資資金を資本で賄いましたが，これを借入金で賄うとして計画キャッシュフロー計算書を作成します（図表３-28）。０期末に借入れを100円行い，この資金でただちに機械設備を購入します。したがって，投資CFは▲100円，財務CFは100円となって０期末現金残高は０円です。

１～５期まで，現金が流出しない費用である減価償却費が20円発生しますので，営業CFでは利益に20円だけ足し戻します。また，返済は１期末より開始し，５期末には完済する計画です。

図表3－28　省力化戦略の計画CF計算書

	0期	1期	2期	3期	4期	5期	6期	7期
期首残高	0	0	5	10	15	20	25	50
利益	0	5	5	5	5	5	25	25
売掛債権増	0	0	0	0	0	0	0	0
在庫増	0	0	0	0	0	0	0	0
買掛債務増	0	0	0	0	0	0	0	0
減価償却費	0	20	20	20	20	20	0	0
設備購入	−100	0	0	0	0	0	0	0
設備売却	0	0	0	0	0	0	0	0
借入れ	100	0	0	0	0	0	0	0
返済	0	20	20	20	20	20	0	0
期末残高	0	5	10	15	20	25	50	75

この計画CF計算書を反映した計画B/Sは，図表３-29のようになります。計画P/Lは変わりません。

図表3－29　省力化戦略の計画B/S（CF考慮）

現金	0	5	10	15	20	25	50	75
売掛債権	0	0	0	0	0	0	0	0
在庫	0	0	0	0	0	0	0	0
固定資産	100	80	60	40	20	0	0	0
資産計	100	85	70	55	40	25	50	75
買掛債務	0	0	0	0	0	0	0	0
借入金	100	80	60	40	20	0	0	0
資本金	0	0	0	0	0	0	0	0
剰余金	0	5	10	15	20	25	50	75
負債・純資産計	100	85	70	55	40	25	50	75

④　採算見通し評価

このケースでは，初年度から単年度黒字が実現しています。以降，単年度で赤字は発生していませんので，累積損失の一掃も心配する必要がありません。借入金も５期末で完済していますので，財務採算は良好との見通しが明らかになりました。

3　内製化戦略

このケースは，部品外注先を長い間特定先に依存していたことから，一方的な外注費値上げに対抗できない環境下，思い切って内製化して製造原価節約を測ろうという取り組みでした。

（1）戦略ストーリーと財務要素の抽出

図表３-30のストーリーに見えるように，まず内製設備を導入します。

図表3－30　内製化戦略の初期財務表現

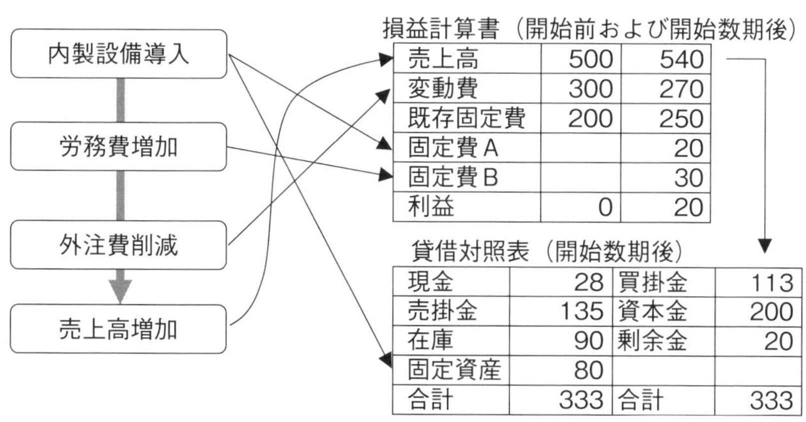

損益計算書（開始前および開始数期後）

売上高	500	540
変動費	300	270
既存固定費	200	250
固定費Ａ		20
固定費Ｂ		30
利益	0	20

貸借対照表（開始数期後）

現金	28	買掛金	113
売掛金	135	資本金	200
在庫	90	剰余金	20
固定資産	80		
合計	333	合計	333

・設備導入：固定資産計上，減価償却費（固定費Ａ）計上（20）
・設備を使う労働者採用し固定費Ｂに計上（30）
・内製化により外注費を削減，価格引下げにより売上高増加
　：10円×50個=500円→９円×60個=540円

このケースでは，前の２ケースとは異なり，計画財務諸表は戦略実行前をゼロと置いて実行後は増減額だけを表示する方法ではなく，実行前も実数を表示しています。例えば，変動費は戦略実行前では300円，実行後効果が出る段階では30円の減少額を加味した270円で表示しました。変動費と固定費の配分の変化がわかるようにするためです。

さて，省力化戦略で見たように，設備導入は固定資産に計上する一方で，購入負担を損失として分散計上（固定費A）しますが，本件は新たな製造ラインですから，労務費も固定費（固定費B）としてかかります。

それでも，トータルの製造原価は節約でき，その分を価格に反映してやることで売上高が増加することを目論みます。図表の損益計算書は，内製化前を左に，内製化後売上高が増加した様子を右に表示しました。そして内製化後は，設備導入によって固定資産が増え，売上高増加によって売掛金や在庫，買掛金も変化すると予想されます。

（2）計画財務諸表の作成と採算見通し

まず，諸条件を設定して，損益分岐点売上高を計算してみましょう（図表３-31）。

①　諸条件の設定と損益分岐点売上高

内製化用設備導入により，固定費のうち減価償却費や人件費が増加し，売上高に対する変動費率は減少します。その結果，限界利益率は40%から50%へ改善するとしました。固定費のその他は戦略実行前の固定費で，ここには以前からの減価償却費や人件費を含みます。

損益分岐点売上高は，戦略実行前は200円÷40%=500円，実行後は250円÷50%=500円で変わりません。取引条件は一定とします。

図表3－31　諸条件設定と損益分岐点売上高

	0期	1期	2期	3期	4期	5期	6期	7期
限界利益率	40.0%	40.0%	40.0%	50.0%	50.0%	50.0%	50.0%	50.0%
固定費	200	200	200	250	250	250	250	250
減価償却費	0	0	0	20	20	20	20	20
人件費	0	0	0	30	30	30	30	30
その他	200	200	200	200	200	200	200	200
損益分岐点売上高	500	500	500	500	500	500	500	500
売掛債権回転期間	3.0	3.0	3.0	3.0	3.0	3.0	3.0	3.0
在庫回転期間	2.0	2.0	2.0	2.0	2.0	2.0	2.0	2.0
買掛債務回転期間	5.0	5.0	5.0	5.0	5.0	5.0	5.0	5.0

②　計画貸借対照表・損益計算書の作成

上記の前提条件に沿って，７期までの計画貸借対照表と計画損益計算書を作成すると，図表３-32のようになります。

戦略実行前の売上高は500円，変動費300円，固定費200円を差し引いて利益はゼロでした。２期末に設備投資実行し，新規製造ラインに従事する従業員も採用して戦略を実行します。これにより，設備の減価償却費と人件費を３期から計上することとなり，同時に価格引下げ効果による売上高増加，外注費減少に伴う変動費の減少効果も表れます。

また，売掛債権回転期間などの取引条件は変わらないことから，売上高増加に伴い，３期以降は売掛債権残高および在庫残高，買掛債務残高が変化します。

③　計画キャッシュフロー計算書の作成

１期までのキャッシュフローは売掛債権や在庫，買掛債務に変化はなく，投資活動や財務活動もないとして，現金残高は，過去から引き継いだ残高117円で変化しません。

２期末に設備投資100円を借入れで賄って実行し，戦略効果として価格競争力が強化された結果，売上高が40円だけ増加するため，これに伴って売掛債権

図表3－32 内製化戦略の計画B/S・P/L

	0期	1期	2期	3期	4期	5期	6期	7期
売上高	500	500	500	540	540	540	540	540
変動費	300	300	300	270	270	270	270	270
限界利益	200	200	200	270	270	270	270	270
固定費	200	200	200	250	250	250	250	250
人件費	0	0	0	30	30	30	30	30
減価償却費	0	0	0	20	20	20	20	20
その他	200	200	200	200	200	200	200	200
利益	0	0	0	20	20	20	20	20

	0期	1期	2期	3期	4期	5期	6期	7期
現金	117	117	17	28	68	108	148	188
売掛債権	125	125	125	135	135	135	135	135
在庫	83	83	83	90	90	90	90	90
固定資産	0	0	100	80	60	40	20	0
資産計	325	325	325	333	353	373	393	413
買掛債務	125	125	125	113	113	113	113	113
借入金	0	0	0	0	0	0	0	0
資本金	200	200	200	200	200	200	200	200
剰余金	0	0	0	20	40	60	80	100
負債・純資産計	325	325	325	333	353	373	393	413

が40円×（３ヶ月／12ヶ月）＝10円，在庫が40円×（２ヶ月／12ヶ月）≒７円増えます。一方，買掛債務については，変動費率が外注費減少に伴って60%から50%へ減少することから，{500円×変動費率60%×（５ヶ月／12ヶ月）}－{540円×変動費率50%×（５ヶ月／12ヶ月）}≒▲13円と減少します。

この計画CF計算書を反映した計画B/Sは，図表３-34のようになります。計画P/Lは変わりません。

図表3－33　内製化戦略の計画CF計算書

	0期	1期	2期	3期	4期	5期	6期	7期
期首残高	117	117	117	117	128	148	168	188
利益	0	0	0	20	20	20	20	20
売掛債権増	0	0	0	10	0	0	0	0
在庫増	0	0	0	7	0	0	0	0
買掛債務増	0	0	0	−13	0	0	0	0
減価償却費	0	0	0	20	20	20	20	20
設備購入	0	0	−100	0	0	0	0	0
設備売却	0	0	0	0	0	0	0	0
借入	0	0	100	0	0	0	0	0
返済	0	0	0	0	20	20	20	20
期末残高	117	117	117	128	148	168	188	208

図表3－34　内製化戦略の計画B/S（CF考慮）

	0期	1期	2期	3期	4期	5期	6期	7期
現金	117	117	117	128	148	168	188	208
売掛債権	125	125	125	135	135	135	135	135
在庫	83	83	83	90	90	90	90	90
固定資産	0	0	100	80	60	40	20	0
資産計	325	325	425	433	433	433	433	433
買掛債務	125	125	125	113	113	113	113	113
借入金	0	0	100	100	80	60	40	20
資本金	200	200	200	200	200	200	200	200
剰余金	0	0	0	20	40	60	80	100
負債・純資産計	325	325	425	433	433	433	433	433

④　採算見通し評価

このケースでも，戦略実行年度から単年度黒字が実現しています。設備投資に伴う負担が減価償却として５年に分散されることで，年度ごとでは増益効果がこの負担を上回るからです。以降も赤字は発生せず，累積損失も発生しません。借入金は残っていますが，この調子でいけば8期には完済できるでしょう。財務採算の見通しは良好です。

4　営業力強化戦略

営業力強化戦略はケースに応じて千差万別ですが，ここでは，営業マン増強および営業情報共有ツールとしてのITシステム導入に加え，一般的な広告を盛り込んだ営業力強化戦略でみていきます。

（1）戦略ストーリーと財務要素の抽出

戦略ストーリーは図表3-35のとおりです。ITシステムは顧客情報の整理や分析に使います。無形ですが固定資産ですから，先の例でみた設備と同じ経理で処理します（固定資産計上と減価償却）。一方，営業マン採用は人件費とし

図表3-35　営業強化戦略の初期財務表現

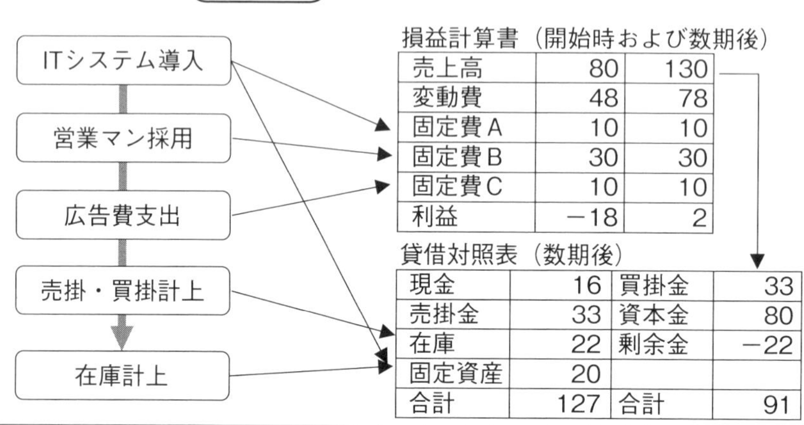

損益計算書（開始時および数期後）

売上高	80	130
変動費	48	78
固定費A	10	10
固定費B	30	30
固定費C	10	10
利益	−18	2

貸借対照表（数期後）

現金	16	買掛金	33
売掛金	33	資本金	80
在庫	22	剰余金	−22
固定資産	20		
合計	127	合計	91

・顧客情報管理のため，ITシステム導入：固定資産・減価償却費（固定費A）に計上
・営業マン採用と広告費をそれぞれ固定費B，固定費Cに計上
・これにより売上高が段階的に増加し，併せて売掛金・買掛金や在庫も発生する

て，採用以降毎期の固定費として取り扱いますから，ITシステムのように貸借対照表に関わることはありません。広告費も同じです。

これらの戦略を開始しても，即座に成果が表れるわけではありません。採用した営業マンには教育を施さなければならないし，情報共有ITシステムも営業情報を収集して入力し，相当量が蓄積されてこないと効果を発揮しません。これらは財務要素として抽出することはできませんので，機能連携を上手に運営する必要があります。

(2) 計画財務諸表の作成と採算見通し

戦略の成果が徐々に表れてくると考えられますので，計画期間いっぱいのなかで採算見通しを判断しなければなりません。ここでも諸条件設定，計画B/S・P/L，計画CF計算書，採算見通しの順にみていきます。

①　諸条件の設定と損益分岐点売上高

このケースは，営業マンの働きや広告によって売上高を増強していこうとする戦略ですから，限界利益率や売掛債権回転期間などの取引条件については計画期間を通じて変わりません。ただし，ITシステム投資は5年間の均等償却

図表3-36　諸条件設定と損益分岐点売上高

	0期	1期	2期	3期	4期	5期	6期	7期
限界利益率	40.0%	40.0%	40.0%	40.0%	40.0%	40.0%	40.0%	40.0%
固定費	0	50	50	50	50	50	40	40
減価償却費	0	10	10	10	10	10	0	0
人件費	0	30	30	30	30	30	30	30
広告費	0	10	10	10	10	10	10	10
損益分岐点売上高	0	125	125	125	125	125	100	100
売掛債権回転期間	3.0	3.0	3.0	3.0	3.0	3.0	3.0	3.0
在庫回転期間	2.0	2.0	2.0	2.0	2.0	2.0	2.0	2.0
買掛債務回転期間	5.0	5.0	5.0	5.0	5.0	5.0	5.0	5.0

を終えると固定費負担が軽くなりますので，損益分岐点は後半に少し低くなります。これらを踏まえ，諸条件を図表３-36のとおり設定しました。

② 計画貸借対照表・損益計算書の作成

計画貸借対照表と計画損益計算書は，図表３-37のとおりです。

０期に資本を80円払い込み，その資金から50円を使ってITシステムを購入しました。残る30円は１期以降の人件費や広告費に充てます。損益分岐点売上高は125円ですが，徐々に近づけていくこととし，１期売上高目標は80円です。赤字が２期続き，この間に累積損失が▲24円まで積み上がりますが覚悟の上で

図表3－37 営業強化戦略の計画B/S・P/L

	0期	1期	2期	3期	4期	5期	6期	7期
売上高	0	80	110	130	130	130	130	130
変動費	0	48	66	78	78	78	78	78
限界利益	0	32	44	52	52	52	52	52
固定費	0	50	50	50	50	50	40	40
減価償却費	0	10	10	10	10	10	0	0
人件費	0	30	30	30	30	30	30	30
広告費	0	10	10	10	10	10	10	10
利益	0	−18	−6	2	2	2	12	12

現金	30	9	8	16	28	40	52	64
売掛債権	0	20	28	33	33	33	33	33
在庫	0	13	18	22	22	22	22	22
固定資産	50	40	30	20	10	0	0	0
資産計	80	82	84	91	93	95	107	119
買掛債務	0	20	28	33	33	33	33	33
借入金	0	0	0	0	0	0	0	0
資本金	80	80	80	80	80	80	80	80
剰余金	0	−18	−24	−22	−20	−18	−6	6
負債・純資産計	80	82	84	91	93	95	107	119

す。３期目には強化策の成果が表れるとして単年度黒字化を達成しますが，累積損失の一掃は７期まで待たなければなりません。

一方，売上高の増加に伴って，売掛債権や在庫，買掛債務の残高も増えます。しかし，増加は売上高がピークに達する３期までで，それ以降は変わりません。

図表3－38　営業強化戦略の計画CF計算書

	0期	1期	2期	3期	4期	5期	6期	7期
期首残高	0	30	9	8	6	8	10	12
利益	0	−18	−6	2	2	2	12	12
売掛債権増	0	20	8	5	0	0	0	0
在庫増	0	13	5	3	0	0	0	0
買掛債務増	0	20	8	5	0	0	0	0
減価償却費	0	10	10	10	10	10	0	0
設備購入	−50	0	0	0	0	0	0	0
設備売却	0	0	0	0	0	0	0	0
借入	80	0	0	0	0	0	0	0
返済	0	0	0	10	10	10	10	10
期末残高	30	9	8	6	8	10	12	14

図表3－39　営業強化戦略の計画B/S（CF考慮）

	0期	1期	2期	3期	4期	5期	6期	7期
現金	30	9	8	6	8	10	12	14
売掛債権	0	20	28	33	33	33	33	33
在庫	0	13	18	22	22	22	22	22
固定資産	50	40	30	20	10	0	0	0
資産計	80	82	84	81	73	65	67	69
買掛債務	0	20	28	33	33	33	33	33
借入金	80	80	80	70	60	50	40	30
資本金	0	0	0	0	0	0	0	0
剰余金	0	−18	−24	−22	−20	−18	−6	6
負債・純資産計	80	82	84	81	73	65	67	69

6期以降はITシステムの減価償却負担がなくなり，損益分岐点売上高も100円に下がりますが，売上目標は変えません。

③　計画キャッシュフロー計算書の作成

資金を借入金で賄うとした場合の計画キャッシュフロー計算書は図表3-38，これを考慮した計画B/Sは図表3-39のとおりです。

計画返済は3期から10ずつ行いますが，計画期間中には完済できません。なお，計画P/Lは計画CF計算書を考慮しても変わりません。

④　採算見通し評価

営業マンを採用してITシステムを導入し，広告を打ってもすぐには売上高増強にはつながらないので，はじめは経費が先行します。このため，単年度黒字化は3期に実現するものの，この間に積み上がった累積損失を一掃するのにやや時間がかかります。借入金の返済も計画期間中には完済できません。8期以降もこのまま順調に進むなら，あと3年程度で完済できる目途はつくかもしれません。しかし，これだけ長期にわたって環境の変化などを予測するのは困難であることなどから，採算見通しは厳しいといわざるを得ません。この場合は「どうやって」にフィードバックし，第2章で述べた経営資源の活用と機能連携の構造に立ち返って戦略を練り直す必要があります。営業効果を発揮させるために市場調査など新たな機能を連携図に組み込むなどの方法もあるでしょう。ただし，本節冒頭で述べたように，財務は戦略の全部を反映できるわけではありません。この点に注意しながら再度財務への反映を試みてください。

5　外注化戦略

外注化戦略は，自前で賄っていた業務をアウトソースするものです。本件の背景には，顧客向けサービス充実の一環として，納品サービスの向上を検討した結果，近年の物流技術の高度化や専門化にはついていけず，自前でこれを実現するには負担が大きすぎるという事情があります。

（1）戦略ストーリーと財務要素の抽出

戦略ストーリーは図表３-40の左部分に示したとおりです。

図表3-40　外注化戦略の初期財務表現

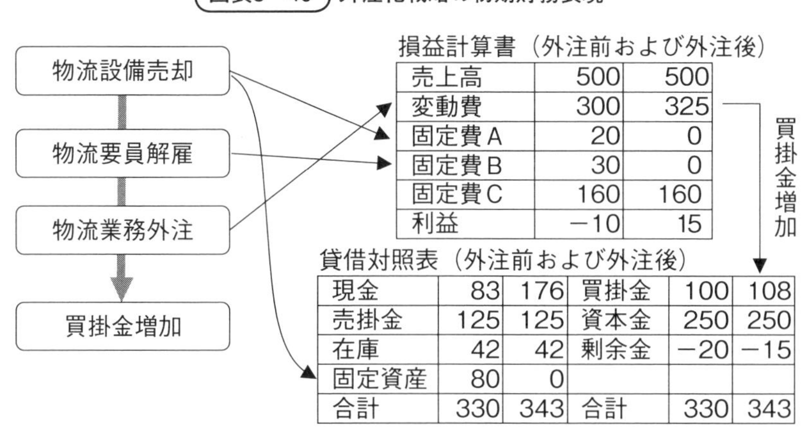

損益計算書（外注前および外注後）

売上高	500	500
変動費	300	325
固定費A	20	0
固定費B	30	0
固定費C	160	160
利益	−10	15

貸借対照表（外注前および外注後）

現金	83	176	買掛金	100	108
売掛金	125	125	資本金	250	250
在庫	42	42	剰余金	−20	−15
固定資産	80	0			
合計	330	343	合計	330	343

・物流設備を簿価で売却：固定資産から落とし，減価償却（固定費A）負担も削減
・物流要員を解雇して人件費（固定費B）削減
・外注化に伴い変動費が増加し，買掛金も増える

なお，このケースでは自前の物流部門を廃止するため，その様子が見えるように戦略実行前も実数を表示しています。例えば，０期にも売上高や固定費が計上されているなどです。

物流設備の売却では，貸借対照表の固定資産を減額し，損益計算書で減価償却費の計上を停止する処理を行います。また，物流部門廃止に伴い，これに従事していた従業員を解雇し，かかっていた人件費を削減できます。なお，設備売却にあたっては，簿価と売却価格との差額を差損益で損益計算書に計上する必要がありますが，本件では簿価で売却でき，差損益は発生しなかったこととしましょう。

一方，物流業務を外注すると，製造原価の変動費が増えます。また，外注費の発生に伴って買掛債務も増加するはずです。

（2）計画財務諸表の作成と採算見通し

抽出した財務要素を計画財務諸表にして採算見通しを判断します。

① 諸条件の設定と損益分岐点売上高

前提条件を図表3-41のとおり設定しました。2期末に物流部門を設備とともに廃止したため，3期からは当部門にかかっていた減価償却費と人件費がなくなります。

これに伴い，固定費が削減されるため，変動費率が多少高くなって限界利益率が35%に悪化した分を吸収して採算が改善し，損益分岐点売上高を457円に下げることができます。

図表3-41 諸条件設定と損益分岐点売上高

	0期	1期	2期	3期	4期	5期	6期	7期
限界利益率	40.0%	40.0%	40.0%	35.0%	35.0%	35.0%	35.0%	35.0%
固定費	210	210	210	160	160	160	160	160
減価償却費	20	20	20	0	0	0	0	0
人件費	30	30	30	0	0	0	0	0
その他	160	160	160	160	160	160	160	160
損益分岐点売上高	525	525	525	457	457	457	457	457
売掛債権回転期間	3.0	3.0	3.0	3.0	3.0	3.0	3.0	3.0
在庫回転期間	1.0	1.0	1.0	1.0	1.0	1.0	1.0	1.0
買掛債務回転期間	4.0	4.0	4.0	4.0	4.0	4.0	4.0	4.0

② 計画貸借対照表・損益計算書の作成

上で設定した条件をもとに作成した計画貸借対照表・損益計算書は，図表3-42のとおりです。

図表3－42　外注化戦略の計画B/S・P/L

	0期	1期	2期	3期	4期	5期	6期	7期
売上高	500	500	500	500	500	500	500	500
変動費	300	300	300	325	325	325	325	325
限界利益	200	200	200	175	175	175	175	175
固定費	210	210	210	160	160	160	160	160
減価償却費	20	20	20	0	0	0	0	0
人件費	30	30	30	0	0	0	0	0
その他	160	160	160	160	160	160	160	160
利益	－10	－10	－10	15	15	15	15	15

	0期	1期	2期	3期	4期	5期	6期	7期
現金	73	83	153	176	191	206	221	236
売掛債権	125	125	125	125	125	125	125	125
在庫	42	42	42	42	42	42	42	42
固定資産	100	80	0	0	0	0	0	0
資産計	340	330	320	343	358	373	388	403
買掛債務	100	100	100	108	108	108	108	108
借入金	0	0	0	0	0	0	0	0
資本金	250	250	250	250	250	250	250	250
剰余金	－10	－20	－30	－15	0	15	30	45
負債・純資産計	340	330	320	343	358	373	388	403

２期末に物流部門を廃止したので，期末時点で固定資産はなくなっていますが，０期から２期末までは部門維持費がかかります。同部門は収益の足を引っ張り，単年度では赤字でしたから累積損失は２期末までに▲30円になってしまいます。

しかし，3期初から物流をアウトソースすることで，変動費が少し増えるものの固定費を大きく圧縮することができ，これが奏功して単年度黒字化し，４期には累積損失も一掃できます。

なお，２期末に物流設備売却代金が入り，現金が増加します。そのあたりは計画CF計算書で確認できます（図表３-43)。

図表3－43　外注化戦略の計画CF計算書

	0期	1期	2期	3期	4期	5期	6期	7期
期首残高	63	73	83	153	176	191	206	221
利益	−10	−10	−10	15	15	15	15	15
売掛債権増	0	0	0	0	0	0	0	0
在庫増	0	0	0	0	0	0	0	0
買掛債務増	0	0	0	8	0	0	0	0
減価償却費	20	20	20	0	0	0	0	0
設備購入	0	0	60	0	0	0	0	0
設備売却	0	0	0	0	0	0	0	0
借入れ	0	0	0	0	0	0	0	0
返済	0	0	0	0	0	0	0	0
期末残高	73	83	153	176	191	206	221	236

③　計画キャッシュフロー計算書の作成

このケースでは外部負債に頼っていません。その理由は３つあります。第１に，３期からは損益分岐点売上高が下がるため，従来の売上高を維持するだけで利益が発生していること。第２に，売掛債権残高が変化しない一方で，変動費増加に伴い買掛債務残高が増加（３期に＋８）すること。そして第３に設備売却代金が入ったことです。

借入金が発生せず，他のB/S科目もいじっていませんので，この計画CF計算書を考慮しても計画B/S/・P/Lは変わりません。

④　採算見通し評価

戦略実行前は，物流部門を自前で賄うことで納品サービス改善が困難であるうえに，収益の足も引っ張っていた状況でした。外注戦略を実行することで，変動費率上昇から限界利益率が悪化したものの，それ以上に固定費を圧縮することができたことから，損益分岐点が下がって採算環境は改善しました。

6　供給力強化戦略

供給力強化戦略は，新製品を開発した創業者が初期市場を独占できる間に売上を伸ばして早期に採算に乗せてしまおうという戦略でした。

（1）戦略ストーリーと財務要素の抽出

新製品への需要が急速に伸びることを予想して供給力強化を図る戦略ストーリーです。「何を」は創業者がすでに思い描いており，それを「どうやって」創るかも創業者自身がアイディアを持っています。

これを拠り所に，市場需要を調査して「誰に」を想定し，量産技術を開発して設備導入します。

財務要素として抽出するのは，資金調達と設備投資，新規採用と管理費用，

図表3－44　供給力強化戦略の初期財務表現

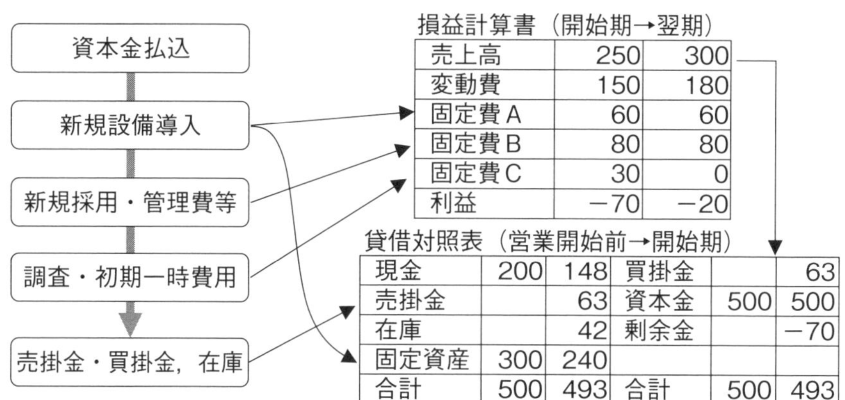

損益計算書（開始期→翌期）

売上高	250	300
変動費	150	180
固定費A	60	60
固定費B	80	80
固定費C	30	0
利益	－70	－20

貸借対照表（営業開始前→開始期）

現金	200	148	買掛金		63
売掛金		63	資本金	500	500
在庫		42	剰余金		－70
固定資産	300	240			
合計	500	493	合計	500	493

・資本金500円払込み，300円で設備購入し，200円を現金で残す。
・業務開始期に売上や変動費，減価償却や人件費・管理費，初期一時費計上。
・同じ期に，各回転期間に応じた売掛金・買掛金，在庫を計上。
・固定費は目標に向けた営業推進費も含み，翌期以降，売上増加が期待できる。

初期調査費用，それに売掛等運転資金などです。ストーリーは図表3-44のとおりです。

(2) 計画財務諸表の作成と採算見通し

戦略趣旨から，早期の黒字化と投資回収が求められます。要求どおりの採算見通しになるか，順にみていきましょう。

① 諸条件の設定と損益分岐点売上高

まず，手順どおり諸条件を図表3-45のとおり設定します。限界利益率と諸回転期間は計画期間を通して一定としますが，固定費は変化します。

図表3-45 諸条件設定と損益分岐点売上高

	0期	1期	2期	3期	4期	5期	6期	7期
限界利益率	40.0%	40.0%	40.0%	40.0%	40.0%	40.0%	40.0%	40.0%
固定費	0	170	140	140	140	140	80	80
減価償却費	0	60	60	60	60	60	0	0
人件理など	0	80	80	80	80	80	80	80
調査費	0	30	0	0	0	0	0	0
損益分岐点売上高	0	425	350	350	350	350	200	200
売掛債権回転期間	3.0	3.0	3.0	3.0	3.0	3.0	3.0	3.0
在庫回転期間	2.0	2.0	2.0	2.0	2.0	2.0	2.0	2.0
買掛債務回転期間	5.0	5.0	5.0	5.0	5.0	5.0	5.0	5.0

まず，1期には，市場調査など初期に必要な調査費用の支出がありますが2期以降はありません。大きいのは減価償却費です。供給力強化のためにはじめに大規模な設備投資を実行し，これを5年間で償却しますので，6期以降は償却負担がなくなって固定費が大きく減少します。

これに伴って損益分岐点売上高も，1期の425円から段階を追って200円まで低下します。これにより，期が進むにつれて限界利益の積み上がりが速まるはずです。

②　計画貸借対照表・損益計算書の作成

上の条件のもとに計画B/S・P/Lを図表３-46のとおり作成しました。

自己資本を500円準備し，これで設備投資と当面の先行する経費支払を賄います。具体的には，０期末に設備投資して固定資産に生産設備として300を計上するほか，１期と２期は単年度赤字であるため，赤字の埋め合わせ資金として累積損失が一掃されるまで資本金から用立てます。

需要は旺盛であるとの前提ですが，売上目標は１期の250円から徐々にピークの400円まで引き上げていく保守的な方法をとります。これに伴って変動費も比例的に増加しますが，既述のように損益分岐点売上高が下がるため，限界

図表3－46　供給力強化戦略の計画B/S・P/L

	０期	１期	２期	３期	４期	５期	６期	７期
売上高	0	250	300	350	400	400	400	400
変動費	0	150	180	210	240	240	240	240
限界利益	0	100	120	140	160	160	160	160
固定費	0	170	140	140	140	140	80	80
減価償却費	0	60	60	60	60	60	0	0
人件費など	0	80	80	80	80	80	80	80
調査費	0	30	0	0	0	0	0	0
利益	0	−70	−20	0	20	20	80	80

現金	200	148	180	232	303	383	463	543
売掛債権	0	63	75	88	100	100	100	100
在庫	0	42	50	58	67	67	67	67
固定資産	300	240	180	120	60	0	0	0
資産計	500	493	485	498	530	550	630	710
買掛債務	0	63	75	88	100	100	100	100
借入金	0	0	0	0	0	0	0	0
資本金	500	500	500	500	500	500	500	500
剰余金	0	−70	−90	−90	−70	−50	30	110
負債・純資産計	500	493	485	498	530	550	630	710

利益は１期には100円でも，４期では160円に大きく膨らみます。しかし，１期と２期は赤字で累積損失が▲90円（マイナスの剰余金）まで積み上がりますので，一掃するまでには少し時間がかかりそうです。

流動資産・負債では，売上高の増加に伴って，売掛債権，在庫および買掛債務が４期にかけて増加します。

③　計画キャッシュフロー計算書の作成

手元資金を100円に抑え，不足する資金は借入金で賄う計画CF計算書を作成しましょう（図表３-47）。資本金の払込みを100円，借入金を300円とし，０期の財務CFの借入れに合計400円を計上します。このうちから期末に300円を使って設備投資しますので，投資CFには300円の支出（▲300円）を計上すると，０期末に現金が100円残ります。

これは，翌期からの赤字（１期の▲70円，２期の▲20円）の埋め合わせおよび在庫の資金負担に充てられます。売掛債権も資金を食いますが，このケースでは同額の買掛債務がありますので，互いに打ち消し合って負担はありません。

図表3－47　供給力強化戦略の計画CF計算書

	0期	1期	2期	3期	4期	5期	6期	7期
期首残高	0	100	48	30	32	53	63	63
利益	0	−70	−20	0	20	20	80	80
売掛債権増	0	63	13	13	13	0	0	0
在庫増	0	42	8	8	8	0	0	0
買掛債務増	0	63	13	13	13	0	0	0
減価償却費	0	60	60	60	60	60	0	0
設備購入	−300	0	0	0	0	0	0	0
設備売却	0	0	0	0	0	0	0	0
借入れ	400	0	0	0	0	0	0	0
返済	0	0	50	50	50	70	80	0
期末残高	100	48	30	32	53	63	63	143

なお，在庫にかかる資金負担は売上高がピークとなる４期まで少しずつ増えますが，それ以降は横ばいです。

念のため，この計画CF計算書を考慮した計画B/Sを確認します（図表３-48参照）。変わるのは，資本金と借入金です。資本金は計画期間を通して100に減少し，借入金は新たに300が０期に計上されています。１期からの約定弁済により残高が減り，６期には完済されます。

図表3－48　供給力強化戦略の計画B/S（CF考慮）

	0期	1期	2期	3期	4期	5期	6期	7期
現金	100	48	30	32	53	63	63	143
売掛債権	0	63	75	88	100	100	100	100
在庫	0	42	50	58	67	67	67	67
固定資産	300	240	180	120	60	0	0	0
資産計	400	393	335	298	280	230	230	310
買掛債務	0	63	75	88	100	100	100	100
借入金	300	300	250	200	150	80	0	0
資本金	100	100	100	100	100	100	100	100
剰余金	0	−70	−90	−90	−70	−50	30	110
負債・純資産計	400	393	335	298	280	230	230	310

④　採算見通し評価

損益分岐点売上高の低下による３期には単年度黒字を達成し，６期には累積損失も一掃できそうです。また，この期には借入金の返済も完了します。やはり，減価償却負担がなくなる６期からは採算環境は大きく改善し，採算見通しはまずまずといったところです。

第4章

事業化後のリスク管理と採算維持

第１章では事業化と採算管理の枠組みを解説し，続く第２章と第３章ではその枠組みの内容を事業化の要素として述べてきました。そこでは，理念と構想に基づいて目論見どおりに事が運ばれていくことを想定しています。しかし，現実の世界では物事が目論見どおりに進むことなど，めったにありません。仮に事業化が実現しても，その前途にはさまざまなリスクが潜んでいるため，これをいちはやく察知しては回避する対策をとっていく必要があります。また，一度実現した財務採算は，環境の変化にも耐えてこれを長く維持していくための工夫が必要です。

本章ではこれらの課題に取り組みます。

第１節はリスク管理の方法に充てます。リスクには多くの種類があります。まず，基本としてこれらに共通するリスク評価や管理の方法を復習しましょう。そのうえで，特に事業化と財務採算に関わる代表的な４種類のリスクを取り上げ，その特徴と対応の仕方について詳しくみていきます。

第２節は採算維持の方法です。採算維持の前に立ちはだかる障害は，広い意味でリスク対応の延長線上にあるともいえますが，ここでは特に前章まで述べてきた枠組みに沿い，事業化の４要素の視点で考えます。

第２節の最後に，採算管理のポイントだけを凝縮して展開した１枚のシートを紹介します。事業化活動は，ここまでみてきた枠組みをさらに細分化した作業の統合です。細分化した作業を１つひとつこなしていくうちに，自己目的化という落とし穴に陥り，その細かい作業に埋没して全体の目的を見失ってしまいがちです。これを避けるため，全体を概括的に掌握できるようポイントだけを盛り込んだツールを用意しました。

第１節　リスク管理

この節のポイント

- リスクは衝撃度と発生頻度で対応の優先順位を決め，リスクの回避・増加・軽減・共有・保有によって対応する。
- 流動性リスクは，計画キャッシュフロー計算書や資金繰り表などを活用して管理する。
- 価格変動リスクは，仕入と販売などのように対応するもの同士の変化の度合を同期させるリスクの共有を基本に対応する。
- 契約の相手が義務を果たさないために被る取引信用リスクは，取扱限度を設定するなどして管理する。
- 法務リスクは，法やルールのほか，取引契約も含み，リスク内容の周知や取引条件の非対称性回避などにより対応する。

リスクとは，予見の困難な不確実性です。予見困難な変化ですから，いい方向への変化もあれば悪い方向への変化もあります。仮にそれがいい方向への変化であっても，予想に反することなら，必要以上にそこに期待を寄せてはいけません。不確実性はできるだけ排除していくのが，事業化における正しいリスク管理の方法です。本節では，まず一般的なリスクの内容と対応の仕方を見たうえで，特に事業化に関わりの深いリスク項目について，具体的な対応方法を検討します。

1　リスク管理の基本

リスク管理の基本として，リスクの種類と対応の優先順位の付け方，リスクへの対応方法についてみていきます。

（1）リスクの種類

図表4－1をご覧ください。事業化や事業化後の企業経営におけるリスクは大きく2つに分類できます。事業運営の体制そのものを物理的に破壊もしくは損なう可能性のあるものと，通常の体制で事業が運営されている中で発生する不確実性です。

図表4－1　リスクの種類

事業運営体制を物理的に損なう可能性

事業用財産を毀損する自然災害や火災，従業員や経営者の身に降りかかる事故など

通常の事業運営体制の中で発生する不確実性

予定している体制で運営していても，周囲の影響で売上が変動する不確実性や，取引上のトラブルに巻き込まれる可能性など

前者は事業用の財産を毀損するような自然災害や火災，事業運営に携わっている従業員や経営者の身に降りかかる事故などです。伝染病の流行でマンパワーを喪失するパンデミックリスクも，この分類に含まれます。

後者は，予定している通常の体制で運営していても，景気変動などの影響を受けて売上が変動する不確実性や，取引上のトラブルに巻き込まれる可能性などです。法律への知識が不十分なため犯してしまった違法行為への罰則や，取引先との約束を破って請求される損害賠償なども，この分類に含めて対応します。

（2）リスクの評価方法

リスクには適切な方法で対応しなければなりませんが，思いつく対象リスク

を列挙するといくらでも挙げることができ，際限がありません。そこで，列挙したリスクに優先順位をつけて対応する必要があります。優先順位は，直交する２本の軸で構成するマトリックスで判定します。２本の軸とは，リスクが発現した場合のダメージの大きさと，発現する頻度です（図表４－２参照）。

発生頻度が高く，かつ衝撃度も高いリスクは最優先して対処し，発生頻度・衝撃度ともに低いリスクは優先順位が低いのは当然です。どちらかが高く他の一方が低いリスクについては個別に検討が必要でしょう。例えば，発生頻度は100年に１度と極端に低くても，それが発生したら事業の破壊は免れないという大きな衝撃の場合は優先して対応すべきです。

図表4－2　リスクの評価

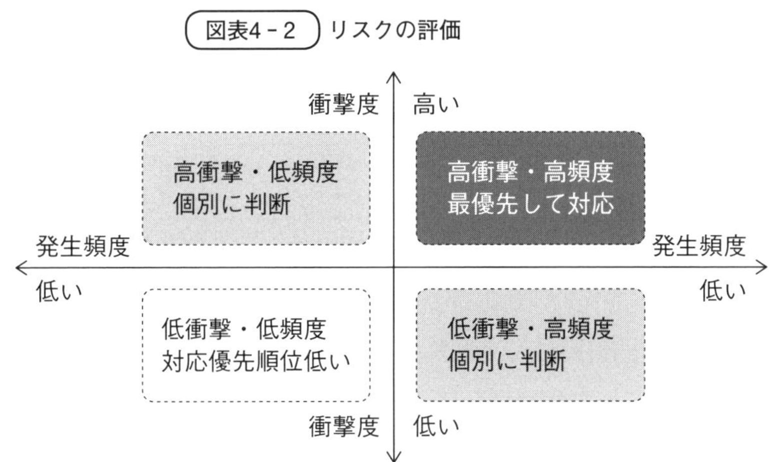

（3）リスクへの対応方法

評価によって対応すべきリスクの絞り込みを終えたら，実際の対応方法を考えなければなりません。それには，日本産業規格の「リスクマネジメント原則及び指針」（JIS Q 31000）が参考になるでしょう。それによると，リスクへの対応方法は７つに分類することができます。これをもとに，対応方法を図表４－３のように整理しました。

図表4－3 リスクへの対応方法

対応方法		説　明	例
リスクの回避		リスクが発生することをはじめから起こさない	自分の力量を超えそうな取引の申し出を断る
リスクの増加		成果や機会を得る目的で積極的にリスクを取りにいく	リスクを覚悟して事業化に取り組む
リスクの軽減		リスクそのものに働きかけて変化させる	
	リスクの除去	リスク発生源を取り去る	放射能汚染原因となる原発を火力発電に代える
	起こりやすさ変更	発生頻度を低減する	危険予知の訓練によって事故の発生を抑える
	結果の変更	リスクが顕現化しても影響を最小限に食い止める	同じリスク源から発生するメリットで被害を埋める
リスクの共有		他者にリスクを負ってもらう	火災保険をかけて発生する被害を補填する
リスクの保有		何もせずにリスクを受け入れる	景気変動による売上減少を過去の貯えで吸収する

日本産業規格「リスクマネジメント原則及び指針」（JIS Q 31000）をもとに筆者が整理・作表

① リスク内容を操作しない対応方法

このうち，リスクの増加については違和感があるかもしれません。リスクを避けようとしているときに積極的に増加させるのは，異常な行為に見えるでしょう。しかし，事業化の目論見そのものがこれに当たります。何も事を起こさなければリスクは発生しませんが，果実を得るためには一定のリスクを冒す必要があります。事業化は，成果を得るために，あえてリスクを冒す活動なのです。

これと対照的なのは，リスクの発生につながることをはじめから起こさない，リスクの回避です。事業化そのものがリスクの増加なら，事業化においてリスク回避は検討不要と切り捨ててもいいように見えますが，そうでもありません。事業化の各論部分，つまり個別案件ベースでは成果に対してリスクが大きいと判断して，はじめから事を起こさない場面もあるからです。

逆に，リスクに対して，それ以上の成果が期待できる場合や，リスクが悪い方向に顕現化してもその被害を日常的な事後処理の中で十分に吸収できる場合は，そのリスクをそのまま許容し何も手を打たない方針もありえます。リスクの保有です。リスクを保有せず，保険などのように他に請け負ってもらうのは，リスクの共有です。転嫁という場合もあります。

②　リスク内容に働きかける方法

以上は，リスクをそのままの形で取ったり取らなかったり，あるいは許容したりする方法です。これに対し，リスクそのものに働きかけてそれを変化させようという対応方法があります。

第１にリスクの除去です。これは，リスクを取った場合と同じ成果や効果が期待できる状況を維持しつつ，リスクの発生源を取り去る方法です。例えば，同じ電力を得るために，原発を火力発電に代替して放射能汚染原因を取り除くなどです。第２は，リスク発生頻度を低減する起こりやすさの変更です。例えば，従業員への危険予知訓練によって工場内の事故の発生を抑えるなどです。第３はリスクが顕現化しても小さい影響に食い止める結果の変更です。例えば，悪天候で野外イベントが中止になって収益機会を失う被害を埋めるために，悪天候だからこそ収入が得られる雨具の販売イベントを企画するなどです。この３つは，リスクの軽減として一括りで捉える場合もあります。

事業化を含む大抵の事業運営上のリスクは，これらを応用することで管理することが可能ですが，事業化において特に重要な４つのリスクについては，項目を改めて説明しましょう。４つとは「流動性リスク」「価格変動リスク」「取引信用リスク」「法務リスク」です。

2　流動性リスク

流動性リスクには２つの切り口があります。１つは，支払などに供する手元資金の不足によって被るリスクです。他の１つは，金融市場等において証券等の売買商品が極端に少なくなり，取引ができなくなる不都合につながるリスクです。事業化において管理の対象とすべきなのは，前者のリスクです。

図表４－４　流動性リスクの２つの切り口

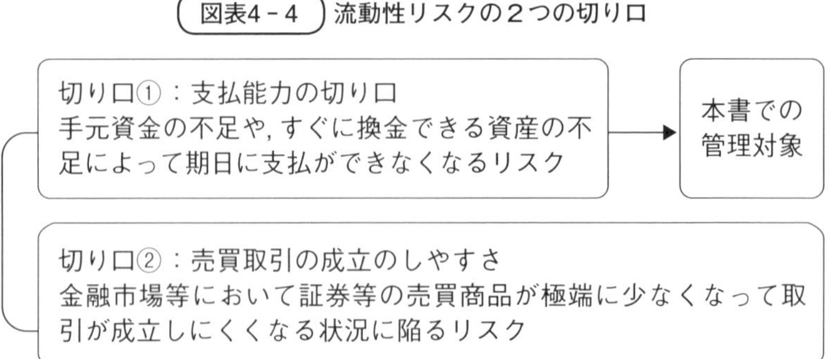

前章では，計画損益計算書とは別に計画キャッシュフロー計算書を作成しました。手元資金の量であるキャッシュフローと損益計算書の収益とは異なるからです。

例えば，100円で仕入れた商品を120円で売ると，損益計算書には20円の収益を計上することができますが，仕入代金を即金で支払い，売上代金の回収が半年後ならこの半年間，手元資金はマイナスです。逆に，損益計算書では赤字でも，支払時期と売上代金回収時期によっては，手元資金がプラスというケースもあります。

事業運営においては，一時たりとも手元資金がマイナスになることは許されません。そのため，現預金など十分な資金を手元に用意しておく必要があります。その手元資金が十分ある場合，あるいは資産をいつでも現預金に換えることができる場合，流動性リスクが低いといいます。

この流動性リスクを管理する方法を３つ紹介しましょう。流動比率による管理，資金繰り表による管理，計画キャッシュフロー計算書による管理の３つです。順にみていきます。

（1）流動比率による管理

これは，ある一時点での支払能力の高さを貸借対照表から判断し，一定の比率を維持するようにするものです。ごく大雑把な管理方法ですが，貸借対照表があれば一目で判断できるので便利です。

貸借対照表は，左側にある資産が支払能力で，右側にある負債が支払義務です。資産と負債の差額である純資産が，負の値になる債務超過の状態にないなら，常に資産は負債と同じかそれ以上です。ならば，それをもって支払能力が十分と判断できるでしょうか。そんなことはありません。資産の全部がいつでも支払準備としてスタンバイしているものではないからです。

例えば，決済期日が明日に迫っている買掛債務に対し，資産として保有しているものが設備なら，いくら貸借対照表への計上金額が大きくても明日までに換金して支払に充てるのは不可能でしょう。負債の決済期限までの長さと資産の換金までにかかる期間の長さが揃っていて，はじめて支払能力があるといえるのです。しかし，残念ながら負債と資産を期間の長さで厳密に紐付けするの

図表４－５　流動比率

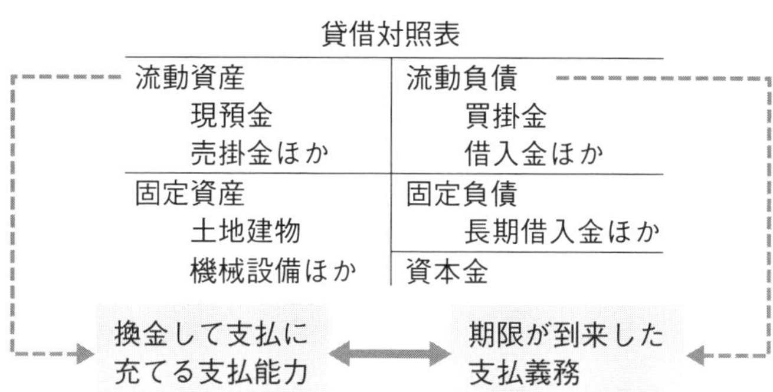

は困難です。

そこで，簡略形として，１年以内に決済期限が到来する流動負債と，１年以内に換金される流動資産の比率で判断する方法がとられます。それを流動比率といい，前者を分母にとり，後者を分子にとって計算します。

流動比率（%）＝流動資産÷流動負債

100%以上必要で，150%あれば安心できるといわれます。

（2）資金繰り表による管理

資金繰り表は，流動比率による管理より緻密な管理方法で，一定期間に予定している資金の出入りを項目ごとに記入したものです。

①　資金繰り表の形式

図表４－６のように，縦に項目を並べ，横軸には将来の時期をとっています。

項目は大きく経常収支，経常外収支および財務収支に括り，それぞれに収入と支出を分けて記入します。いずれの項目も現金の出入りを表すものです。例えば，製品を売り上げても現金による販売でなければ，すぐには収入にはなりません。そのため，売上項目ではあえて「現金」売上と断っています。掛けによる販売の場合は，売上を損益計算書に計上しても，仕訳の借方は売掛金という貸借対照表上の流動資産の科目です。この売掛金が現金として回収されてはじめて，資金繰り上の収入になります。売掛回収です。

②　資金繰りの管理

資金繰り表は，現金の出入り予定を１つひとつ記録して，向こう数ヶ月から１年程度の比較的短期間の資金の動きを掌握し，支払資金が不足しないよう管理するツールです。

ところで，図表の横軸は「○年○月」となっており，月単位で管理する形式になっています。この場合，例えば月初に支払が集中し，下旬まで収入を待た

図表4－6　資金繰り表の例

			年　月	年　月	年　月	
前期繰越現金						
経常収支	収入	現金売上				
		売掛回収				
		手形入金				
		その他				
	支出	現金仕入				
		買掛支払				
		手形決済				
		給与支払				
		経費支払など				
経常外収支	収入	固定資産売却収入				
	支出	固定資産購入支払				
財務収支	収入	借入れ				
		定期性預金取崩				
	支出	借入金返済				
		定期性預金預入				
翌月繰越						

なければいけないようなときは資金繰りが破綻してしまいます。月中の資金繰りに不安がある場合は，月単位ではなく日次の資金繰り表なども準備しておくべきでしょう。

資金繰りが逼迫して支払能力が追い付かない場合は対応する必要があります。図表４－７は対策例です。まず，金融機関からの新規借入れや既存借入金の返済条件を緩和してもらうよう交渉します。取引先に依頼して，仕入代金の支払をしばらく猶予してもらうことも可能かもしれません。ただ，これらは交渉事なので，実現は相手次第です。その場合は，社内でできることもあります。売掛債権や受取手形の売却や割引持ち込み，ファクタリングは，将来の現金化が予定されている資産の現金化を前倒しする手段です。また，仕入量を抑えて出費を控える方法もあるでしょう。

いずれも１日や２日でできるものではありません。資金繰り表は最低でも数ヶ月の期間で作成し，先を読みながらこれらの対策を打っていく必要があります。

図表4－7 資金繰り対策

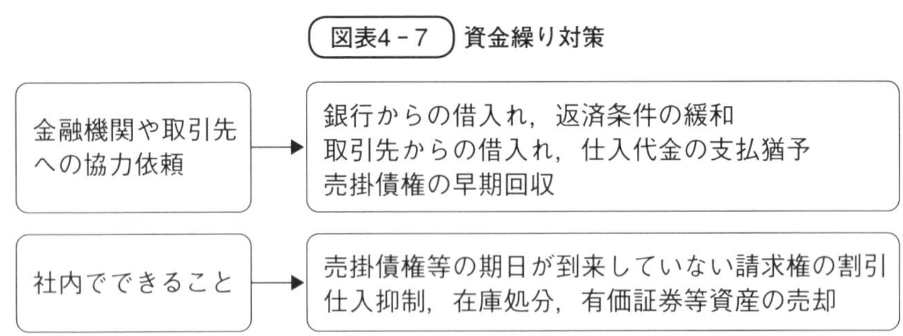

(3) 計画キャッシュフロー計算書による管理

前章で作成した計画キャッシュフロー計算書は，上で述べた資金繰り表の書式とほとんど変わりません。違うのは，横軸にとる期間の刻み方です。資金繰り表は月単位ですが，キャッシュフロー計算書は年度単位です。この違いにどんな意味があるのかを踏まえながら，計画キャッシュフロー計算書による流動性リスク管理の方法についてみていきます。

① キャッシュフロー計算書の構成と特徴

キャッシュフロー計算書の項目は資金繰り表と同じように，３つに括っています。営業キャッシュフロー（資金繰り表では経常収支に相当する）と投資キャッシュフロー（経常外収支に相当），それに財務キャッシュフローです。このうち，営業キャッシュフローの項目は直接法と間接法の２通りあります。

図表４－８に表示したように，直接法では仕入や販売など取引ごとに現金の出入りを表示する項目構成になっているのに対し，間接法では純利益をもとに

減価償却費など現金の出入りを伴わない損益項目を戻し計算したり，売掛金や買掛金など営業活動に関わる資産負債の残高の増減を加減する項目構成になっています。

図表4－8　キャッシュフロー計算書の種類

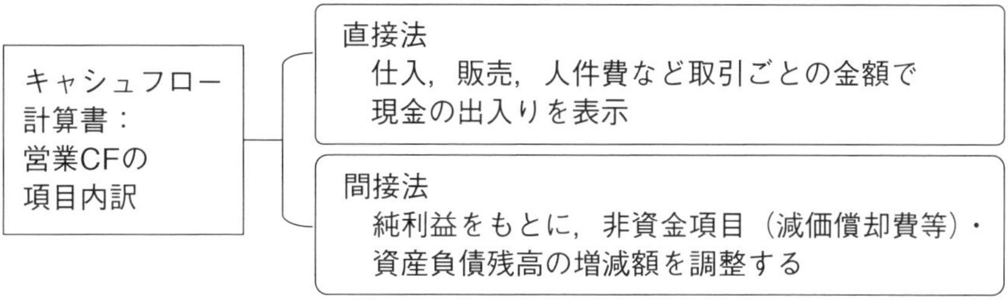

キャッシュフロー計算書：営業CFの項目内訳	直接法 仕入，販売，人件費など取引ごとの金額で現金の出入りを表示
	間接法 純利益をもとに，非資金項目（減価償却費等）・資産負債残高の増減額を調整する

そもそも，キャッシュフロー計算書は，過去年度において現金が増減した原因を分析するためのツールです。例えば，営業キャッシュフローの売掛金が増加しているとき，現金が減った原因は売掛金にあり，さらに売上代金の回収条件が悪化しているからなどと追及できるわけです。

特に間接法では，貸借対照表の特定科目の増減を反映して資金の増減を測るようになっており，売掛債権や買掛債務の回転期間など営業活動の取引条件が反映されています。

②　戦略的な流動性リスク管理

しかし，過去の分析ツールなら，なぜそれを将来の流動性リスク管理に使うのでしょうか。それは，過去の原因分析に適したキャッシュフロー計算書の特徴が，逆に事業化における将来の流動性リスク管理に利用しやすいからです。

事業化にあたって採用したい戦略を原因として位置付け，その原因によって手元資金量，つまり流動性リスクがどのように悪化するか，あるいは改善するかを見極めるのに便利なのです。

図表4－9は前章での説明に使った図表を再掲したものです。これを見るとわかるように，売掛債権の増加は流動性リスクを高め，買掛債務の増加は軽減

させます。また，その他の項目も取引ごとの現金の出入り表示を基本としているので，これを原因と結果に置き換えて，戦略的な流動性リスク管理に結び付

図表4－9　キャッシュフロー計算書（再掲）

	項目	CF効果	説　明
	期首残高		現金と現金同等物の期首残高
営業	利益	＋	営業CF初期値として以下の項目で加減調整
	売掛債権増	▲	回収猶予額が増えてCFにはマイナス
	在庫増	▲	資金が食われてCFにはマイナス
	買掛債務増	＋	支払猶予額が増えてCFにはプラス
	減価償却費	＋	現金流出しないので利益に足し戻す
投資	設備購入	▲	現金の支払を伴うのでCFにはマイナス
	設備売却	＋	売却代金を受け取るのでCFにプラス
財務	借入れ	＋	手元現金が増えてCFにはプラス
	返済	▲	手元現金を返済に充てCFにはマイナス
	期末残高		現金と現金同等物の期末残高

図表4－10　戦略的な流動性リスク管理

流動性リスクに影響しそうな戦略案		計画CF計算書の利用方法
代金支払猶予を与えて相手が買いやすくする営業戦略をとる場合の影響を知りたい	→	売掛金増加の影響の許容範囲を計算して戦略実現性を判定
仕入サイト短縮によるメリットを与えて仕入網を充実させる場合の影響を知りたい	→	買掛債務の減少による資金負担量を計算して実現可能性を判断
資金繰りが逼迫しているので在庫圧縮するが，いくら圧縮すれば効果が十分か	→	在庫削減による資金負担の軽減量を計算して効果を判定
設備投資を借入金で賄う場合の適切な返済計画を立てたい	→	返済を計画CF計算書でシミュレートして返済可能額を計算

けます。図表４-10はその例です。

また，期間の刻みが年度であることも好都合です。理由はこうです。CF計算書はB/S・P/Lから導く仕組みになっており，年度刻みで作成する事業化のための計画B/S・P/Lを作成する段階で，計画CF計算書も自動計算できることから，財務諸表同士のつながりも維持できるのです。

3　価格変動リスク

価格変動リスクとは，価格が変動することで被るリスクです。例えば，株式市場で株価100円の株式を２株購入した後，株価が120円に変動すると保有株の価値は240円になってキャピタルゲインが発生し，逆の場合はキャピタルロスが発生します。

これは株式投資に伴う価格変動リスクですが，事業運営における価格はもっと広範囲にわたります。市況の影響を受ける仕入資材の価格や製品の販売価格は代表例でしょう。ほかにも，一般には為替リスクと呼ばれていますが，これも各国通貨の価格ですから一種の価格変動リスクです。また，金利も資金の価格と捉えるなら，金利変動リスクも広義の価格変動リスクといえます。以下，具体的にその対応方法についてみていきましょう（図表４-11参照）。

図表4－11　価格変動リスクへの対応方法

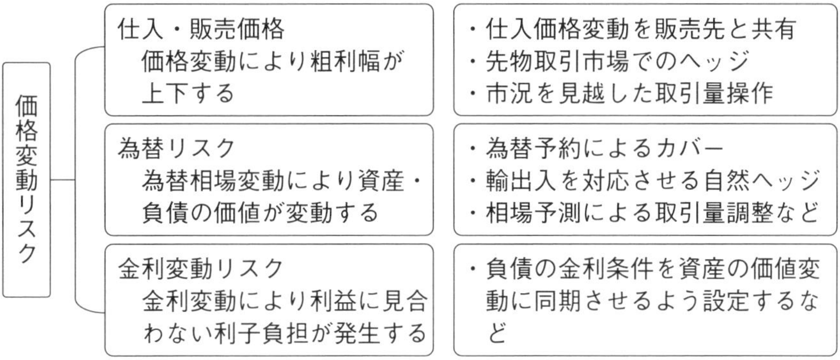

価格変動リスク	リスク	対応方法
	仕入・販売価格 価格変動により粗利幅が上下する	・仕入価格変動を販売先と共有 ・先物取引市場でのヘッジ ・市況を見越した取引量操作
	為替リスク 為替相場変動により資産・負債の価値が変動する	・為替予約によるカバー ・輸出入を対応させる自然ヘッジ ・相場予測による取引量調整など
	金利変動リスク 金利変動により利益に見合わない利子負担が発生する	・負債の金利条件を資産の価値変動に同期させるよう設定するなど

(1) 仕入・販売価格

まず仕入価格と販売価格です。日常の取引価格設定を自分で自由にコントロールできる場合もあるかもしれませんが，それは稀ですし，場合によっては不公正取引として別のリスクにつながります。ここでは，取引価格が市況の影響を受けて変動し，自分ではどうすることもできないとの前提で考えます。

① リスク共有による対応

対応方法の１つはリスクの共有です。仕入価格変動リスクを販売先と共有し，値上がり分を販売価格に転嫁する方法です。当然，仕入価格が市況により下落する場合は販売価格にも反映させて，下落メリットを還元します。ガソリンなどは多少のタイムラグを伴うものの，この方法が商習慣として根付いています。基本は，仕入と販売の価格変化を同期させることです。

また，仕入資材や販売製品がコモディティ化されて発達した市場がある場合は，先物取引市場でヘッジする方法もあるでしょう。市場とリスクを共有するのです。具体的には，現在の価格で将来のある時期に仕入れたい場合，先物取引市場で買っておき，実際の仕入時期に売り戻します。価格が高騰している場合は直物で損しますが，先物取引では差金決済で利益が出ますので，相殺することで直物の損を補うことができる仕組みです。

② リスク軽減による対応

少し手強いのは次の場合です。つまり，仕入価格は市況の実勢相場に合わせて取引ごとに反映される一方，販売価格は販売先との契約で１年間固定する，あるいは消費財のように一定期間定価を変えることができない場合です。この場合は，仕入と販売の価格決定ルールを同じにするか，消費財の場合は仕入も一定期間価格固定にするよう条件交渉する必要があります。リスクの共有を交渉によって獲得する方法です。

しかし，交渉は簡単ではありません。その場合は，多少の賭けに出ます。つまり，販売価格が固定または硬直的な場合で，仕入価格の市況が価格高騰の気配を見せているときは，将来を見越して大量に仕入れる方法です。逆に，仕入価格が硬直的な場合で，販売市況が高騰する気配を見せているときは売り控え，下落の局面では，将来の予想下落幅より小さい値下げで在庫を減らす対応をするのです。これは対応方法のリスクの軽減に当たりますが，一種の投機行為を伴いますので，できれば避けたいところです。

（２）為替リスク

為替リスクはどうでしょう。価格変動リスクへの対応として上記の対応が参考になりますが，主要通貨であれば伝統的な為替予約などヘッジやカバーの方法が普及していますので，上のような価格変動より対応しやすいといえるでしょう。詳しくは拙著『為替リスク管理の教科書』（2015年，中央経済社）を参照してください。

（３）金利変動リスク

金利変動リスクも，対応するもの同士の変化度合を同期させるという基本方針は変わりません。仕入販売の価格変動リスクでは，仕入価格と販売価格が対応関係にありました。金利では，資金運用と資金調達です。例えば，金利１％で借りてきた資金を金利１％の定期預金で運用するならリスクはありません。しかし，調達金利が市況に合わせて毎月設定し直す条件になっている一方で，運用金利は10年間の固定金利であるという場合はリスクが生じます。

図表４-12をご覧ください。これと同じことが貸借対照表の資産（左側）と負債・純資産（右側）の関係で起きます（実際，定期預金は資産で，借入れは負債である）。ただし，事業運営では負債は主に借入金なので金利で捉えられますが，資産は製品を創り出す設備や販売代金を請求する権利ですから，金利で捉えることはできません。その代わり，創り出す製品の価格や代金請求する製品価格の変動として捉えます。これは上で見たように，市況の影響を受けるとするなら，資産はおおむね物価変動，つまりインフレ率によって価値変動す

図表4－12　金利変動リスクへの対応方法

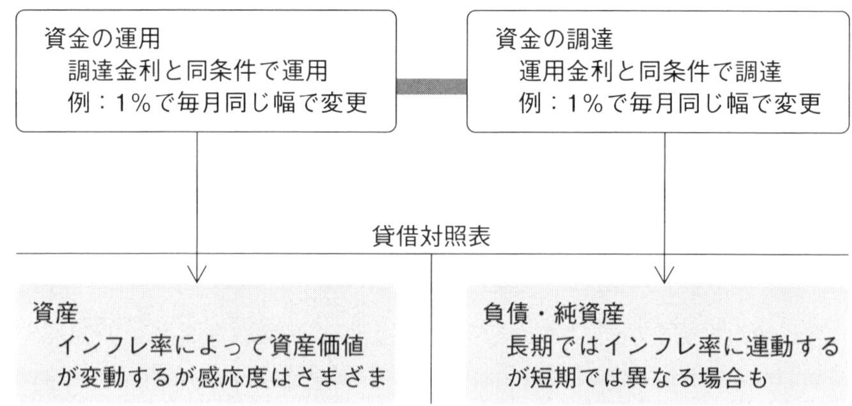

るとみることができます。

以上から，負債の金利設定条件をインフレ率に同期させることが，広い意味でのリスクヘッジであると理解できます。経済学ではインフレ率と市中金利水準は連動しますから，長期的には自然ヘッジできています。しかし，短中期では資産の種類によってインフレに対する感応度は異なりますので，それに応じて負債の金利条件も長期固定がいいのか短期変動がいいのかを判断して選択する必要があります。詳しくは拙著『事業資金調達の教科書』（2017年，中央経済社）を参照してください。

4　取引信用リスク

取引信用リスクとは，個別の取引につき，当方が契約どおり義務を果たしても，取引相手方が当方の期待どおりに義務を果たしてくれるかどうか確実でないことを指します。

（1）取引信用リスクの種類

取引相手方の義務内容は取引によって異なりますが，第1に挙げなければならないのは，販売先による代金の支払でしょう。販売があるなら仕入があります。仕入先に関しては，注文したものを納期どおり納品してくれるかどうかの不確実性がリスクです。また，同じ仕入でも製作を伴う外注に関しては，注文したものを仕様書どおりに製作してくれるかどうかです。そして，それらに共通して，相手方が破綻せずに取引が終結するまで存続するかどうかも関わってくるでしょう。

図表４－13　取引信用リスクの捉え方

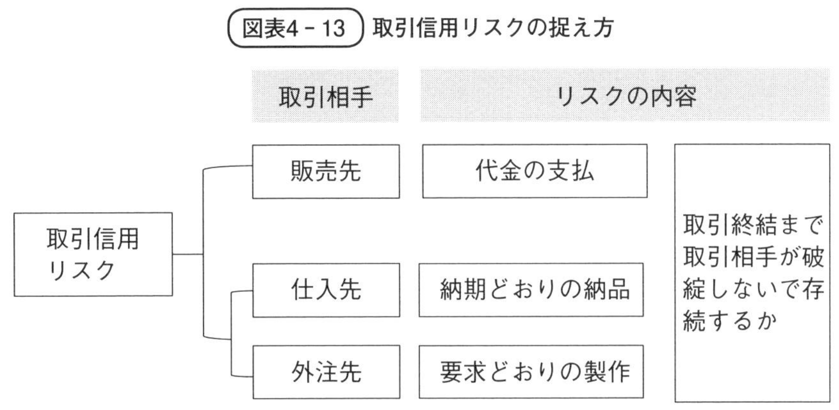

以上を整理すると図表４－13のようになります。なお，金融取引では，債務者の返済能力に関するリスクを信用リスクという場合があります。これは，販売先の代金支払と同様に捉えることができますから，取引信用リスクは信用リスクを含むといえます。

（２）販売先に関するリスク対応方法

これらのリスクに対しては，リスクの回避によって対応するのが基本です。リスクの回避とは，リスクが発生することをはじめから起こさないことですから，販売取引に当てはめると，代金の支払能力がない先には販売しない方法で対応するということになります。

ただ，販売先によっては，一定金額までなら支払能力があるというケースもあるでしょう。その場合には，その能力を限度とし，その限度内なら販売するが，それを超える場合は販売しないという方法も可能です。一定限度まで信用する，つまり信用を与えるという意味で与信限度といいます。支払能力に応じて販売先ごとに売掛債権残高で測った与信限度を個別に設定します。

ここで注意が必要です。販売額が同じでも，売掛債権回転期間の長さによって売掛債権残高が変わるという点です。長いほど残高が増加します。このため，同じ支払能力でも売掛債権回転期間を短くするよう交渉して受け入れてくれるなら，より多くの販売ができるのです。当然，回転期間がゼロならリスクは発生しません。現金引換取引です。

イメージをまとめると，図表４-14のようになります。横軸の取引量が増えたり回転期間が長くなったりすると，縦軸の売掛金残高も増えますが，破線で示した与信限度を設定するなら，それ以上には増えません。

リスクの回避のほかにも対応方法があります。銀行の融資と同じように，担

図表４－14　与信限度によるリスク制限

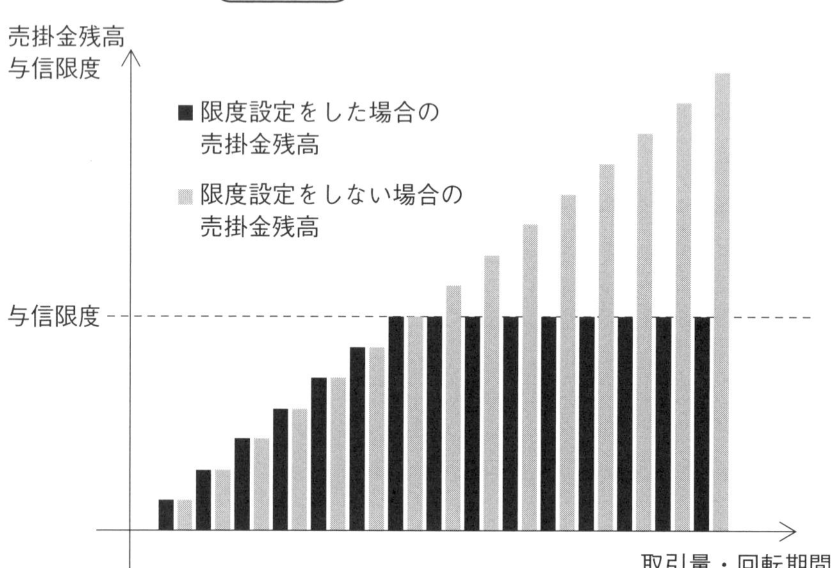

保をとる方法や，代金の支払を完了するまでは引き渡した製商品の所有権は当方に留保したままにするという約束をするなどです。また，業態によっては，販売先から別の製商品を購入し，計上した買掛債務と相殺するという方法が可能な場合があります。これらはリスクの軽減のうち，結果を変更する対応方法です。

（3）仕入先や外注先に関するリスク対応方法

仕入先や外注先に対してはどんな方法があるでしょう。やはり基本はリスクの回避です。要求の製作品や製商品を納期までに納品する能力がないと判断する先には発注しない方法です。仕入や外注でも販売と同様，一定量までは可能というケースがありますから，限度を設定して取引することもできます。

ただ，この場合は売掛債権残高に相当する買掛債務残高で限度設定しても意味がありません。買掛債務は当方の義務であって，仕入先や外注先の義務を意味するものではないからです。しかも，次のような矛盾も生じます。同じ取引量でも買掛債務回転期間が短いほど設定限度を小さくすることができ，あたかもリスク回避ができたように見えますが，逆に自分の資金繰りを圧迫することになってしまうのです。

では何に限度を設定すればいいでしょうか。それは発注残高です。当然，納期までの期間や製作に要する期間が長いほど多くの発注残限度が必要になりますが，他のリスク対応策とクラッシュすることはありません。例えば，支払能力と別に扱うことも可能です。仮に，財務基盤が脆弱で製作に必要な資材調達に事欠く外注先でも，製作技術が確かなら，仕入代金の一部または全部を納期前に支払う支援をしてでも，そのほうがスムーズに取引を進めることができる場合があるでしょう。

図表４-15は以上をまとめたものです。

図表4－15 取引信用リスクへの対応方法

取引相手	リスク対応方法
販売先	・売掛債権残高による与信限度を相手先別に設定し，その範囲で販売する ・担保・保証，所有権留保条件，買掛債務との相殺など
仕入先 外注先	・発注残高による発注残限度を相手先別に設定し，その範囲で仕入・外注する ・製作技術や納期遵守が確かなら資金的支援も検討

5 法務リスク

法務リスクとは，法やルールに違反するなどして罰則の適用や損害賠償など損失を被ったり法的な紛争に巻き込まれたりするリスクです。

（1）法令遵守

図表4－16に沿って対応方法を説明します。

法の遵守は，いうまでもありません。しかし，社会的規制をかけるものや経済的規制をかけるもの，公正公平な競争市場を維持するために敷かれているルールなど，法令は実に多岐にわたっており，無過失責任（故意や過失がなくても損害賠償責任を負うこと）を問われるものもあって，中には自分では気付かないうちに法を犯してしまうケースもみられます。法令遵守に関しては，これらを分けて管理するのがよいでしょう。

① 法令遵守の体制

知りながら故意に法を犯したり重大な過失により犯したりする場合は，内部統制の問題です。従業員の意識改革や社内の罰則規定などによって，遵守するインセンティブやネガティブ・インセンティブを設定する方法があります。これに対し，従業員の遵法意識が十分であるのに，知らないことが原因で法を犯

図表4－16　法令遵守と対応方法

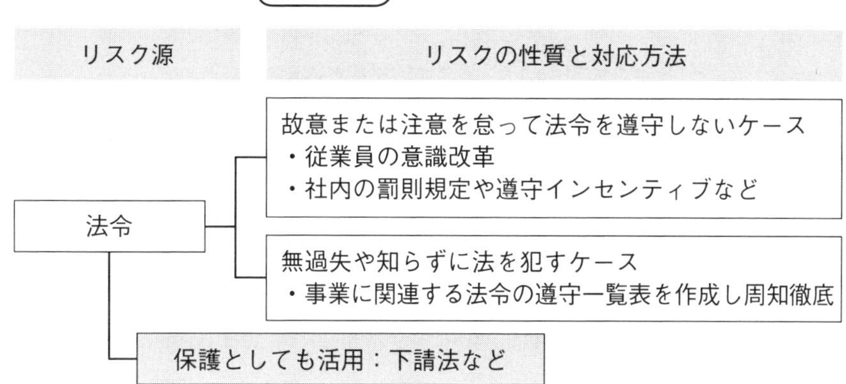

してしまうケースについては，それを知って互いに共有する必要があります。関連する法令を専門家の力を借りて洗い出し，禁止行為や社内の対応方法などを法令遵守一覧表としてまとめておくといいでしょう。もちろん保管しているだけでは不十分です。それを使って社内周知する努力が欠かせません。

②　権利保護の側面

ところで，法律は犯してはならないものとして認識するほか，権利を保護してくれるものとしても理解しておく必要があります。その１つに下請法（下請代金支払遅延等防止法）があります。これは，下請取引の発注者である親事業者に対し，強い立場を利用して下請先が不利になるような取引条件を強要することを禁ずるものです。例えば，親事業者は納品された日から60日以内に下請代金を支払う義務を負うことや，市場相場より著しく低い価格で買い叩くことを禁止するなどです。

（2）取引上の契約

法務リスクの範囲は，法令に関わる事項だけではありません。事業運営では，取引上の諸契約もその範囲に加えて管理する必要があります。図表４-17に示すように，これにも対応の切り口が２つあります。

図表4－17 取引上の契約と対応方法

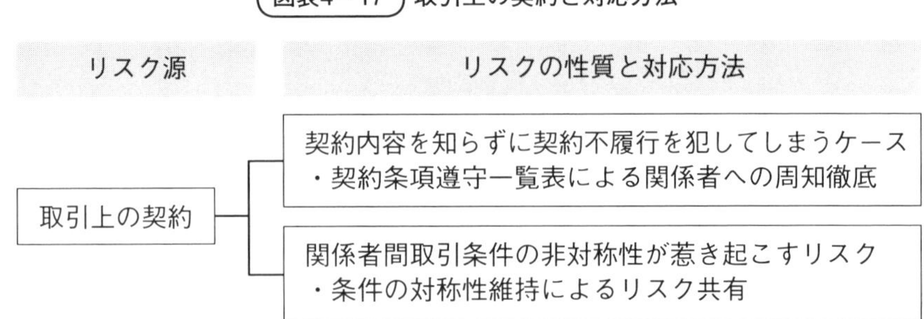

① 後日の争いを避ける目的

法の網は社会の最大公約数のようなものですから，隙間がたくさんあります。取引契約はこの隙間をきちんと埋めてルール化し，後日の争いの種を残さないようにするための知恵です。したがって，取引契約は，それ自体が将来の紛争リスクへの対応方法であるといえます。

契約内容を知らずに契約不履行を犯してしまうと，せっかく事前に取り決めたリスク回避方法が活かせません。相手方に不利益をもたらし，損害賠償を請求されることもあるでしょう。契約条項遵守一覧表を作成して関係者に周知しておく必要があります。

② 取引条件の非対称と対応方法

しかし，どちらか一方だけのリスク回避は他方のリスク増加につながることこともあります。非対称な取引条件の場合です。

例えば，図表４-18のように，Ｃという条件が成立したときだけＤを納品するという契約をＡ社と締結し，ＤをＢ社から調達する場合，Ｃ条件を調達契約の条文に謳っておかなければ，Ｃ条件が成立しないときにも最終需要のないＤを受けることになってしまいます。

図表４－18　非対称な取引条件の例

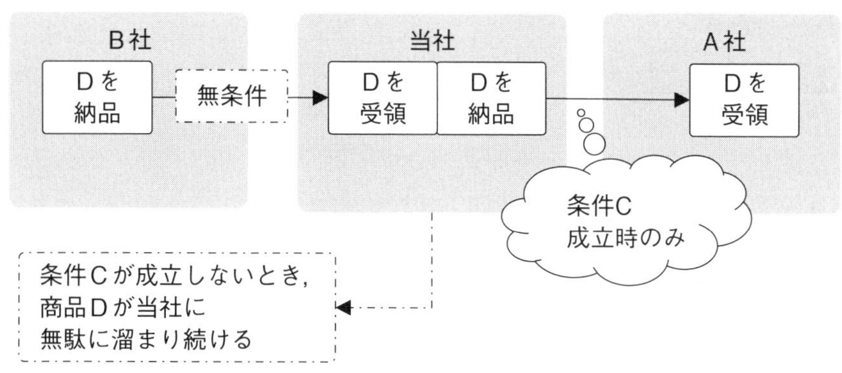

この場合は，価格変動リスク対応で検討した「リスクの共有」と似た対応が有効です。Ａ社と同等の条件をＢ社との契約にも盛り込むのです。そうすれば，条件Ｃがいつまでも成立しないときに，Ｄの一部が当社に滞留し続けることはありません。Ａ社に販売できないリスクをＢ社と共有するのです。

経済活動は相互に依存する形で成り立っています。依存関係にある取引関係者間ではルールを統一して取引条件の対称性を確保することで，リスクの共有も図ることができます。

第2節 採算維持

この節のポイント

- 採算維持に欠かせない実績差異分析では，機能連携図を活用すれば，合理的に原因を特定して対策を検討することができる。
- 特定できた差異原因への対応は，経営資源の強化として行う。無形経営資源の強化は，組織の知恵と個人の知恵に分けて行う。
- 採算改善のための経費操作は，売上高の変化に応じて変化する採算点との乖離幅を考慮して戦略的に行う。
- 採算維持の概括的掌握は，表計算ソフトによるツールが便利である。

事業が立ち上がった後の運営では，前節で述べたリスクへの対応のほかにも継続的に続けていかなければならないことがいくつもあります。その中から4つ紹介しましょう。

ひとつは実績差異分析です。事業が計画どおりに進まない状況を正しく分析しなければ，的確な対応策を立案することができません。立案した対応策の実行方法として，第2に機能連携の強化に触れます。第3は，財務採算維持のための損益分岐点分析から見える戦略上の留意点です。そして，最後に採算維持の概括的管理方法です。組織が分化して分業化が進むと，各部門はそれぞれの業務に埋没してしまう結果，大局を見失いがちです。経営者は，これを概括的に管理する目を失ってはいけません。細部を大胆に省いた簡単な1枚のシートで採算を管理する方法を紹介します。

1 実績差異分析

事業の採算を維持するためには，計画との乖離を発見し，それに合った対策を講じていかなければなりません。しかし，中には原因の追及さえできていないケースもあるようです。そこでまず，実績差異分析から原因を追及する方法を紹介します。

（１）原因追及の深度

原因の追及は，対策を講じる糸口がみつかるまで，十分深掘りする必要があります。原因追及ができていないのは，この深さが足りないケースがほとんどです。

例えば，価格10,000,000円の製品を年間に100台売る見通しを立てたのに，売上高が950,000,000円までしか伸びなかったとき，まず販売できなかった５台の販売見通し先がどこだったかを特定します。仮にＡ先で２台，Ｂ先で２台，Ｃ先で１台販売が失敗したことが判明したとします。その時，「なるほど，Ａ先とＢ先，Ｃ先だったのか。それで腑に落ちた」と納得してしまってはいけません。この段階では，まだ原因すら明らかになっていないからです。講じようとする対策も，「ではＡ先への販売を強化しよう…」といった，実効性のない対症療法的な対策しか出てきません。どう強化すればいいのかという視点が欠けています。

実際には，ここで分析を終えてしまう企業が多く，筆者が銀行勤務時代，融資先による決算説明で「売上高未達成は大口顧客Ａ先とＢ先への販売不振が原因でした」と話す社長が少なくありませんでした。

これでは，来期に向けてどういった対策が有効か，みえてきません。個別の案件に対する対症療法ではなく，事業全体として組織的な対策を打っていく必要があります。上の例では，５台の失敗に共通する原因の要素を傾向値として探し出す必要があるのです（図表４-19参照）。

図表4－19　原因追及の深掘り

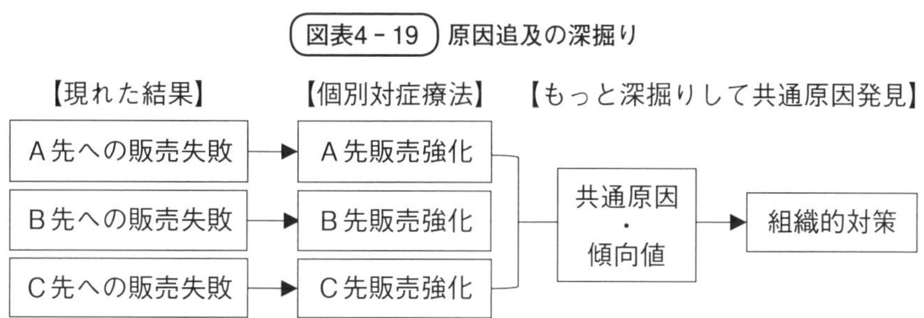

（2）内部環境と外部環境への分類

差異が発生する原因は社内外にあります。事業は，市場や顧客など外部環境の要件を満足させるように内部環境を整えて開始しますから，内部環境の整備や構築が不十分なら，計画どおりに物事が進みません。また，当初は内部環境が十分でも，外部環境が変わってしまえば，その内部環境はもはや変化後の外部環境の要件を満たすことはできなくなります。つまり，原因は内部環境の不十分さと外部環境の変化に二分できます。

そして，内部環境の不十分さへの対応はもちろん，外部環境の変化についても，社内に持っている力でこれを何とかせざるを得ないことから，結局，両方の原因とも内部環境の改善で対応することになります。

例えば，営業部門からのヒアリングで図表4-20のような要因が明らかになったとします。

図表4－20　内部環境と外部環境

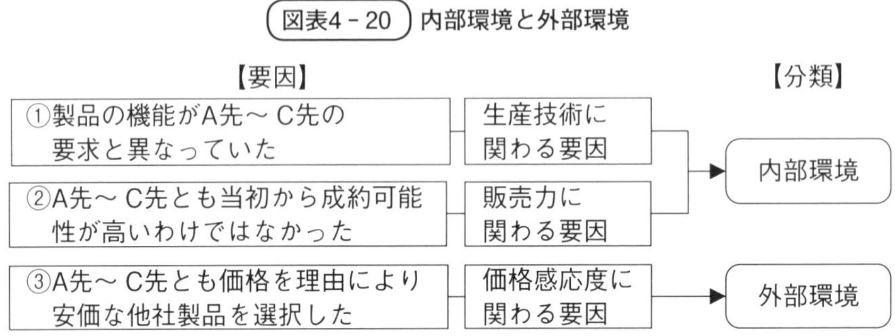

①は要求される機能を製品に装備できなかったという生産技術の要因，②は十分な顧客基盤を開拓できなかったという販売力の要因として，①と②はともに内部環境に基づく要因と捉えることができます。また，③は販売先の価格への感応度が高くなったという点で，外部環境の変化と捉えることができます。実は，この段階では第2章「経営資源を徹底活用する工夫」で述べた機能連携の構造が活きてきます。この点を内部環境と外部環境に分けて考えます。

（3）内部環境からの追及

内部環境とは，製品やサービスを作り，販売活動を推進する社内機能群，すなわち機能連携の構造です。図表４-21をご覧ください。架空の機能連携図です。この図の中で，図表４-20の要因①「生産技術に関わる要因」と，②「販売力に関わる要因」に最も関係の深い機能を探します。

図表4－21　機能連鎖構造上の要因箇所の特定（1）

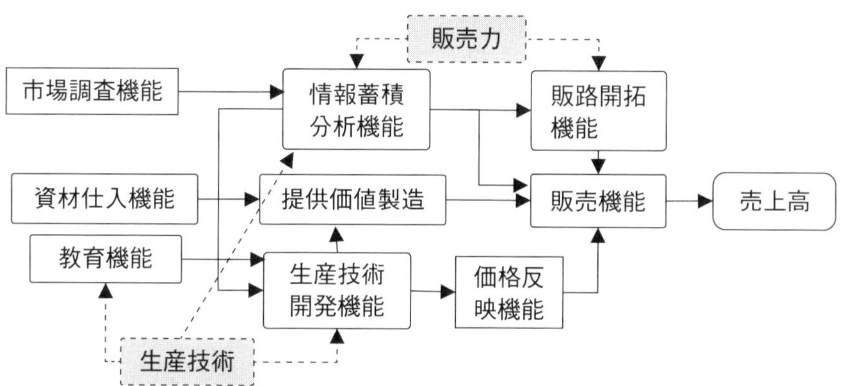

まず，生産技術に関わるものとしては，ずばり生産技術開発機能が図中にあります。顧客が要求する品質を創り出す技術を開発できなかったからだと推測できます。さらに，この機能に向かっている矢印２本の元には，情報蓄積分析機能と教育機能があります。ひょっとしたら，この２つの機能も十分でないかもしれません。

販売力についてはどうでしょう。図の上部に販路開拓機能があります。そこには情報蓄積分析機能がつながっていますから，ここへメスを入れることで改善できそうだと推測できます。

こうして，機能のレベルまで原因の根っこを追及することができました。事業化にあたって機能連携図を作成してきたからこそ，合理的に原因の発生箇所を特定することができるのです。

(4) 外部環境からの追及

外部環境についてはどうでしょう。まず，顧客の要求内容やターゲットとした市場の規模などを変化として捉える必要があります。これらをいち早く察知するには，顧客情報を蓄積して分析する機能が大事です。そのうえで，この環境変化への対応も考えなければなりません。この機能が機能連携のどこにあるかを，前項同様の方法で機能連携図から探します。

まず，外部環境変化を察知しなければいけませんので，大事なのは市場調査機能です。そこから情報蓄積分析機能を経由して生産技術開発機能と価格反映機能に向かっていますので，この一連の機能連携に注目し，市場の価格感応度にうまく対応できているかを調べてメスを入れます（図表４-22参照）。

図表4－22 機能連鎖構造上の要因箇所の特定（2）

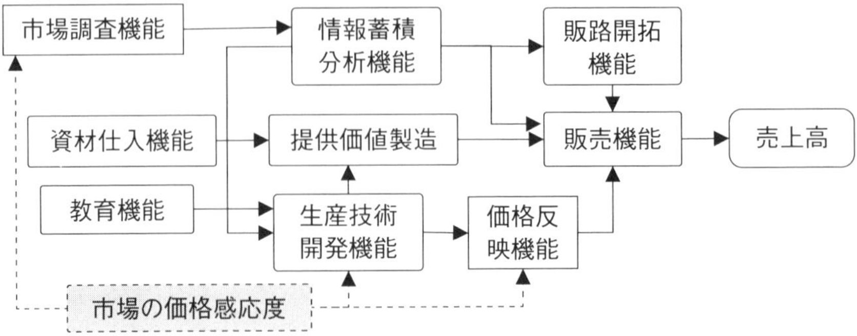

原因発生箇所を機能連携図で特定できたら，その機能を強化することなどで具体的に組織的な対策を立案する作業に移ります。次項で詳しくみていきましょう。

2 機能連携の強化

実績差異分析から差異原因の箇所が特定できたら，対策を講じなければなりません。対策の基本は，不十分な機能を補強する方法で行います。ここでは，強化の方法を２つのアプローチで検討し，併せて，他の事業化関連要素との関わり方について説明します。

図表４－23　機能連携強化の枠組

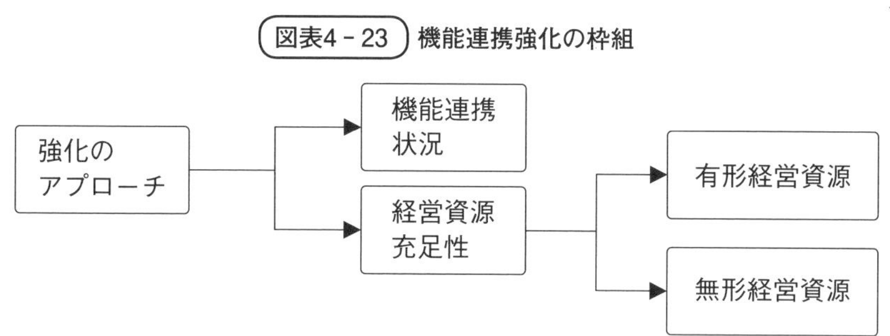

図表４-23に示すように，強化する方法には２つのアプローチがあります。機能連携状況に関するものと経営資源充足性に関するものです。順にみていきましょう。

（１）機能連携状況

１つは，第２章で述べた機能連携に必要な３つの要件に沿ったものです。要件を満たしていなければ，価値創造装置として十分に機能するはずもありません。提案営業機能を持たせて営業強化を狙う架空の戦略を図示した図表４-24で説明します。

要求される３つの要件の第１は，因果関係の正しさでした。因果関係の原因から結果に向かう矢印の方向や合流の仕方が間違っていないかを点検して，間違っている場合はこれを正す必要があります。図表４-24では，「提案営業機能」は「問題解決立案機能」がもたらす効果です。したがって，因果関係の矢印は問題解決立案機能から提案営業機能に向かいます。因果関係を正しく設定する効果は，立案機能を担う担当者が「目的は提案営業である」と正しく理解することです。これが逆では，目的を見失い，連携ができません。

因果関係の方向や合流が正しくても，関係が希薄であれば伝言ゲームのよう

図表4－24 機能連携状況の点検

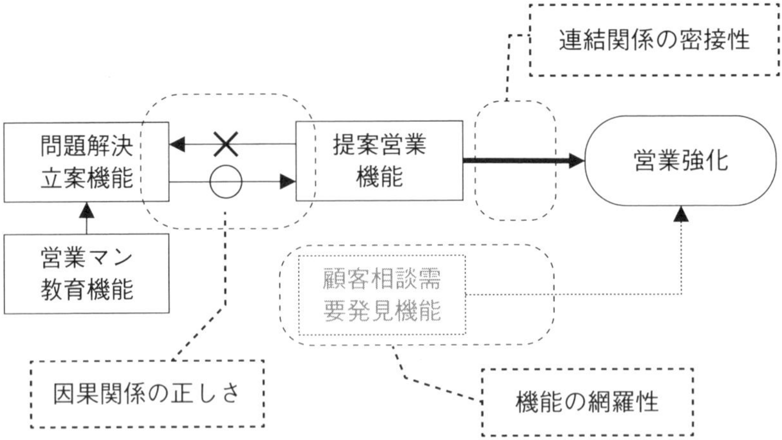

になってしまいます。そこで，要件の第２は，連結関係の密接性でした。密接性の度合を点検し，不足する場合は機能を入れ替えるなどして強化を図ります。例えば，営業強化はこの戦略の目的ですが，提案営業機能が営業強化に必ずつながるとの前提です。

しかし，その密接性が弱いと，いくら立派な提案営業機能を備えても効果が表れません。その場合は，密接性を補うために，別の機能を並列して追加する強化法もあります。図表ではグレーアウトした「顧客相談需要発見機能」が不足していたので，これを提案営業機能と並列して備えることによって営業強化が実現するようにしました。これが機能連鎖に要求される第３の要件，すなわち機能の網羅性の切り口からの強化方法です。

（2）経営資源の増強

アプローチの第２は，各機能を担う個々の経営資源を増強するものです。図表４-25をご覧ください。経営資源には有形と無形の２分類ありましたので，増強の方法も２系統に分かれます。

図表4－25　経営資源増強の方法

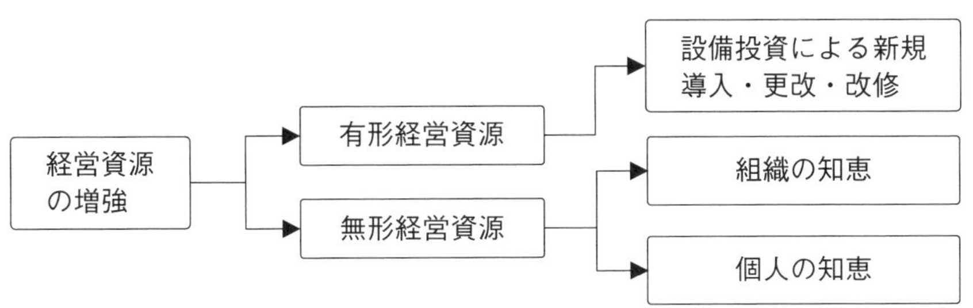

有形の経営資源の場合は，それを実行する資力があるかどうかは別の問題として，強化方法そのものはそれほど難しいものではありません。例えば，５kgの資材移動に４kg可搬のロボットが使われていて，それが原因で搬送機能が弱いとわかったとき，機能を強化するためには設備投資を行って５kg可搬のロボットに入れ替えればいいわけです。

難しいのは無形経営資源です。第２章で，事業化で活用する無形経営資源を，組織の知恵と個人の知恵の２つに分類しました。この分類に沿って順にみていきましょう。

①　組織の知恵

組織の知恵は，個人の知恵から進化したものであることを利用して養います。進化の過程は以下のとおりです。

それまで木の実を採取して食糧にしていた人が，種を蒔いて栽培した草木から果実を得ることを思いつき，独自の経験から，種を蒔く時期や収穫時期，気象の知識を見つけたとするなら，それはすでに個人の知恵です。

その様子を見た周囲の人々は提案するでしょう。種蒔きや収穫の作業は苦労が多いから，共同で作業しようではないか，と。最初に始めた人も，そのほうが都合がいいと判断するなら提案を受け入れます。そのためには，自分の知識を彼らに教えなければなりません。教えるためには知恵を言葉にする必要があります。

また，作業がばらばらにならないように，一定のルールも必要になってきます。個人の知識は，言語化とルール化を通じて組織の知恵になっていきます。個人の知恵が組織の知恵に進化したのです。

これを利用するなら，組織の知恵の増強は，①個人の知識を増やし，②これを言語化し，③言語化した知恵をルールで統一する方法で行うという「組織の知恵の形成」を導くことができます（同表４-26参照）。

図表4－26　組織の知恵の形成

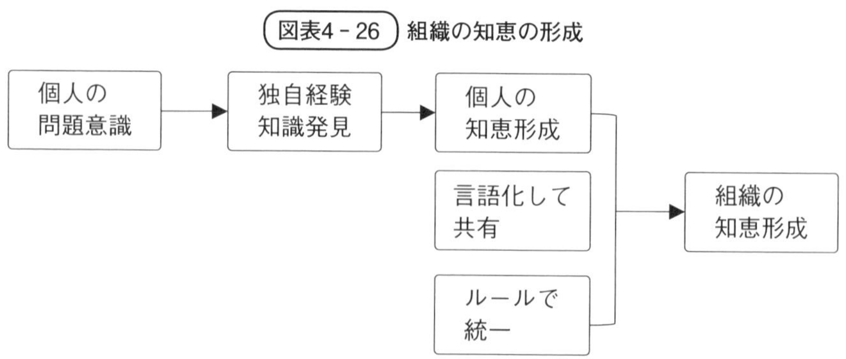

② 個人の知恵

では，個人の知恵はどう強化すればいいのでしょう。

上の例で，はじめの個人の知恵が形成されたのは，第１に，木の実を採取するだけでは収穫にムラがあるほか，収穫量そのものも自然任せになってしまう不都合を感じ，第２に，それを打開する工夫意欲と力量があったからです。この２つの要素が個人の知恵形成の要件です。これらは，その人の心や頭の中に形成されるものですから，それを強化するために外から働きかけるのは容易ではありません。

しかし，環境を整備してやることは可能でしょう。上の２つの要件を機会提供として整えてやるのです。具体的には，第１の環境整備として現場体験の環境を整えます。既存の組織の知恵を自ら体験させて身に着けさせるものと，何もないところから独自に知恵を見出させるものがあるでしょう。そんな問題意識を醸成する機会を提供するのです。第２の環境整備は，外部知見を習得する環境の提供です。広く社外から一般知識を取り入れることで視野が広がり，問題解決の糸口の発見につながります。あとは個人の力量に頼るしかありません（図表４-27参照）。

図表4－27　個人の知恵の形成

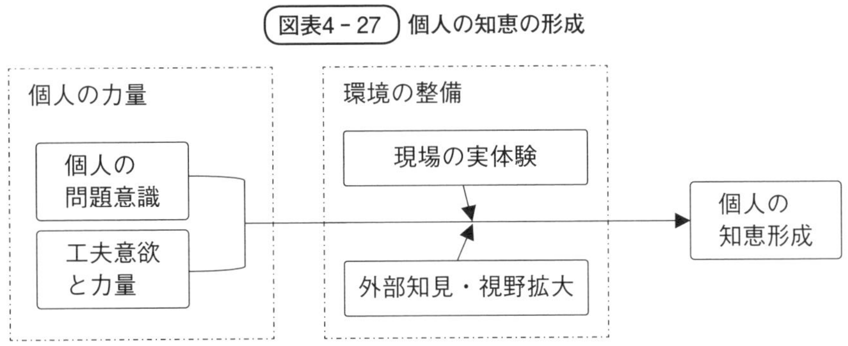

③　目標の設定

ところで，増強の目的は，その無形経営資源が弱いからです。したがって，その資源がどの程度まで強くなればいいかを決めなければいけません。そして，その水準を目標と定めて強化・増強活動を進めるのです。目に見えない無形経営資源の強度を測るのは容易ではありませんが，少なくとも現状では弱いと感じている感覚と問題意識が，その手掛りになるでしょう。

組織の知恵については，文書化されたり，データ化されたりしているため，文書内容の充実や文書件数，データ量などを強度の指標にすることができます。これをKey Performance Indicator（KPI）といいます。評価目標はこのKPIで設定します。

個人の知恵の場合は，その人の力量を評価するとともに，一定の力量を持つ人の人数を指標にする方法が考えられます。力量の評価方法は，できるだけ客観性を確保する必要があります。それには，社会的に認知された資格や能力認定制度を利用するのもいいでしょう。

3 採算ギャップの売上高弾力性

前章では，財務採算を実現するための活動を列挙し，その財務表現の方法をみてきました。その際，変動費の固定費化や固定費の変動費化も活動として挙げましたが，それらが財務採算実現後の採算維持にも関わるテーマであるとの理由から詳しい説明をしませんでした。ここで改めてこのテーマを取り上げます。

経費の削減によって財務採算を維持しようとするとき，固定費にせよ変動費にせよ，まずは費目ごとに無駄な出費がないかを精査する方法から着手するのが普通です。無駄な出費が見つかる，つまり削減する余地があるうちは，その方法で進めるのがいいでしょう。

しかし，もうこれ以上絞ることができないという境地に達したとき，経費をめぐって考えられる方策は，固定費を変動費に変えるか変動費を固定費に変えるなどの方法です。固定費を変動費に変えると，ちょっとした環境の変化や削減のチャンスがめぐって来た時に，削減の機会をタイミングよく捉えることができます。逆に，固定費に変える方法としては，設備投資などによって逐一かかっていた出費を固定する代わりに，将来に向けた効率化が期待できます。この方法では，単に費目ごとに精査する方法に比べ，より戦略的な検討が要求されます。

では，固定費化と変動費化とどちらが有利なのでしょうか。それは，業績の改善と悪化のどちらの可能性が高いかによって異なります。

(1) 業績上昇時期の戦略

この先，継続して業績の改善が見込まれるときは，変動費を固定費に切り替えていく戦略が有効です。そのことを外注の内製化で確認してみましょう。外注費は製造原価なので変動費ですが，内製化すると設備投資に伴う減価償却費や内製要員の採用に伴う人件費が増加します。いずれも固定費です。

図表4-28をご覧ください。現状の費用がA総費用線であるとき，変動費を固定費化すると，傾きがなだらかなB総費用線に変わります。業績改善が見込まれるとは，売上高が順調に伸びる状況をいいます。今，損益分岐点にあるとき，この先も売上高が伸びるなら，損益分岐点を保証する売上高線（総費用と売上高が一致する点を結んだ原点を通る45度線）をより大きく下回るのはB総費用線です。この乖離幅は利益額を表していますから，B総費用線を辿るほうが，売上高増加の効果が利益として回収できる効果がより大きいといえます。

図表4-28　採算ギャップの売上高弾力性

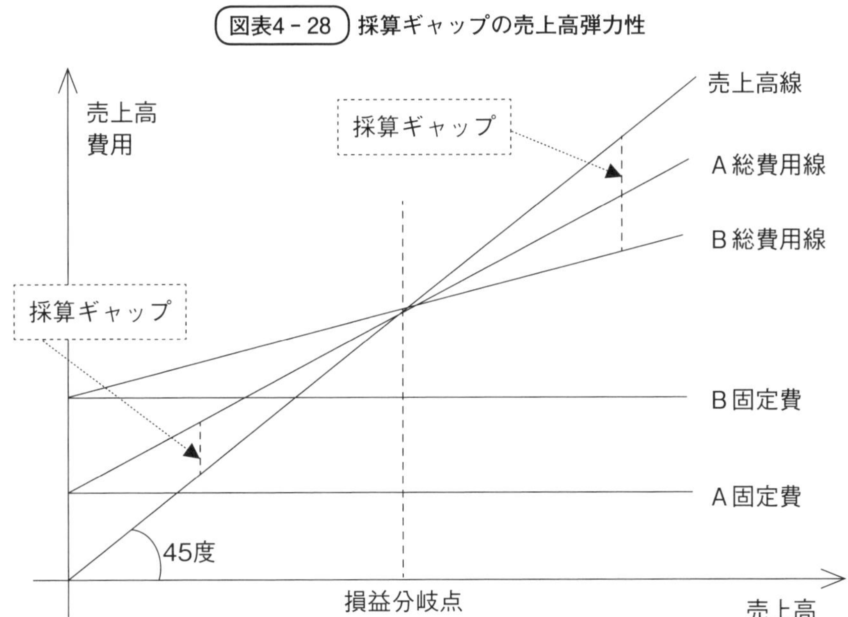

（2）業績悪化傾向時の戦略

上とは逆に，この先，継続して業績の悪化が見込まれるときは，固定費を変動費に切り替えていく戦略をとることで業績悪化の影響を軽減することができます。その理由を図表4-28で確認しましょう。業績が悪化して売上高が減少して損益分岐点から原点方向へ移動するとき，A総費用線を辿るほうがB総費用線を辿るより，総費用線との乖離幅を小さくすることができます。A総費用線は，固定費を変動費化した結果として得られる総費用線ですから，この戦略によって業績悪化の影響を軽減する効果を得たといえます。

総費用線と売上高線の乖離幅を「採算ギャップ」と呼ぶなら，売上高が1単位増加するごとの採算ギャップは，変動費率が高いほど小さく，低いほど大きいといえます。つまり，採算ギャップの売上高弾力性は，変動費率の影響を受けるのです。どちらの戦略を採るかは，中長期的な対応として慎重に判断すべきです。変動費化も固定費化も簡単に切り替えられるものではないからです。中長期的外部環境の変化を察知し，それが事業に不利かつ業績上の影響が避けられないと判断する場合は，変動費化を進めて，その間に環境変化への抜本的戦略を検討し，その見通しがついた段階で固定費化を視野に入れるという経営的スケール感のある戦略判断が必要でしょう。

4　1枚シートによる概括管理

既述のように，組織が分化して分業化が進むと，各部門はそれぞれの業務に専念するため大局を見失いがちです。少なくとも経営者は，事業化時の目的を見失わず，財務採算を継続的に管理しなければなりません。

そのとき，気を付けなければならないのは，決して細部にとらわれることなく，常に概括的にこれを掌握することです。その概括的掌握ポイントを凝縮した管理シートの例を紹介しましょう。

これは，EXCELなどの表計算ソフトをイメージしています。なぜなら，前章でみてきたように，あらかじめ取引条件などを想定しておくと，多くの項目が相互に連動し合って自動的に決まるため，計算式を組み込む表計算ソフトが活かせるからです。したがって，いったん完成させたのち，環境変化などに対応するため施策や事業方針などの変更を迫られたときでも，一部を変更するだけでそれを反映した全体図をただちに作り出すことができます。

この管理シートは，①採算，②取引条件，③機能連携，④キャッシュフローの４つの視点で組み立てられています。以下，順に説明しましょう。

（1）採算の視点

まず第１の視点は採算です。採算の３段階に沿って必要な情報を揃えます。単年度黒字化は損益計算書，累積損失一掃と借入金返済目途は貸借対照表で掌握します。

図表4－29　概括的掌握，貸借対照表・損益計算書

	０期	１期	２期	３期	計算方法
売上		200	250	350	売上見込明細→合計
変動費	0	120	150	210	売上高×変動費率
限界利益	0	80	100	140	売上高×限界利益率
固定費	0	114	104	110	固定費→固定費
人件費		40	40	46	固定費→人件費
減価償却費		44	34	34	固定費→減価償却費
地代家賃		30	30	30	固定費→地代家賃
その他		30	30	30	固定費→その他
当期利益	0	−34	−4	30	以上の合計
現金	100	27	78	66	CF計算書→期末現金残高
売掛債権		50	63	88	月間売上高×売掛債権回転期間
在庫		33	42	58	月間売上高×在庫回転期間
固定資産	200	256	152	118	固定資産→残高（合計）
資産計	300	366	335	330	以上の合計
買掛債務		50	63	88	月間売上×変動費率×買掛債務回転期間
借入金	200	250	210	150	前残＋借入（CF計算書）－返済（CF計算書）
資本金	100	100	100	100	所与：変更しない
剰余金		−34	−38	−8	前残＋当期利益
負債・純資産計	300	366	335	330	以上の合計

図表４-29をご覧ください。EXCELをイメージしていますので，自動計算されるべき行（グレー網掛け部分）には，その計算方法を「計算方法」欄に表示しました。また，「→」を使って説明した項目は計算方法ではなく，別の計算表から転記することを意味し，「→」の左にはその参照先を表示してあります。

０期は事業立ち上げ段階なので，営業等の日常活動は一切なく，期末に設備などを準備するだけです。活動は１期から始めますが，何年までを視野に入れて計画するかは各自で決めてください。図表では，３期目の単年度黒字を目指した数字を記入しています。この表は大半の係数が外から決められ（網掛けセル），唯一０期末に注入する資本金だけが自主的に決定できる係数です。図表では100としました。

（2）取引条件の視点

視点の第２は取引条件です。各種回転期間などの取引条件設定情報を揃えます。前章でみたとおり，これが売上高などの損益計算書と貸借対照表を連結する役割を担うほか，キャッシュフローの動きも制御します（図表４-30参照）。

図表4－30 概括的掌握，条件設定情報

【条件設定情報】		0期	1期	2期	3期	計算方法
限界利益率		40%	40%	40%	40%	1－変動比率
	単位当たり変動費	60	60	60	60	
	販売価格	100	100	100	100	
	変動費率	60%	60%	60%	60%	単位当たり変動費÷販売価格
売掛債権回転期間		3	3	3	3	
在庫回転期間		2	2	2	2	
買掛債務回転期間		5	5	5	5	

この中では，販売価格と単位当たり変動費が重要です。製商品（提供価値）を製作（創造）するための費用を，主に材料費や外注費などを変動費として見積もります。さらに，固定費を賄うことができるだけの利鞘を変動費に乗せて

(値入) 販売する際，その価格が顧客に受け入れてもらえる水準であるかを勘案しなければなりません。

売掛債権回転期間および買掛債務回転期間は，取引先との取引条件交渉次第です。有利なのは，前者は短く後者は長くすることです。また，在庫回転期間は，納期や販売状況などを勘案して設定しましょう。

(3) 機能連携の視点

第3の視点は機能連携です。既述のとおり，製品やサービスを創り出して販売する活動は，すべてこの連携構造という装置の稼働によって行われます。この装置に資材や動力を投入して得られる提供価値を販売して売上という成果を得るのです。この資材や動力は変動費で捉えることができ，それは上の取引条件設定で処理を済ませました。ここで取り上げるのは，機能連携の整備や維持運営にかかる費用です。これは固定費として捉えることができます。

図表4－31　概括的掌握，固定費

	単価	0期	1期	2期	3期	計算方法
損益分岐点			285	260	275	固定費÷限界利益率
固定費			114	104	110	以下の合計
人件費			40	40	46	人件費明細合計
減価償却費			44	34	34	固定資産→減価償却費
地代家賃			30	30	30	
その他			30	30	30	

図表4-31は固定費の内訳です。人件費と減価償却費，地代家賃など主要科目だけ見えるようにして，ほかはその他で括っています。なお，固定費と限界利益率が決まると損益分岐点売上高が決まりますので，表の1行目に参考値として表示しました。

① 人件費の見積り

固定費のうち人件費は，人員構成を組み立てた結果として人件費全体が決まる仕組みにしています。費用を一定額に抑えるという金額ありきの考えではなく，あくまでも機能連携の構成を優先するためです。事業の確かさは，費用金額ではなく，機能連携の構成に依存するという考え方です。同様に，減価償却費も，動員する固定資産の検討の結果として減価償却費が決まるという仕組みにしました。人件費明細と固定資産は図表４-32の表を使ってください。

図表4－32 概括的掌握，人員と固定資産

【人件費明細】	単価	0期	1期	2期	3期	計算・見積り方法
人件費計	—		40	40	46	「単価×人数」合計
Aタイプ人数	10		1	1	1	人員構成を踏まえた人数
Bタイプ人数	5		3	3	3	人員構成を踏まえた人数
Cタイプ人数	3		5	5	7	人員構成を踏まえた人数

【固定資産】		0期	1期	2期	3期
	減価償却費計		44	34	34

		0期	1期	2期	3期
	減価償却費	固定資産購入額・売却額（－）			
	償却期間	期末固定資産残高			
固定資産①	10	80		－70	
	8年	80	70	0	0
固定資産②	10	100			
	10年	100	90	80	70
固定資産③	20	0	100		
	5年	0	80	60	40
固定資産④	4	20			
	5年	20	16	12	8

注：期末固定資産残高の計算は図表４-33参照

②　固定資産の計画

上表の「固定資産」は少し複雑です。減価償却費の計算は，残存価額をゼロとし，減価償却費は固定資産購入額を単純にその償却期間（年数）で除した金額として計算しています。固定資産は４欄しか用意していません。多い場合は同種類を１欄にまとめるなどして使います。「固定資産購入額・売却額（－）」欄には購入金額と売却金額を記入しますが，それぞれ１回のみとします。なお，売却額は，売却期の前期末残高（簿価）で売却して，売却後はその欄の固定資産残高はゼロになるものとし，売却損益は発生させません。

各期末の固定資産残高の計算ロジックを示すと，図表４-33のようになります。

図表4－33　各期末の固定資産残高計算ロジック

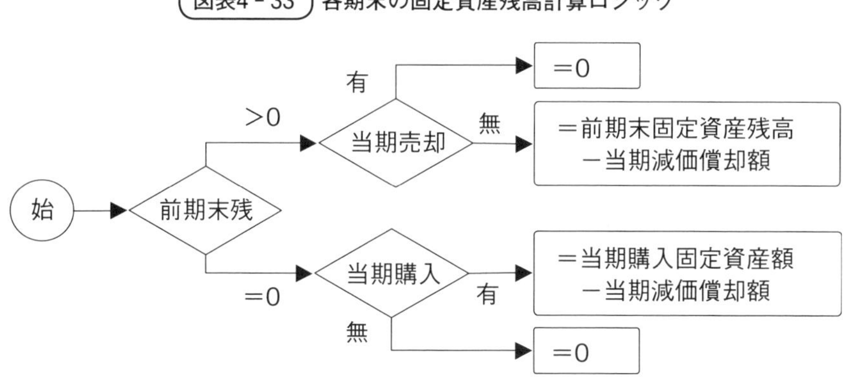

各期の減価償却費の合計

固定資産ごとに下記で計算した減価償却費を合計した金額 前期末固定資産残高±当期固定資産購入売却額－当期末固定資産残高

③　売上高の見積り

さて，機能を連携して販売活動した成果として得る売上高は，顧客への販売可能性を反映して，慎重にかつ保守的に見積もります。前期の５％増加を目標とするなどは，販売可能性をしっかり反映したことになりません。製商品カテゴリーや標的顧客群ごとに納得できる根拠を付して見積もるべきです。図表4-34を，必要に応じてカスタマイズしてください。

図表4-34 概括的掌握，売上見込み

【売上見込明細】	0期	1期	2期	3期	計算方法
合計		200	250	350	以下の合計
見込群1		200	200	300	
見込群2			50	50	
見込群3					

（4）キャッシュフローの視点

最後の第4の視点は計画キャッシュフローです（図表4-35参照）。項目欄の

図表4-35 概括的掌握，計画キャッシュフロー

		0期	1期	2期	3期	計算方法
期首現金残高		0	100	27	78	0期＝0（原則），1期～＝前残
当期利益		0	−34	−4	30	P/L→当期利益
売掛債権増		0	50	13	25	B/S→売掛債権残－同前残
在庫増		0	33	8	17	B/S→在庫残－同前残
買掛債務増		0	50	13	25	B/S→買掛債務残－同前残
減価償却費		0	44	34	34	P/L→減価償却費
営業CF		0	−23	22	47	以上の合計
投資CF		−200	−100	70	0	固定資産→固定資産購入売却
借入	借入れ	300	50			資本注入・増資はこの欄で扱う
	返済			40	60	
財務CF		200	50	−40	−60	以上の合計
期末現金残高		100	27	78	66	前残+(営業・投資・財務)CF

「CF」はキャッシュフロー，計算方法の「P/L」は損益計算書，「B/S」は貸借対照表を表しています。

①　財務CFの操作

計画キャッシュフローは，期首（前期末）の現金残高に営業CF，投資CFおよび財務CFを加えて当期末残高を導出し，それを貸借対照表の現金欄に転記しています。この現金欄がマイナスになるということは資金繰りの破綻を意味しますので，そうならないように，この表で操作しなければなりません。操作するのは借入金欄の借入れと返済です。その他の営業CFや投資CFは他の表で決まっています。したがって，借入金で操作できる範囲を超えている場合は，それら他の表に戻って計画を練り直さなければいけません。

なお，資本金の払込みや増資などは，本来借入欄で取扱います。このため，貸借対照表の借入金残高からは，この分を差し引かなければなりません。この不都合を避ける場合，便宜的に期首現金残高で扱うことでもいいでしょう。期中ないし期末の資本の払込みや増資は期首現金ではありませんので，あくまで便宜的な取扱いです。

②　借入金と資金使途の関連付け

ここで注意点があります。EXCELで作成する場合，借入れと返済の欄を入力すると，現金残高が即座に自動計算されて表示されますので，それを見ながら不足しないように，何度でも試行錯誤を繰り返すことができます。実際，それが可能になるように１枚シートによる概括管理を使おうとしているのですが，行き過ぎると，借入れ・返済が，単に資金繰りの穴を埋めるだけの単純作業になってしまいます。それは，借り入れた資金の使い道（資金使途）を見失うことにつながり，非常に危険です。

借り入れた資金は，明確な資金の使い道があってはじめて事業に活かせるのです。機能連携の不足や欠損を補うため，その特定された箇所に資金を投下するという内容で述べたとおりです。金融機関からの借入金で重要なのは，担保でも保証でもありません。一番重要なのは資金使途であるというのが，長年の銀行勤務を経た筆者の信念でもあります。したがって，この欄を記入しつつ，常に機能連携項目である変動費や固定費，設備投資などの資金需要発生の様子を把握するよう努めてください。

(5) 概括管理のポイント

さて，以上の4視点からなる各表の構成と関与体系を，図表4-36にまとめました。下記がポイントです。

- 固定費と売上見込明細は，損益計算書に反映される。
- 条件設定情報は，損益計算書の限界利益を決定付ける。
- 条件設定情報は，損益計算書の売上高をもとに貸借対照表の売掛債権や買掛債務などを決定付ける。
- 損益計算書と貸借対照表は，計画キャッシュフロー計算書に反映され，財務活動を操作して貸借対照表の現金残高を維持する。

繰り返しますが，各個別の表にとらわれることなく，常に全体を見渡すことが重要です。この図表から，経営的スケールを感じてほしいと思います。

図表4－36 概括的採算管理シート

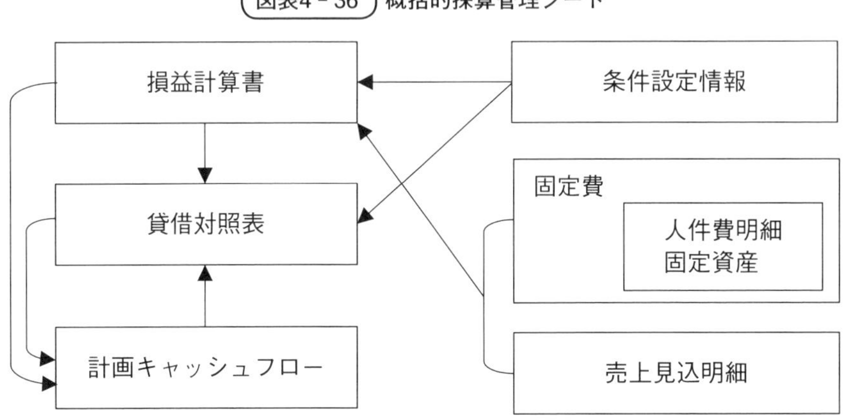

ところで，以上の手法は事業化後の採算管理だけでなく，事業化検討段階においても活用できることはいうまでもありません。既述のように，シート上で試行錯誤を何度でも繰り返すことができるからです。

ただし，これは金額などの係数で表現できる範囲ですから，事業の採算と資金繰りが確認できるだけです。この方法で管理する場合は，係数の背景にある機能連携など事業そのものの確からしさである事業化の関連要素を忘れないようにしてください。

第5章

ケーススタディ

前章まで，事業化して採算に乗せる方法を４つの関連要素の切り口からみてきました。その方法は，既存の理論を参考にしつつ，近年取り上げられて話題になっている事業評価視点や，ビジネスモデル構築手法によるいくつかの工夫を施した枠組みによるものです。

本書を締めくくる最終章では，前章まで展開した事業化検討の枠組みを，具体的にどのように応用するかを示したいと思います。

目的は，あくまでも実践的に理解を深めることです。過去の成功事例を示して安心することではありません。事業化のアイディアや市場の様子などは現実の世界と乖離している部分があるかもしれませんが，それはご容赦ください。また，図表に表示されている金額は，見た目にわかりやすくするため，相互の比較感が見える程度に桁数を最小限に絞っています。百万円などの単位もありません。

事例は，①新規事業開始，②再生を目指す第二創業，③海外進出の３つです。形は異なっても，これから新たな事業展開を目論むという点ではどのケースも同じです。

第1節　新規事業の開始

この節のポイント

- 生活支援をバリューとした製品を近隣首都圏に提供する事業を，ゼロから立ち上げる事例を取り上げる。
- 生活に役立つ消費者の需要を収集する機能と，需要を忠実に製品化するための外注機能を重点に，機能連携図を作成する。
- 重点機能強化費用や競合者が少ないと見越した強みをもとに財務計画を立て，採算性が高いとの評価を得た。

最初の事例は新規事業です。まだ何もないところからのスタートアップですから，規模も小さく個人商店のような事業開始の例です。何もないため，何の制約もなく自由な発想で進めることができます。それだけに，事業化と採算の枠組みの全部を応用する基本形といえるでしょう。

1　事業の概要

A氏は45歳の会社員ですが，妻も会社員として働いているため，子育てや家事などを分担して行ってきました。子供たちは大学に通うようになってようやく子育ても一段落するころ，日頃から気になっていたことをもとに事業を興してみようと思い立つに至りました。

気になっていたこととは，子育てや家事で使う電化製品や日用品などの道具のなかには，使い勝手のよくないものが多いということです。しかもその「使い勝手」とは，さほど難しい工夫が必要なわけではなく，単に製造過程でひと手間かけるだけで解決しそうなものばかりです。

そう感じたのは，家庭で子供たちも揃ってホットプレートを使った夕食を楽しんでいたときです。食欲旺盛でも多少そそっかしい性格の長男が，ホットプレートから焼き上がった食材を箸で取ろうとするとき，プレートの端に素手が触れて火傷してしまうのです。一度失敗したら次からは注意すればいいのに彼はなかなか気が回らず，そんな失敗を何度か繰り返しました。しかし，何度も長男をたしなめているうちに，ふと気がついたのです。ホットプレートに手が触れないように木枠でプレートを囲んでみてはどうか。金属なら熱伝導率が高いが，木なら火傷するほどには熱くならないだろう，ということです。木枠で囲むなどは，さほど大掛かりな工程が必要とは思えません。

ほかにもあります。子育て中は雪国に勤務していました。雪が降ると子供は喜んで庭を駆け巡ります。50～60センチほどの雪の中を長靴で駆け回るのですが，すぐに雪が靴の中に入り，体温で溶けて靴下やズボンの裾が濡れてしまいます。その都度着替えに戻っては，またすぐに出て行きます。長靴のトップに毛糸で編んだ脚絆をくくりつけてはどうでしょう。これもちょっとした工夫ですが，大した手間ではありません。

これらは，実際にそのような状況の中で体験したときにはじめて気付くものです。会議室の中で何人もが議論しながら製品開発するような環境では，そのような発想は出てこないでしょう。実際に使う家庭人の立場に立って使用場面を想像し，本当に生活に役立つ機能を備えた家電や家庭用品を作って提供すれば，消費者に喜んでもらえるのではないか。A氏はそのように考えました。

2　「誰に」「何を」への展開

A氏の発想を，事業化の４要素「誰に」「何を」「どうやって（機能連携）」「いくら（財務採算）」に沿って事業化を検討しましょう。このケースでは，事業化発想のスタートが使い勝手のよい日用品という製品にありますので，まず「何を」から検討します。

（1）「何を」への展開

A氏が発想した「何を」のもとになったのは自らの経験でした。しかし，A氏が体験してきた環境にはすでに最低限の機能を備えた既存の製品が普及しています。物質需要が満たされているそんな環境の中に，「もっとこうだったらいいのに」という要望が，本当にそれに応える事業が成り立つほどの強度をもって存在するのでしょうか。

ただ，こうも考えられます。れっきとした需要であるにもかかわらず，それを単なる理不尽な我儘だからと消費者自身が製品化の要望を諦めてしまっているケースも多いのではないか。だから，ちょっとしたきっかけがあれば，隠れている需要が表面に現れてくるはず。このように考えると，大量生産によって最低限の機能だけ備えた製品が普及しているところにこそ，そういった需要があるのだといえそうです。

このあたりを第１章でみてきた方法で展開してみましょう。

①　進化する欲求への対応度合

図表５－１は，第１章でみたマズローの欲求５段階に本件の発想を対応させようとした検討図です。

図表5－1　A氏のケースと欲求５段階説

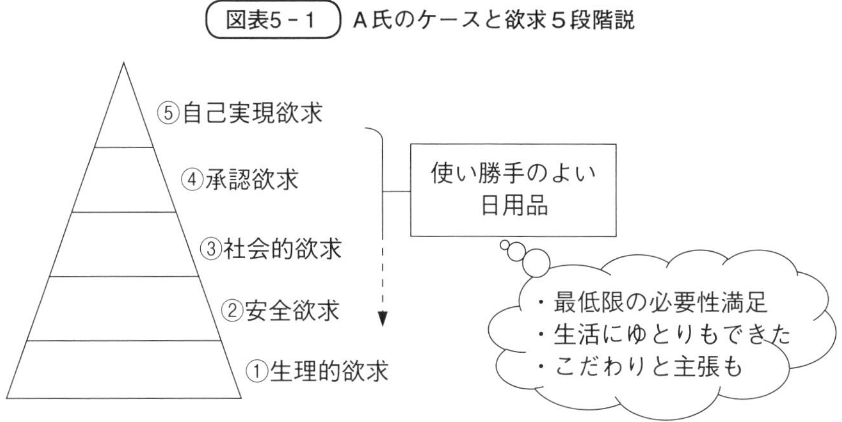

A氏の周囲には，最低限の機能を備えた生活用品が世間の需要を満たすだけ十分にありますから，第１段階の生理的欲求や第２段階の安全欲求は満たされたとみていいでしょう。また，そこに暮らす人々は一定の社会に属しており，

社会的欲求も満足できていると考えられます。しかし，属する社会での自己実現欲求が得られているかどうかはわかりません。どうやら，欲求進化の第３段階である社会的欲求まで満足しているものの，第４・第５段階は満たされているかどうか少し曖昧です。

では逆に，第２段階の安全欲求は満たされているかというと，Ａ氏が発想した製品が提供する価値が日常生活への支援であることを踏まえると，国家の安全保障はともかく，日常では必ずしも満足していません。

以上から，結局，Ａ氏の「何を」は，すでに欲求進化の過程を卒業してきたはずの人々に，初期段階の生活安全や生活支援への欲求に再び回帰させるようとする不確かな価値提供であるといえそうです。

② PEST分析への対応度合

図表５-２は，やはり第１章で「何を」の検討に使ったPEST分析をアレンジしたものです。PEST分析は，政治経済や社会の価値観，技術革新などの分析から人々の需要を浮き彫りにしようという試みです。第１章では「何を」の設定に利用しました。

図表5-2　A氏のケースとPEST分析

分野	分析対象	分析の視点	
政治	法律の改廃，政治・行政の状況	法・制度の変更，経済政策	政治経済は安定し，大きな不安はないが，激動もない
経済	物価や金利の変動や景気の動向	購買力変化や収益環境の変化を分析	
社会	価値観や行動習慣，インフラの変化	経済のみならず社会的価値の変化にも注意	身近な生活に価値の充実を求める社会になってきた
技術	新たな財サービスの生産技術	新技術や自他の技術格差に着目	

環境は，図表に示したとおり，政治経済は安定して当面大きな不安がなく，かといって派手なビジネスチャンスが期待できるような変化もありません。その一方で，人々の関心は激動の社会では振り向く余裕のなかった日常生活の質に向き始めています。

Ａ氏の発想が注目されそうな環境であるといえそうです。

（2）「誰に」への展開

第１章では，「誰に」への展開として，購入意思決定行動と市場細分化の２点を紹介しました。

①　購買意思決定の特徴

Ａ氏が発想した製品は使い勝手のよい日用品，提供しようとする価値は生活支援ですが，最低限の機能を備えた既存の製品が普及している環境でのアイディア製品です。多少のこだわりを持つ人々でなければ，このような製品に興味を示すことはないでしょう。

このことから，購入意思決定行動に関しては，図表５－３の推察欄に記載し

図表5－3　Ａ氏のケースと購買行動

理　論	内　容	推察
刺激生体反応モデル	外部刺激を知覚し，それを体内で好意的に捉えるという態度決定を経由する。	
多属性態度モデル	提供された価値の複数の属性を自ら信念に基づいて評価する。	自らの思いや過去の経験に照らすような比較的複雑な意思決定パターンであると想定できる。
消費者情報処理モデル	製品情報を過去の経験で内部に蓄積された自らの内部情報によって評価する。	（同上）
精緻化見込モデル	消費者には論理的な判断と感情的な判断の２つの購買意思決定回路がある。	

たように，比較的複雑な意思決定パターン持つ人々が販売ターゲットになると想定できます。販売戦略を検討する際には，この意思決定パターンを考慮すべきです。

② 「誰に」の特定

「誰に」を特定する作業においては，設定した「何を」への需要者群を細分化した市場ごとに吟味するとともに，上の意思決定パターンも考慮する必要があります。

図表5－4は両方を踏まえて，市場細分化基準ごとに本件を当てはめてみたものです。地理的基準では，物質が充足している豊かな地域や国を想定します。人口動態基準では，自らの知見や過去経験に照らして，少し複雑な意思決定する人々がターゲットになるでしょう。心理的基準では，物事への意識は高いが，社会を経済的にも制度的にも大きく変革しようというハングリーではなく，日常生活を振り返る静かな趣向の持ち主が想定できます。最後に行動様式基準では，日常の便益を追求する意思決定をする需要者層が当てはまります。

以上から「誰を」を特定すると，成熟した経済的ゆとりのある先進諸国の多少複雑な購買意思決定をするこだわり層を，販売ターゲットとして絞り込むこ

図表5－4　A氏のケースと市場細分化

市場細分化基準		A氏のケース
細分化市場	細分化の基準	想定市場
地理的基準	国・地域別，国家制度別，産業集積度，気候	先進市域など物質が充足している市場
人口動態基準	年齢・性別，職業・年収，教育水準，産業構成，治安状況	教育水準は高く，ゆとりのある人々
心理的基準	意識・趣向，宗教分布，思想分布	意識は高いが，ハングリーではない
行動様式基準	利用頻度，追求便益内容，習慣性，決裁緻密性，情報対称性	便益内容を追求する意思決定

とができます。

3　機能連携の組立

機能連携の役割は，価値をどのように造り，それをターゲットとする顧客にどう届けるか，あるいは販売するかということでした。この各機能がどのように連携して行うかを図で表します。しかし，機能連携図を頭の中に描き切ってから，それを紙に落とすのは困難です。最終目的を複数の中間目標に分割し，これを実現するための機能群を列挙して，それを因果関係でつなぎ合わせ，最後に分割した中間目標を合体させるという手順を踏むと進めやすいでしょう。

そこで，以下の中間目標に分割してみました。こうすることで，すべてが一緒に組み込まれた機能連携図ではどこから見ればいいのか，その糸口を見つけにくいという欠点を補うというメリットも得られます。

a　本当に生活に役立つ生活支援価値を設定する
- 生活者から生活に役立つ需要情報を汲み取る仕組み
- 需要に基づいて提供する製品やサービスを設定する仕組み
- 情報提供インセンティブを提供して提供を促す仕組み

b　生活需要を最優先する機能を装備した製品化を工夫する
- 製品を開発する機能群
- あらゆる製品に対応できる外注機能

c　製品を納得させて販売する
- 他とは違うところを強調して共感を得る販売方法

上の３つを合体させた機能連携の構造は，図表５-５のようになりました。販売先と外注先網以外のテキストボックスは表示していませんが，すべて機能を表しています。

図表5－5　A氏の新規事業の機能連携図

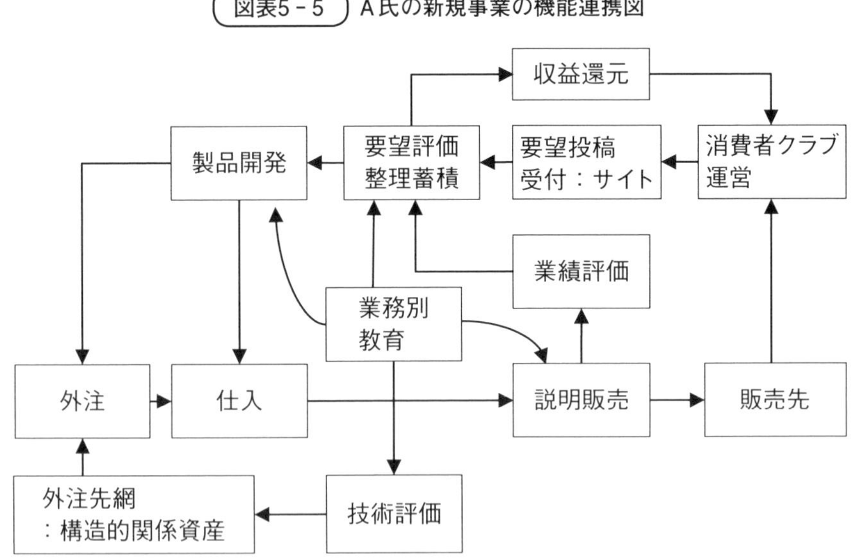

（1）生活支援価値設定機能

まず，生活者から生活に役立つ需要情報を汲み取るため，消費者クラブを立ち上げ，消費者が需要情報を直接投稿できるサイトをホームページ上に作ります。提供された情報は，それを整理して蓄積する機能が引き継ぎます。まったく異なる方面から提供された断片的な情報でも，整理して蓄積することにより，意味のある内容を持つようになります。ここまでが，図表では上の部分，「消費者クラブ運営」→「要望投稿受付：サイト」→「要望評価整理蓄積」の機能連鎖として表現されています。

（2）製品化機能など

次にこれを製品化します。需要に忠実に応える価値を形にするためには，あらゆる生産技術を駆使する必要があります。そのため，その大半を外注に頼らなければなりません。しかも，必要な技術に応じた広い外注先ネットワークが必要です。また，その外注先を評価する機能も備えておくべきでしょう。この機能連鎖は図表の左の部分，「製品開発」→「外注」，「外注先網」，「技術評価」として表されています。

図表5-5では中ほどに「業務別教育」機能が見えています。ここから「要望評価整理蓄積」「製品開発」などの機能に矢印が向き，それらの機能を強化する非常に大事な役割を担います。生活支援機能を納得させて販売するための販売力にも貢献しています。販売時の様子を分析評価することによって，消費者からのどんな情報提供が貢献したかがわかり，情報提供者にいくばくかの収益還元を行います。これをインセンティブにしてさらなる情報提供を促すのです。

(3) 機能連携の強化

さて，機能連携の各機能は経営資源が担っています。機能が十分発揮されていない場合は，経営資源を新たに取得したり増強したりして対策を講じる必要があります。

本件は新規事業の開始ですから，事業者自身の知恵以外の経営資源はすべて調達しなければなりません。例えば，要望投稿サイトや情報整理蓄積のためのITシステムは，事業立ち上げと同時に装備する必要があります。一方，販売員や製品開発者など力量強化のための教育は，当面，事業者自身が教育者としてその機能を担う体制でいいでしょう。経営資源の調達には資金を必要とするものもありますが，それは後述する財務採算の設計に盛り込むことにします。こうして，それぞれの経営資源の調達方法を固めたら，次に各経営資源の増強活動に目標を設定しなければなりません。いわゆるKPI（Key Performance Indicator）です。KPIは，機能同士が相互にバランスを維持しながら，連携して価値創造するために必要なそれぞれの水準を考慮して設定します。

4　財務採算の設計

財務採算は図表5-6に示す手順で設計します。ただし，第3章で述べたように，最終的な採算性の評価結果から逆算してはじめに設定した条件の修正が必要になるなど，フィードバック作業が必要となる可能性があります。

図表5－6　採算設計の流れ（再掲）

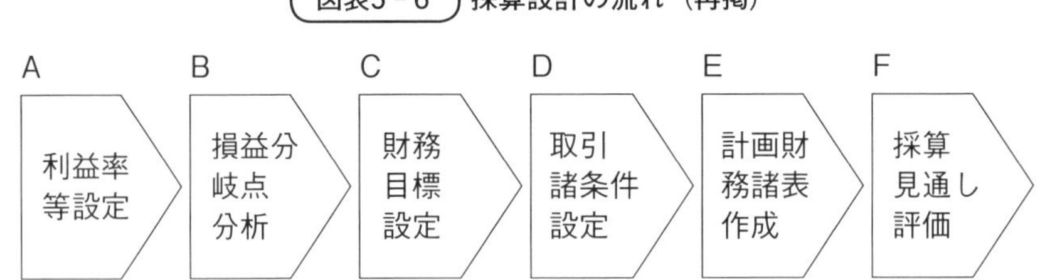

（1）利益率から財務目標設定

手順に従って，はじめに限界利益率を設定します。事業の形態は，仕入れた商品を加工せずに販売する小売ですから，限界利益率は値入率あるいは粗利益率とほぼ同じとみなすことができるでしょう。ここでは，標的としている購買層が，多少高くても用途別の機能性をしっかり装備していることへの需要が強いことなどを考慮して，30%としました。

次に，損益分岐点分析に供するための固定費を試算する必要があります。そのため，機能連携図から戦略材料を抽出します。図表５－７がそれです。右列

図表5－7　A氏の新規事業の戦略材料

活動内容	財務への翻訳
要望投稿サイトの構築運営	資金調達・負債計上，無形固定資産（ITシステム）計上（５年均等償却）
業績評価を反映した消費者クラブ収益還元	評価者人件費・調査費計上して現預金減少
製品開発・外注先網	開発者人件費・研究開発費計上して現預金減少
外注・仕入	仕入計上，買掛金計上，売上原価計上
説明販売機能	店舗家賃・販売員人件費として現預金減少，売上計上して現金増加・借入返済

「財務への翻訳」は，これらの活動にかかる費用や成果を財務諸表に表現する方法です。この中間手順を踏むことで，「何を」「誰に」「どうやって」を忠実に反映することができます。計画財務諸表が単に鉛筆をなめた数字ではなく，根拠のある説得力を備えた数字になるのです。

この表の「財務への翻訳」から固定費として計上される項目を抽出して，損益分岐点売上高を試算します。固定費は，無形固定資産の５年均等償却費，各種人件費，調査費，研究開発費，店舗家賃です。試算した結果，固定費と損益分岐点売上高は図表５-８のようになりました。表示されている63円を単年度黒字化の目標として計画を立てます。

図表5－8　A氏の新規事業の損益分岐点

	0期	1期	2期	3期	4期	5期
限界利益率	0%	30%	30%	30%	30%	30%
損益分岐点売上高	0	63	63	63	63	63
固定費	0	19	19	19	19	19
減価償却費	0	2	2	2	2	2
調査費/研究開発費	0	5	5	5	5	5
評価者人件費	0	5	5	5	5	5
開発者人件費	0	5	5	5	5	5
家賃	0	2	2	2	2	2

注：小数点以下四捨五入

（2）取引条件設定から採算見通し評価

手順の後半は，上の前提をもとにした計画財務諸表の作成と，財務採算の見通し評価です。見通し評価の結果次第では，戦略の修正を余儀なくされる可能性もあります。

①　計画財務諸表の作成

まず，取引条件としての各種回転期間を設定します。事業形態が店頭販売の小売であることから，売掛債権は発生しないため，売掛債権回転期間は計画期間を通じて「ゼロ」と置き，買掛債務は各仕入先の平均的事情から4.0ヶ月，在庫は3.0ヶ月としました（図表5－9参照）。

図表5－9　A氏新規事業の取引条件

	0期	1期	2期	3期	4期	5期
売掛債権回転期間	0.0	0.0	0.0	0.0	0.0	0.0
在庫回転期間	0.0	3.0	3.0	3.0	3.0	3.0
買掛債務回転期間	0.0	4.0	4.0	4.0	4.0	4.0

注：小数点以下四捨五入

以上から計画財務諸表を作成します。大半の係数は，ここまでに設定した諸条件から一義的に決定（EXCELでは自動計算）されますが，売上高と外部負債の借入返済だけは，この段階で設定しなければなりません。このうち借入返済は，現金残高のバランスをとりながら計画を立てることが可能です。しかし，売上高はより慎重に設定すべきです。以下を根拠に設定しました。

- 本件ビジネスモデルはほかになく，競合は少ない。
- 某消費者意識調査から割り出したターゲット購買層シェアに，普通生活用品需要を掛けて試算した，想定需要量を根拠とした。
- マンパワーと広告効果浸透速度を考慮して，保守的に見積もった。

図表5－10は上記を盛り込んで作成した，計画損益計算書，計画貸借対照表および計画キャッシュフロー計算書です。資本金は5円でスタートしました。0期は準備段階として，期末に借入れを起こして投資するだけとし，実際の営業活動は1期から開始します。左から2列目の「計上根拠」欄には，必要に応じて科目別にこのような金額を計上した根拠を，活動の順番を表す番号を付して簡単に記載しました。連動するものは同じ番号で表示しています。

図表5－10　A氏新規事業の計画財務諸表

【計画損益計算書】

科目	計上根拠	0期	1期	2期	3期	4期	5期
売上高	⑤販売実績	0	50	60	70	80	90
変動費	④売上原価	0	35	42	49	56	63
限界利益		0	15	18	21	24	27
固定費	③含む減価償却	0	19	19	19	19	19
利益		0	−4	−1	2	5	8

【計画貸借対照表】

現金		5	2	3	7	11	18
売掛債権		0	0	0	0	0	0
在庫	④仕入による在庫	0	13	15	18	20	23
固定資産	②IT投資：固定資産	10	8	6	4	2	0
資産計		15	23	24	28	33	40
買掛債務	④仕入による買掛金	0	12	14	16	19	21
借入金	①投資・運転資金	10	10	10	10	7	4
資本金		5	5	5	5	5	5
剰余金	⑥累積損失発生解消	0	−4	−5	−3	2	10
負債・純資産計		15	23	24	28	33	40

【計画キャッシュフロー計算書】

期首現金残		5	5	2	3	7	11
利益		0	−4	−1	2	5	8
売掛債権増		0	0	0	0	0	0
在庫増	④仕入による在庫	0	13	3	3	3	3
買掛債務増	④仕入による買掛金	0	12	2	2	2	2
減価償却費		0	2	2	2	2	2
営業CF		0	−3	1	4	7	10
投資	②IT投資：固定資産	−10	0	0	0	0	0
借入れ	①投資・運転資金	10	0	0	0	0	0
返済	⑦約定返済	0	0	0	0	3	3
財務CF		10	0	0	0	−3	−3
期末現金残		5	2	3	7	11	18

注：小数点以下四捨五入

② 財務採算見通し評価

これによれば，３期には単年度黒字を達成し，４期末には累積損失の一掃を達成できることから，採算性が高いという評価ができます。キャッシュフローも順調に生み出されて４期から返済の目途がつき，流動比率でみても流動性リスクはうまく回避できています。

第2節 事業再生と事業承継

この節のポイント

- 競争激化で窮境に陥った自動車部品の標準品販売企業が，再生を目的として新規事業を立ち上げる事例を取り上げる。
- 不具合対応技術などの無形資産を価値化する機能を中心に，機能連携を構築して試作品事業を開始する。
- 新規事業立ち上げに際してITシステム投資など必要となったが，試作品は従来の標準品に比べて利益率が高く，これらを反映させて財務計画を策定したところ，採算性が高いとの評価を得た。

２つ目の事例は事業再生あるいは事業承継です。事業再生は，既存事業が窮境に陥った原因を探り当て，それを改める方向で進めます。過去に決別して非連続的に事業を展開するという点で，事業化の形態の１つといえるでしょう。事業承継も似ています。なぜなら，承継が進まない理由の１つに，将来性がなく成長が見込めないから，というのがありますが，これを払拭するには，従来と異なる新たな試みが必要だからです。

ただし，両者とも過去に培った経験や取引網など，新たな試みにも活用できるものがあるはずです。この点も踏まえながら，この事例を参考にしてください。

1 事業の概要

Ｂ社は自動車部品等を仕入れて販売する，従業員50人未満の中小企業です。自動車業界はすそ野が広く，多くの業界が関わっていますが，それだけ取引関係も複雑です。そのため，昔から取引のある仕入先や部品メーカーとの関係をあえて変更せず，実績を尊重したサプライチェーンを維持することがリスクを避けるための知恵でした。当社も，販売先との人間関係さえ維持していれば業況が安定していました。しかし，今は違います。グローバル化に伴う国際競争に晒される中，大手自動車メーカーも部品供給者に対して厳しく費用削減を要求するようになっています。当社への要求も年々厳しさを増し，価格競争に巻き込まれて販売機会を失うケースが増えました。その結果，売上高減少と利益率悪化の傾向が続き，とうとう窮境に陥ってしまいました。しかし，経営者は昔ながらの取引関係に固執して，思い切った改善策を打ち出せません。

そこで，高齢の経営者に代わって事業承継を決意した新経営者は，起死回生の再生案として以下を実行しようと考えました。

- 価格競争に巻き込まれる部品商社から脱却する。
- 脱却後の事業では，部品の調達・供給で培った過去の知恵を活かす。
- 上記により利益率の改善を図る。

当社が窮境から脱するためには，まずそうなった原因を明らかにしなければなりません。原因は明らかです。価格競争に巻き込まれて粗利益率が悪化し，売上総利益では経費を賄い切れなくなったこと。それでも価格で折り合いをつけられない場合は取引そのものを失い，売上高に影響したことです。もちろん，部品供給はなくなるわけではないため，当面の価格競争に耐えられる体力があれば，生き残る数社として存続できる可能性はあります。しかし，当社にはそのような体力もありませんでした。窮境から脱するためには，高い利益率の確保が可能な新たな事業に挑戦するしかありません。

部品供給事業に代わる事業への転換を図る場合，1から出直すわけにはいきません。現状の従業員の生活も維持しながら進める必要があるからです。解雇は簡単ですが，それは選択肢にはありませんでした。そこで，既存事業とのシナジーを考慮した改善策が必要となります。販売先や仕入先との既存の取引関係などですが，中でも重視したのは，従業の部品供給業務で培ってきた知恵です。以上を考慮した結果，選択した新規事業は，部品を試作品から手掛ける試作品提案事業です。

単なる部品の仕入販売とは異なり，試作品提案では付加価値を高めることができるため，利益率は大きく改善すると見込まれます。これによって，窮境に陥った原因を確実に取り除くことができるでしょう。

2　「誰に」「何を」への展開

前項で考えた打開策を，事業化の４要素に分けて検討しましょう。本書で進めてきた順番に沿って，まず「誰に」「何を」から検討します。この事業化関連２要素については，打開策の発想が妥当であるかを検証する視点が大切です。次に，機能連携の組立と財務採算の設計に進みます。ここでは妥当性検証ではなく，体制作りや採算に乗るように事業の構造を組み立てる視点が大切です。

(１)「誰に」への展開

「誰に」への展開は，細分化した市場の特定作業です。当社の場合は長年の取引関係により，既存の販売先にすでに十分な需要があることを把握しており，既存事業とのシナジーも活かす必要があることから，既存取引先一団を「誰に」としました。しかし，あえて第１章の手法を利用して理論的な裏付けも得るため，前節同様に市場を細分化して絞り込んでみましょう。図表５-11をご覧ください

図表5－11　B社事業再生と市場細分化

市場細分化基準		B社ケース
細分化市場	細分化の基準	想定市場
地理的基準	国・地域別，国家制度別，産業集積度，気候	産業集積度の高い国や地域
人口動態基準	年齢・性別，職業・年収，教育水準，産業構成，治安状況	自動車購買力のある人々（最終需要として）
心理的基準	意識・趣向，宗教分布，思想分布	心理的基準を特定しない（最終需要として）
行動様式基準	利用頻度，追求便益内容，習慣性，決裁緻密性，情報対称性	決裁が緻密で情報対称性が確保されている

B社の販売先は，自動車メーカーやいわゆるTier 1といわれる主要自動車部品メーカーです。その購買意思決定は緻密で，多くの製品情報収集を経て行われます。もちろん，それ専門の部署を組織しています。また，最終製品のアッセンブリーの都合から，周辺協力メーカーが集積していることが業界の特徴です。

したがって，地理的には産業集積度の基準が重視され，行動様式基準では，当社の製品のよさをきちんと理解したうえで購入してくれる決裁緻密性も備えてほしいものです。

なお，人口動態基準と心理的基準については，自動車の最終需要者の特徴として捉える必要がありますが，B社にとっては地理的基準と行動様式基準が満たされていれば当面は十分でしょう。

販売先の購買意思決定行動の特徴は，上記のとおり，緻密で情報に基づいてよく吟味するパターンですから，消費者行動説明理論に照らし合わせるまでもありません。

(2)「何を」への展開

「何を」として販売先に提供する価値は，部品の適正性です。自動車メーカーなど販売先が，製品のモデルチェンジや新型製品を投入する場合には，新たな部品や既存部品の調整が必要になります。その場合，図面どおりの部品ができても，それを製品に組み込むと，設計段階では想定できなかったさまざまなトラブルや調整必要箇所が発生します。ときには，量産体制に乗せるまでに1つの試作品を数百個製作することもあります。その完成製品への部品の適正性を，価値として提供するのです。

このような試作品提案事業への需要はあるでしょうか。PEST分析からこれを判断しましょう。図表5-12が分析結果です。現状のB社が立地する地域は，安定した政治と成長した経済力があり，住民も経済的にもゆとりをもって消費生活を謳歌できるようになりました。また物質的にも充足しており，この先の消費はTPOに合わせた専用品へ向かうと見られます。需要に応える製品開発技術も進んできました。

図表5－12　B社事業再生とPEST分析

分野	分析対象	分析の視点	
政治	法律の改廃，政治・行政の状況	法・制度の変更，経済政策	政治は安定し，経済的ゆとりもあって消費を謳歌している
経済	物価や金利の変動や景気の動向	購買力変化や収益環境の変化を分析	
社会	価値観や行動習慣，インフラの変化	経済のみならず社会的価値の変化にも注意	TPOに合わせた専用品への需要
技術	新たな財サービスの生産技術	新技術や自他の技術格差に着目	需要に対応できる新技術登場

市場が，多様な用途に合わせた多様なラインナップを要求しているなら，専用品需要の流れは自動車業界にも起きているでしょう。最終製品が専用化するなら，部品もそれに合わせて多様化すると見込まれます。結論として，この試作品需要は確かに存在するといえそうです

3　機能連携の組立

事業再生前の業務の流れは，図表5-13のとおりで，知的資産など無形の経営資源にはあまり目を向けていなかったことから，とてもシンプルなものでした。販売先から部品の注文を受けて仕入先に発注し，入荷したらすぐに納品する流れです。扱うのは標準的な製品なので，普段はトラブルになることはありませんが，新しい部品の調達では，軌道に乗るまで多少の調整場面があります。その場合には，現場から情報を得て，仕入先とともに不具合の対処にあたることにしています。

図表5－13　B社事業再生前の業務の流れ

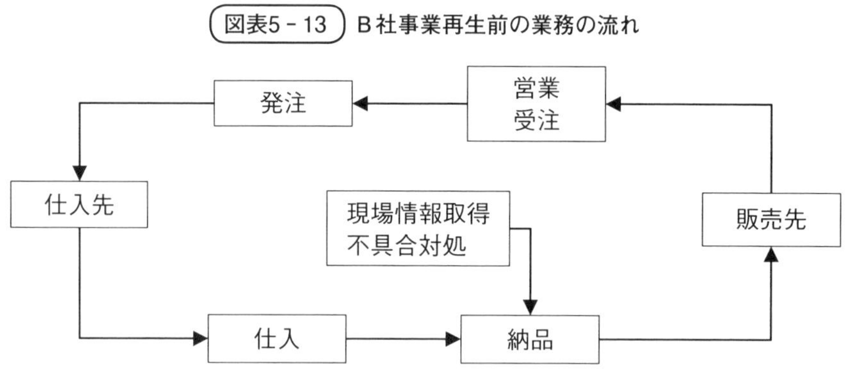

（1）中間目標と部分機能連携

ここに，試作品提案事業の機能連鎖を加えて戦略を実行します。前節と同じように，複数の中間目標に分割して，部分機能群を下記のように列挙しました。

a　販売先から需要情報を収集して試作品を提案する
- 需要情報を試作品企画設計機能に提供する仕組み
- 試作品を企画設計して販売先に提案する仕組み

b　各部署の活動実績から得る知恵情報を蓄積して活かす
- 情報元＝試作品企画実績，不具合対処実績，仕入先技術情報，販売先需要情報など
- 活かす先＝将来の試作品企画，次の需要情報収集，次の不具合対処など

上に列挙した部分機能連携のうち，「a」の連携部分は，図表5－14のようになります。網掛けは新たに加えた機能です。

図表5-14　試作品提案ルート

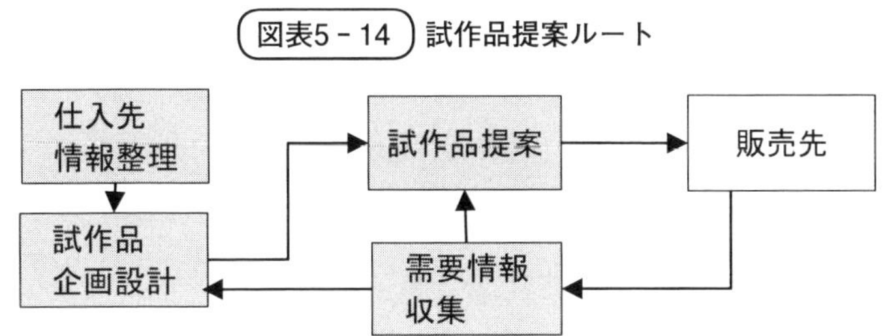

また，「ｂ」の連携部分は，図表5-15のとおりです。「仕入先情報整理」，「試作品企画設計」および「需要情報収集」の各機能は，図表5-14と重なっています。

図表5-15　情報の蓄積活用ルート

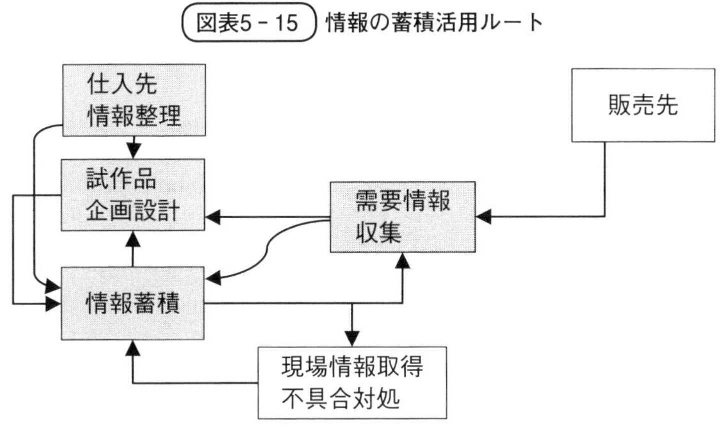

情報を蓄積して各関連機能に活かす仕組みは連携が複雑ですが，目論んでいる事業再生成功のカギを握る非常に大事な部分です。この連携を担当者が理解することで，情報蓄積が目的に合った適切な形で保存され，活用のために待機させることができます。この仕掛けこそ，財務には表れない資産であり，この有無が事業の成否を左右します。

(2) 合体機能連携図

これを事業再生前の業務の流れに合体させると，事業承継者が取り組んだ再生後の機能連携図が，図表5-16のとおりできあがります。中間目標に分割して作成した2つの部分機能連携は，事業再生前の業務の流れの内側に重なり合って配置されています。

図表5-16　B社事業再生の機能連鎖図

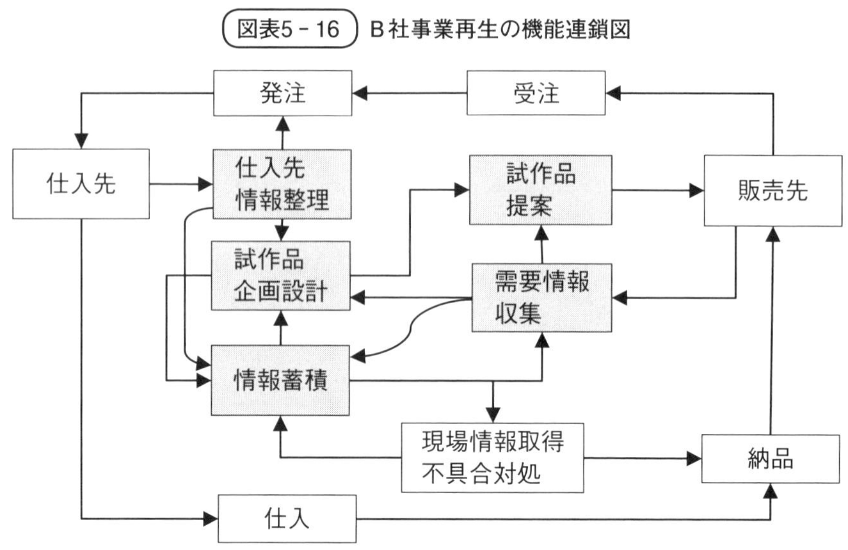

販売先と仕入先以外のテキストボックスは，すべて機能を表しています。機能を担う経営資源は，情報蓄積ではITシステム，試作品企画設計ではCADを導入する場合は財務に計上する無形経営資源，これらを含め，その他の機能はすべて組織の知恵や個人の知恵という無形経営資源です。

これを発揮するのはその部署に所属する従業員ですから，本ケースでの機能連携の強化方法はもっぱら教育です。むしろ，教育そのものも，連携図の中に組み込むべき機能かもしれません。その場合，因果関係を示す矢印は，情報活用周りと営業活動周りに絡んでくるでしょう。

4　財務採算の設計

前節の新規事業と同様，第３章第２節「採算設計の手順」で述べた手順に沿って，Ｂ社の財務採算を設計します。

（１）利益率から財務目標設定

はじめに限界利益率を設定します。事業の形態は仕入れた商品を加工せずに販売する小売ですから，限界利益率は値入率あるいは粗利益率とほぼ同じとみなすことができるでしょう。ここでは，標的としている購買層が，多少高くても用途別の機能性をしっかり装備していることへの需要が強いことなどを考慮して，30%としました。

前節の新規事業と同様，Ｂ社も限界利益率は粗利益率の近似値として捉えることができます。既存の事業では10%と低く，これが事業を見直して試作品を手掛けようとしたきっかけともなりました。試作品の限界利益率は30%を見込んでいます。ただし，既存事業から非連続的に試作品事業に切り替えるにはリスクが大き過ぎます。従業員への教育効果もすぐには表れません。そこで，１期は社内意識の浸透に費やし，２期は既存事業を並行して進め，３期に着地す

図表5－17　Ｂ社事業再生の戦略材料

活動内容	財　務　へ　の　翻　訳
再生前の活動	買掛金，売上高，売上原価，売掛金，販売管理費
対処情報蓄積	資金調達して負債計上，無形固定資産（ITシステム）計上，５年均等償却費
試作品企画設計と仕入先情報整理	企画者設計者人件費，無形固定資産（ITシステム）計上，５年均等償却費
従業員教育	教育企画者教育者人件費・外部研修費計上して現金減少
一連の売上増強・利益率改善効果	増加売上高計上，変動費率低下に伴う増加利益計上，増加する現預金で借入金返済

るよう計画しました。利益率も当初の10%から徐々に30%に改善します。

次に，損益分岐点分析に必要となる固定費を試算するため，機能連携図から戦略材料を抽出します。図表５-17がそれです。右列「財務への翻訳」は，これらの活動にかかる費用や成果を財務諸表に表現する方法です。このうち，ITシステム投資の減価償却費（５年均等償却），試作品の企画設計を含む一連の開発関係者の人件費，開発や顧客に対する不具合への対処に従事する従業員への教育担当者の人件費が，再生事業で新たに発生する固定費です。

これに，再生前既存事業にかかる固定費を考慮して，期ごとの固定費，および損益分岐点売上高を，図表５-18のとおり試算しました。３期以降の損益分岐点売上高が減少しているのは，限界利益率の改善によるものです。再生前固定費が12円のまま変化しないのは，再生活動そのものが既存事業を廃するものではなく，価値を付加するものだからです。既存事業固定費を削減する効果はありません。

図表5－18　B社事業再生の損益分岐点

		0期	1期	2期	3期	4期	5期
限界利益率		10%	10%	20%	30%	30%	30%
損益分岐点売上高		120	120	120	80	80	80
	固定費	12	12	24	24	24	24
	減価償却費	0	0	2	2	2	2
	企画設計者人件費	0	0	5	5	5	5
	教育企画者人件費	0	0	5	5	5	5
	再生前固定費	12	12	12	12	12	12

注：小数点以下四捨五入

（2）取引条件設定から採算見通し評価

上の前提をもとに計画財務諸表を作成し，財務採算の見通しを評価します。見通し評価の結果次第では，戦略の修正を余儀なくされる可能性もあります。

①　計画財務諸表の作成

各種回転期間は，図表5-19のとおり設定しました。試作品事業では，従来のように短納期に応えるために十分な在庫を保有する必要がなくなることから，在庫回転期間を1ヶ月に短縮するよう見込んでいます。

図表5-19　B社事業再生の取引条件

	0期	1期	2期	3期	4期	5期
売掛債権回転期間	2.0	2.0	2.0	2.0	2.0	2.0
在庫回転期間	3.0	3.0	2.0	1.0	1.0	1.0
買掛債務回転期間	5.0	5.0	5.0	5.0	5.0	5.0

注：小数点以下四捨五入

図表5-20は，以上の諸点を盛り込んで作成しました。0期は事業再生前の既存事業のみの姿です。単年度赤字であるため，過去にはプラスであった剰余金は0期にはゼロ，1期にはいわゆる債務超過に陥っています。

1期の期末に資金を借り入れてITシステム投資を実行，2期目から徐々に試作品事業を定着させる計画です。したがって，固定費は2期から増加します。

売上高は試作品事業の定着時から増加するでしょう。その根拠はこうです。価格競争に埋没していた再生前事業では競合社と市場のパイを奪い合っていた結果，取引量が低迷していたのに対し，試作品事業では競合他社が少ないため，需要の多くを取り込むことができるのです。売上計画係数は，再生前事業の販売ネットワークから営業現場の声を参考にしながら，1社1社積み上げ方式で見込みました。

②　財務採算見通し評価

計画財務諸表から，次のように財務採算の見通しを評価できます。

3期目には単年度黒字化を実現し，再生前事業と再生初期に累積した損失も5期に一掃することができます。試作品事業では在庫を大きく圧縮することが

図表5－20 B社事業再生の計画財務諸表

【計画損益計算書】

科目	計上根拠	0期	1期	2期	3期	4期	5期
売上高	⑥差別化効果	80	80	80	90	100	100
変動費	④限界利益率改善	72	72	64	63	70	70
限界利益		8	8	16	27	30	30
固定費	③減価償却・教育他	12	12	24	24	24	24
利益		−4	−4	−8	3	6	6

【計画貸借対照表】

現金		0	6	3	7	10	13
売掛債権	⑥売上高増加	13	13	13	15	17	17
在庫	⑤回転率改善	20	20	13	8	8	8
固定資産	②ITシステム	0	10	8	6	4	2
資産計		33	49	38	35	39	40
買掛債務	⑤変動費率低下	30	30	27	26	29	29
借入金	①IT投資・運転資金	0	20	20	15	10	5
資本金		3	3	3	3	3	3
剰余金	⑦債務超過解消	0	−4	−12	−9	−3	3
負債・純資産計		33	49	38	35	39	40

【計画キャッシュフロー計算書】

期首現金残		4	0	6	3	7	10
利益		0	−4	−8	3	6	6
売掛債権増		0	0	0	2	2	0
在庫増	⑤回転率改善	0	0	−7	−6	1	0
買掛債務増	⑤変動費率低下	0	0	−3	−0	3	0
減価償却費	③5年均等償却	0	0	2	2	2	2
営業CF		−4	−4	−3	9	8	8
投資		0	−10	0	0	0	0
借入れ	①IT投資・運転資金	0	20	0	0	0	0
返済		0	0	0	5	5	5
財務CF		0	20	0	−5	−5	−5
期末現金残		0	6	3	7	10	13

注：小数点以下四捨五入

できることから，キャッシュフローも楽になり，早くも3期から借入返済を開始することができます。財務採算見通しは明確な根拠をもって明るいと判定できます。

第3節 海外新拠点の開設

この節のポイント

- 親企業の要請を受け，海外での家電部品製造販売を開始しようとする海外進出事例を取り上げる。
- 高品質労働力の確保，現地仕入先の確保，リスク管理の3つを課題とし，その対応策を組み込んで機能連携を構築する。
- 進出初期段階では現地労働力の高品質化に費用がかかるものの，親企業への売上がほぼ保証されていることなどから，条件付きで財務採算上の問題がないことがわかった。

最後の事例は海外進出拠点の開設です。新天地で新たな事業を立ち上げるという点で，これも事業化の１形態です。生産拠点や営業拠点のネットワーク拡大は，成長過程にある多くの企業が直面する課題でしょう。応用案件が多いだろうという理由で，これを取り上げました。

まったくの新規事業とは異なり，親会社の資金的支援やノウハウなどがあることから，これらの利点を活かすことができます。しかし，拠点を自立させなければ全体への貢献度も高くなりません。特に支店や支社の場合は，資本金という概念がありませんので，投下資本の回収意識が減退しがちです。この点に注意しながらみていきましょう。

1 事業の概要

Ｃ社は，国内で家電の部品を製造して，親企業Ｄ社に販売している家電メーカーの下請会社です。ある時，親企業Ｄ社から海外Ｅ国に生産拠点を設置して，同地にあるＤ社の組立工場に部品を納入してほしいとの要請を受けました。

背景にあるのは，同国の経済政策でした。同国は近隣諸国との間で自由貿易圏を形成しており，Ｄ社の在Ｅ国現地法人は，圏内にある最大の消費地である

Ｆ国に関税ゼロで輸出していました。ところが，この自由貿易圏の取扱いルールが強化され，圏内で製造された製品でも調達部品の100%を圏内から調達したものでない場合は，関税が30%かけられることになったのです。現地調達比率を100%とするためには，従来，本邦内のＣ社から輸入していた部品をＥ国内で調達しなければなりませんが，現地資本の企業では，Ｃ社ほどの高品質な部品を製作することができないことがわかりました。そこで，Ｃ社へＥ国進出を依頼することになったのです（図表５-21参照）。

図表5－21　D社からC社への要請内容

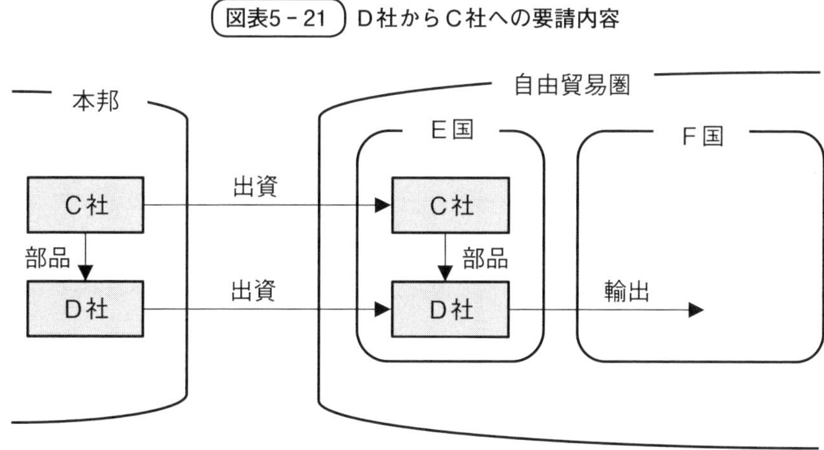

Ｃ社はこの要請に応じることにしました。しかし，心配があります。

第１に，Ｅ国はまだ発展途上にある国であることから，高い品質の労働力を確保して維持できるか不透明であることです。

第２に，同地の自由貿易圏のルールは変わりやすいことです。今は海外進出のメリットがありますが，また元のように海外調達でも関税ゼロを享受できるようになる可能性が十分あります。

第３に，現地での原材料調達先確保も問題です。

以上を踏まえて案件の妥当性を検証してみましょう。

2　「誰に」「何を」への展開

C社の海外進出の妥当性を，事業化の４要素に分けて検討します。このうち，「誰に」と「何を」は，D社からの要請を受けて進出するため，すでに決まっていますが，現地のさまざまなリスクを考慮して検討してみます。

（1）「誰に」への展開

販売先は，D社のE国生産拠点と決まっているからといって，売上をD社だけに頼っていいものでしょうか。D社自身のE国における業況が悪化して撤退することになれば，C社のE国での事業も成り立ちません。資本を回収する前に破綻してしまうリスクがあります。そこで，C社の「誰に」はD社の「誰に」に左右されるとし，D社の「誰に」を分析してみました。

①　市場細分化の検討

図表５-22は，D社がターゲットにしている市場が狙いどおりなのかを検討した結果です。

図表5－22　C社新拠点と市場細分化（D社の「誰に」）

市場細分化基準		C社のケース
細分化市場	細分化の基準	想定市場
地理的基準	国・地域別，国家制度別，産業集積度，気候	現地立地を活かした近隣地域
人口動態基準	年齢・性別，職業・年収，教育水準，産業構成，治安状況	所得水準上昇中の生産年齢層
心理的基準	意識・趣向，宗教分布，思想分布	成長志向
行動様式基準	利用頻度，追求便益内容，習慣性，決裁緻密性，情報対称性	利用頻度は高く，品質へのこだわりは高くない

Ｄ社製品は，シンプルな機能だけを備えた安価だが故障が少なく信頼できる家電です。そんな家電への需要は，未成熟で経済成長余地の大きい地域であると思われます。人口動態基準では，所得水準が今後上昇しそうな生産年齢層がこれに当てはまるでしょう。成長志向が強く，行動様式面では品質やデザインへのこだわりより，壊れにくさや機能面を重視すると考えられます。Ｄ社の輸出先であるＦ国はちょうどそのような地域であり，自由貿易のルールさえ維持されれば，標的とすべきターゲットとして相応しいといえます。

②　購買意思決定行動の分析

購買意思決定理論に照らした分析では，物質未充足な地域であることから，壊れにくく最低限の機能さえ備わっていれば生活に必要なものとして意思決定が早いそうです。

多属性態度モデルや消費者情報処理モデルなど複雑な理論を当てはめても，あまり意味がありません。価格など比較的シンプルな意思決定パターンで購買を決めると想定できます。シンプルだが安価で故障が少ないＤ社の製品設計戦略は，妥当であるといえます（図表５-23参照）。

図表5-23　C社新拠点と購買行動（D社の「誰に」）

理　論	内　容
刺激生体反応モデル	外部刺激を知覚し，それを体内で好意的に捉えるという態度決定を経由する。
多属性態度モデル	提供された価値の複数の属性を自ら信念に基づいて評価する。
消費者情報処理モデル	製品情報を過去の経験で内部に蓄積された自らの内部情報によって評価する。
精緻化見込モデル	消費者には論理的な判断と感情的な判断の２つの購買意思決定回路がある。

推察

自らの思いや過去経験に照らすより，比較的シンプルな意思決定パターンであると想定できる。

（2）「何を」への展開

ここでも，C社の「何を」はD社の「何を」に左右されるとして，D社の「何を」の妥当性を分析してみました。D社の製品はうまく人々の需要を捉え，社会の環境に対応したものになっているでしょうか。第1章で述べたマズローの欲求5段階説で顧客の欲求段階を想定し，その欲求を持つ人々の環境をPEST分析で調べてみましょう。

①　進化する欲求への対応度合

D社製品が対応する顧客の需要は，進化したものではないと考えられます。図表5-24に示すように，安全で便利な生活を欲しており，それに必要な基本的な機能を備えていれば，世間に認めてもらおうなどは二の次です。

成長の余地があるので，いずれ社会からの承認や自己実現の欲求も満たされるかもしれませんが，今は自身の生活を維持することに専念する時期です。ただ，最低限の生活を支えるだけで必死に生きる辛さに耐えているというわけではなく，所得水準上昇中の生産年齢層ですから，生活に必要なものは積極的に手に入れていこうとします。

図表5-24　C社新拠点と欲求5段階説

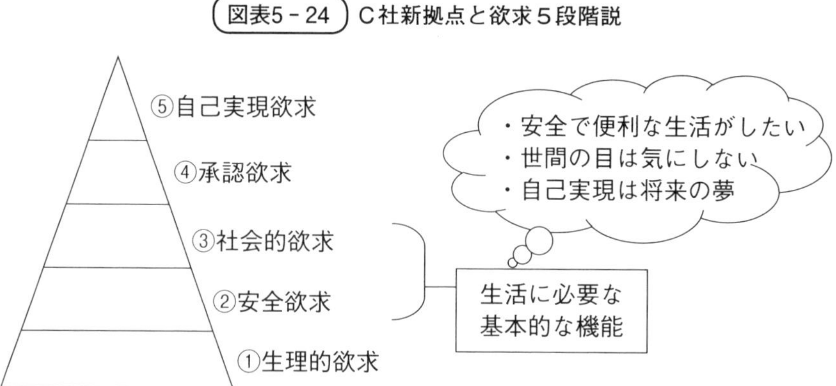

②　PEST分析による需要評価

上のような需要が発生する環境かどうかをPEST分析でみた結果が，図表5-25です。

F国の状況は図表の右に記載したとおり，政治も治安も問題ないものの，法や制度が変わりやすいため，ライフサイクルが長く市場に浸透しにくい製品は，この地域に投入しにくい可能性があります。

図表5-25　C社新拠点とPEST分析

分野	分析対象	分析の視点	
政治	法律の改廃，政治・行政の状況	法・制度の変更，経済政策	治安はよいが，法・制度が変わりやすい
経済	物価や金利の変動や景気の動向	購買力変化や収益環境の変化を分析	成長しており，購買力も強くなりつつある
社会	価値観や行動習慣，インフラの変化	経済のみならず社会的価値の変化にも注意	価値観は経済価値
技術	新たな財サービスの生産技術	新技術や自他の技術格差に着目	新技術を要求せず，既存技術で十分

しかし，経済は順調に成長しており，人々の購買力も向上しつつありますから，人々は安価であれば便利な電化製品には比較的躊躇なく手に入れようとする傾向にあります。

物質的にはまだ充足していないことから，社会の価値観は経済価値に主軸が置かれています。このため，多様な価値観に対応できる技術への要求は強くありません。

以上から，D社の製品はこの地域の需要をしっかり捉え，的確な市場をターゲットにしているといえます。したがって，D社の「誰に」「何を」は正しく，この事業化の2要素に限ってはD社を販売先とし，D社製品の部品を供給する

C社の現地事業は確かであると評価できます。

3 機能連携の組立

機能連携の組立に際しては，1「事業の概要」で述べた心配事への対応を中心に考えます。この海外進出事業の成功は，心配の種になっているこれらのリスクを回避する仕掛けにかかっているからです。仕入から生産，販売出荷は従来から国内で実施してきた内容であり，常識の範囲内ですから，大まかな流れさえ見えるようにできていれば十分でしょう。

（1） 3つのリスクへの対応

さて，心配ごととは以下の３点でした。

a．高い品質の労働力を確保して維持できるか不透明であること

b．現地での原材料調達先を確保すること

c．同地の自由貿易圏のルールは変わりやすいこと

図表5－26 C社新拠点の機能連携図

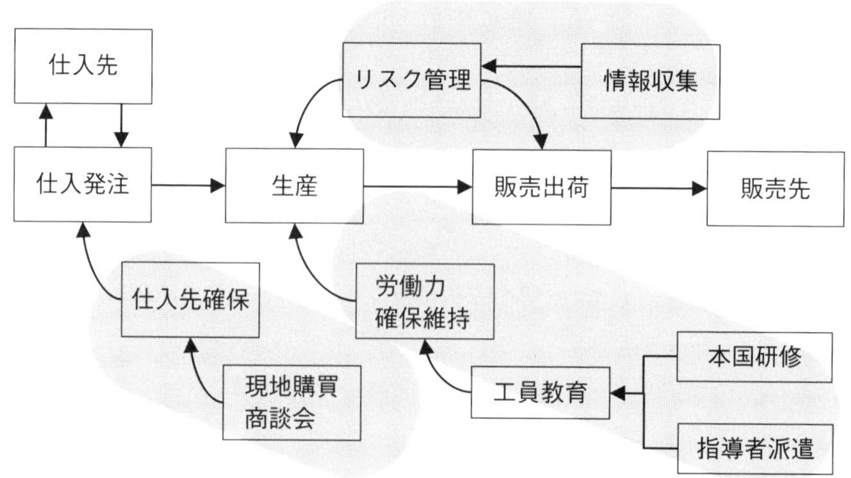

この３点への対応を盛り込んだ機能連携図を，図表５-26のとおり作成しました。

①　労働力確保の機能連携

高い品質の労働力確保は，図表の「生産」機能に下から向かう矢印に連なる一連の連携で担うことにしました。基本は，生産機能を担う工場従業員の教育です。必要人数分の労働者確保は難しくはありません。問題は労働力の高品質化です。これを，指導者派遣と本国研修の２段構えで備えることにしました。前者は本国親会社の工場従業員数名が長期出張で現地に赴き，現地従業員の指導に当たるものです。現地従業員が生産活動に従事しながら教育も受ける，いわばOn the Job Training（OJT）です。これに対して後者は，Off the Job Training（Off-JT）として，現地従業員が生産現場に就く前に本国親会社工場で訓練を受けるものです。前者は即効性，後者は一段高い品質を狙うため，２段構えとしたものです。

②　原材料調達先確保の機能連携

次に原材料調達先の確保です。これを担うのは，図表５-26の「仕入発注」機能に下から向かう矢印に連なる連携です。現地の商工会議所からの紹介を頼りに方々を回って仕入先を探す方法もありますが，当社にはそれに割く時間もマンパワーもありません。幸い，現地の公的な投資振興機関が，同国に進出する外資のために頻繁に商談会を開催していることを知りました。当社はこれを利用することにしたのです。

③　環境変化リスク対応の機能連携

最後の心配は，ルールが変わってしまうかもしれないリスクです。これは現地法人の経営に関わる心配です。リスク管理部署を設置して常に情報収集し，必要に応じて撤退も含む戦略を練ることにしました。撤退は，税制が大きく変わって現地で生産するメリットがなくなったときです。撤退に及ばずとも，随時判断して生産機能や販売出荷機能に働きかける必要が生じるでしょう。それに加えて，撤退に追い込まれるリスクを軽減するためには，早期に黒字化して投下する資本を回収する必要がありますから，財務にもこれを反映させなければなりません。これについては後述します。

（2）機能連携の強化

この３つの心配に対応する連携機能を担う経営資源は，いずれも無形資産です。立ち上げ前からこれらを強化する活動を開始しなければなりません。例えば，本国研修では，現地へ戻ってから指導者としての力量を発揮できるよう，力量項目と水準をKPI（Key Performance Indicator）として設定して，研修を施します。育った人材は知的資産のうちの人的資産に当たり，KPIを設定して研修を施す仕組みは構造資産に当たります。

4　財務採算の設計

C社の海外新拠点は家電部品の製造販売ですから，自前で生産活動を行っていない前節までのケースとは様子が異なります。この点を考慮しながら，採算設計の手順に沿って財務採算を設計します。

（1）利益率から財務目標設定

前節までのケースのように生産活動がない場合は，売上原価の大半が仕入コストであるため，大雑把に全部を変動費として扱っても大きな問題は生じませんが，生産活動を行っている場合はそうはいきません。製造原価中に固定費も混在しているため，これを抽出する必要があるのです。例えば，工場就労者の人件費や生産設備の減価償却費などです。これらを考慮したうえで，限界利益率を30%に設定しました。

図表5－27 C社新拠点の戦略材料

活動内容	財務への翻訳
仕入販売活動	買掛金，在庫計上，売掛金，販売管理費，売上高計上，現預金増加/借入返済
生産活動	資金調達して負債計上，固定資産計上（10年で均等償却），製造原価（固定・変動）計上
労働力の高品質化	指導者派遣・本国研修費計上
原材料調達先確保	現地商談会参加費計上
リスク管理活動	外部情報収集費（情報購入）

次に，損益分岐点分析に必要となる固定費を試算するため，機能連携図から図表5－27のとおり，戦略材料を抽出しました。

このうち，仕入販売活動の販売管理費は固定費とみなしていいでしょう。生産活動からは，減価償却費および，製造原価のうち労務費などを固定費として抽出します。また，労働力の高品質化や原材料調達先の確保などの心配事への対応に要する費用は，すべて固定費として扱います。

これらの固定費を年度ごとに限界利益率で割り返して，損益分岐点売上高を試算します。結果は図表5－28のとおりとなりました。本邦からの指導者派遣

図表5－28 C社新拠点の損益分岐点

	0期	1期	2期	3期	4期	5期
限界利益率	0%	30%	30%	30%	30%	30%
損益分岐点売上高	0	103	103	93	93	93
固定費	0	31	31	28	28	28
減価償却費	0	5	5	5	5	5
指導者派遣費/研修費	0	6	6	3	3	3
商談会参加費/情報費	0	1	1	1	1	1
家賃	0	4	4	4	4	4
人件費	0	15	15	15	15	15

注：小数点以下四捨五入

は立ち上げとその定着を目指した教育ですから，はじめの２期だけの実施としたため，３期からは固定費は減少し，それに伴って損益分岐点売上高も低下しています。

（2）取引条件設定から採算見通し評価

上の前提をもとに計画財務諸表を作成し，財務採算の見通しを評価します。

① 計画財務諸表の作成

各種回転期間は，当面の販売先がＤ社と限定していることなどから，計画期間を通じて固定しています（図表５-29参照）。

図表5－29 Ｃ社新拠点の取引条件

	0期	1期	2期	3期	4期	5期
売掛債権回転期間	0.0	2.0	2.0	2.0	2.0	2.0
在庫回転期間	0.0	2.0	2.0	2.0	2.0	2.0
買掛債務回転期間	0.0	4.0	4.0	4.0	4.0	4.0

注：小数点以下四捨五入

以上から，計画財務諸表を図表５-30のとおり作成しました。０期末に，本邦親会社から30円を出資するとともに30円を借り入れて60円の資金を確保し，そこから50円を生産設備に充て，残額は立ち上げ時期の赤字を補填する運転資金として現預金に確保します。

１期から製造販売を開始しますが，はじめの２年は従業員への教育費が負担となるため，赤字を見込んでいます。本件拠点開設はＤ社からの進出要請を受けて進めてきたため，１期から単年度黒字を想定した売上高が確保されています。ただ，当面の販売先はＤ社に限定しているため，売上高は計画期間を通じて変化しません。この点はもう少し検討する必要があります。

図表5－30　C社新拠点の計画財務諸表

【計画損益計算書】

科目	計上根拠	0期	1期	2期	3期	4期	5期
売上高	④当面Ｄ社向けのみ	0	100	100	100	100	100
変動費	③仕入・製造	0	70	70	70	70	70
限界利益		0	30	30	30	30	30
固定費	③製造・教育・情報等	0	31	31	28	28	28
利益		0	－1	－1	2	2	2

【計画貸借対照表】

現金		10	4	8	10	12	14
売掛債権	④回転率一定	0	17	17	17	17	17
在庫	④回転率一定	0	17	17	17	17	17
固定資産	②生産設備など	50	45	40	35	30	25
資産計		60	82	81	78	75	72
買掛債務	④回転率一定	0	23	23	23	23	23
借入金	①設備・運転資金	30	30	30	25	20	15
資本金	①親会社が全額出資	30	30	30	30	30	30
剰余金	⑤早期累損一掃	0	－1	－2	0	2	4
負債・純資産計		60	82	81	78	75	72

【計画キャッシュフロー計算書】

期首現金残		30	10	4	8	10	12
利益		0	－1	－1	2	2	2
売掛債権増	④１期増加後増減なし	0	17	0	0	0	0
在庫増	④１期増加後増減なし	0	17	0	0	0	0
買掛債務増	④１期増加後増減なし	0	23	0	0	0	0
減価償却費	③10年定額償却	0	5	5	5	5	5
営業CF		0	－6	4	7	7	7
投資		－50	0	0	0	0	0
借入れ	①設備・運転資金	30	0	0	0	0	0
返済	⑥約定返済	0	0	0	5	5	5
財務CF		30	0	0	－5	－5	－5
期末現金残		10	4	8	10	12	14

注：小数点以下四捨五入

②　財務採算見通し評価

当初，これを引き受ける際に心配したことの1つに，「同地の自由貿易圏のルールは変わりやすい」ことがありました。政治の動向などルール変化の兆しをいち早く察知して対応を練る体制を機能連鎖構造の中に組み込んだのは，この心配事への対策の1つですが，採算環境が悪化してしまう前にできるだけ早期に採算に乗せ，しかも投下した資金を回収する必要があります。計画財務諸表によれば，単年度黒字と累積損失一掃は3期目にして実現するものの，投下した資本30円の回収には年間の利益が2円しかないことから，さらに10年以上かかりそうです。これを短縮するためには，D社だけに依存せず，現地の販売先を新規に開拓して売上高を増強するなどの対応が必要です。

以上から，投下資本の回収を早める工夫を必要としながらも，採算の実現には一応の見通しがついたと判定することができます。

さて，事業化して採算に乗せる例を3つみてきました。いずれも経営の現場ではよく目にする場面です。共通するのは，発想したアイディアを採算に乗せるための事業の確かさです。確かさを得るためには，誰よりもまず自分自身が納得できなければいけません。

そのため，本書全編を通して強調してきたのは，事業者本人の本音で要点をしっかり押さえる考え方でした。要点は事業化の4要素に集約し，それをこなすためのツールも外部環境分析や市場細分化，機能連携が確かであることの評価要素や財務への逐次翻訳パターンという具合に網羅しました。これらは第5章に挙げたような事例に限らず，既存事業の強化や好調に推移している業績の維持にも応用可能です。また，現行事業の確かさを診断するためにも利用できます。

ここから先は読者ご自身の番です。ご自身が関わっている，あるいは関わろうとしている事業の状況に応じ，その確かさを確保する際に本書で解説したツールが少しでも役に立つなら幸いです。

《著者紹介》

金森　亨（かなもり　とおる）

中小企業診断士，証券アナリスト
かな経営研究所代表
1954年　北海道生まれ
1978年　慶應義塾大学商学部卒業
1978年　協和銀行（現りそな銀行）入行。為替・資金ディーリング，海外拠点非日系企業・政府向け融資渉外，国際業務などを担当。春日井支店長，市ヶ谷支店長，旭日財務香港社長，国際業務室長を歴任して2005年同行を退職。
為替リスク管理，海外進出，経営企画，知的資産経営を専門領域とする。
日本知的資産経営学会会員。
著書に『事業再生の現場プロセス』（共著），『為替リスク管理の教科書』（単著），『事業資金調達の教科書』（単著）（いずれも中央経済社）がある。

「採算に乗る事業」の仕組みづくり
―「誰に」「何を」「どうやって」，そして「いくら」

2020年6月10日　第1版第1刷発行

著　者　金　森　亨
発行者　山　本　継
発行所　㈱中央経済社
発売元　㈱中央経済グループパブリッシング

〒101-0051　東京都千代田区神田神保町1-31-2
電話　03（3293）3371（編集代表）
03（3293）3381（営業代表）
http://www.chuokeizai.co.jp/

印刷／㈱堀内印刷所
製本／㈲井上製本所

＊頁の「欠落」や「順序違い」などがありましたらお取り替えいたしますので発売元までご送付ください。（送料小社負担）

ISBN978-4-502-34601-9　C3034